Flower A. Newhouse: Engel und Devas

Flower A. Newhouse

Engel und Devas

Aquamarin Verlag

Titel der amerikanischen Ausgabe:
REDISCOVERING THE ANGELS

Übersetzung aus dem Amerikanischen:
Petra Michel

Das Titelbild wurde nach Angaben von Flower A. Newhouse von Jonathan Wiltshire gemalt.

2. Auflage · Frühjahr 1985

ISBN 3-922936-17-2

Voglherd 1 · 8018 Grafing / München

Gesamtherstellung:
Jürgen Mayer KG · Haunwang 1 · 8311 Eching

Inhaltsverzeichnis

Gewidmet den immer gegenwärtigen strahlenden Wesen,
deren Bewußtsein die Unendlichkeit umfängt
und deren Dienst doch auch das Begrenzte einschließt.
Wenn der Leser der folgenden Seiten jenen herrlichen Boten
tiefere Liebe und Ehrfurcht entgegenzubringen vermag,
dann werden wir glücklich sein, einen kleinen Teil
unserer irdischen Pflicht erfüllt zu haben.

Vorwort

Während der vergangenen Jahre konnte man wiederholt den Begriff der „einen Welt“ hören. Die Ereignisse lassen sogar eine Entwicklung über das Bewußtsein von dieser „einen Welt” hinaus zu einer wirklichen Gemeinschaft der Völker erhoffen. Ein Wandel zu Vereinfachung und Einheit kann auch auf den inneren Ebenen erkannt werden; jenen Sphären, zu denen philosophisches und religiöses Denken streben. In einer bisher ungekannten Universalität ist das Bewußtsein der Menschheit für die Fragen nach dem Sein und den ewigen Gesetzen des Lebens erwacht. Der Strom des Daseins führt die Menschen, auf den Wegen des Alltages wie auf dem Pfad des Geistes, zu einer bedeutsamen Ganzheit. Nur die Umrisse eines gewaltigen, umfassenden Wandlungsprozesses sind bisher erkennbar; doch lassen diese schon die kommenden Veränderungen erahnen. Während der nächsten fünfzig Jahre wird die Menschheit nicht mit kleinen Schritten, sondern mit einem machtvollen Vorwärtsdrängen daran arbeiten, ihre nationalen, rassistischen, religiösen und gesellschaftlichen Grenzmauern niederzureißen.

Ein ähnlicher innerer Druck wird die Menschen in Bereiche vorstoßen lassen, die gegenwärtig allein Religion, Philosophie und Psychologie erfassen. Forschungsgebiete wird man betreten, die bisher nur Adepten, Sehern und Mystikern zugängig waren. Ein neues, universelles Bewußtsein wird sich offenbaren.

Eine der von vielen neu entdeckten Ebenen der Wirklichkeit wird das Reich der Engel sein. Die erneute Gewißheit vom Wirken der Engel hat bisher stets zur Belebung der Kulturen und Religionen auf Erden geführt. In der Zukunft werden wir jedoch in ein Zeitalter eintreten, in dem die Wahrhaftigkeit der Engel ebenso allgemein anerkannt sein wird wie der unendliche Geist Gottes. Diese Entwicklung läßt sich bereits in der Literatur der Gegenwart aufzeigen.

Im vorliegenden Buch berichte ich nicht über Inhalte meiner Glaubenswelt, sondern über Wesenheiten, die für mich eine absolute Wirklichkeit darstellen. Die Engel bilden für mich ebenso einen Bestandteil meines Wahrnehmungsbereiches wie meine Familie und meine Freunde.

Neben der Anbetung und der Verbindung mit Gott und Christus hat mich nichts so inspiriert und mir geholfen wie das Wissen um das Wirken der Engel. Als Teilnehmer oder stiller Betrachter habe ich ihre wundervolle Arbeit beobachtet, sei sie als individuelle Segnung oder im Wirken einer Gruppe geschehen. In Zeiten der Prüfung haben mich meine himmlischen Begleiter geführt, geheilt oder mir auf eine Weise Hilfe geschenkt, über die zu sprechen mir zu heilig ist. Da diese lichte Schar in solcher Fülle zu meinen geistigen Einsichten beigetragen hat, habe ich mir die Lebensaufgabe gesetzt, diesen Schatz des Wissens um ihre Existenz, mag er auch noch so klein sein, allen Menschen zukommen zu lassen.

Welchen wunderbaren Ansporn erhalten wir doch, wenn wir erfahren, daß nicht nur erleuchtete Mitglieder unseres eigenen Menschenreiches über die sich langsam entfaltende Erdenwelt wachen, sondern auch durchlichtete, selbstlose Hüter der Engelreiche.

Ein Erdenmensch, der allein nach seiner eigenen Erleuchtung strebt oder ungeheueres Wissen ansammeln möchte, scheint in einer recht unvollständigen inneren Welt zu leben. Gewinnt er jedoch zu seiner eigenen Selbstüberwindung die Gewißheit von strahlenden, treuen Weggefährten hinzu, deren Spiritualität die seine weit übersteigt, so wird seine innere Welt weit interessanter und umfassender — und entspricht auch eher der Wirklichkeit.

Fügen wir unserem schon bestehenden Glauben an das Wachsen der Menschheit zur Meisterschaft — unter dem Einfluß der ewigen Gesetze — noch jenen an das Reich der Engel hinzu, so haben wir unser Wahrnehmungsfeld spiritueller Herrlichkeit um eine lebendige Dimension bereichert. Welche Fülle können wir aus dieser ehrfurchtsvollen Einbeziehung gewinnen. Schon bald werden wir uns mit dem Engèlreich genauso innig verbunden fühlen wie mit unserer eigenen menschlichen Welt; und aus dieser liebevollen Gemeinschaft geistiger Einheit wird eine gemeinsame Kraft geboren werden — der Samen für eine weitere, noch herrlichere Entwicklung.

Flower A. Newhouse

I. Das innere Wesen der Engel

Die Menschen stellen nicht die einzige Schöpfung Gottes dar. Das Wissen um die Existenz anderer Wesen schenkt eine erhellende Erweiterung des Bewußtseins. Wenn sich der Geist des Menschen dem Licht der Wahrheit öffnet, wird sich sein Herz sehnend den „Boten des Himmels" zuwenden und demütig ihr herrliches Wirken erahnen. Die Gewißheit eines Engelreiches führt zugleich zu einer Stärkung der eigenen Geisteskraft und zu größerem Vertrauen in die eigenen Gedanken. Zwischen der ewigen Stille der unwandelbaren Vollkommenheit Gottes und der Unvollkommenheit des Menschen wirken die Engel — geweihte Boten der Weisheit, die den Suchenden in Wahrheit und Güte auf den Pfad zur Vollendung führen. Ihr unsichtbarer Einfluß ist immerwährend bemüht, Böses fernzuhalten oder zu durchlichten und das Gute in allen Wesen zu erwecken.

Von seinem griechischen Ursprung her bezeichnet der Ausdruck „Engel" einen Botschafter oder Gesandten. (Dies gilt auch für die hebräische Übersetzung.). Er wird jenen „dienenden Geistern" zugeordnet, die als Botschafter Gottes wirken. Nun wäre es sicher unrichtig, anzunehmen, Gott benötige Hilfe für sein Wirken; vielmehr verwendet Er den Dienst der Engel zu deren eigener Entwicklung.

Die Menschen verehren Gott und Christus, Seinen vollkommenen Sohn. Ihre Gebete sind immer an die höchste Quelle des Guten gerichtet. Die Engel suchen und wollen unsere Anbetung nicht; sondern nur unsere Liebe und die vertrauensvolle Zusammenarbeit in der Verwirklichung des Göttlichen Planes auf Erden.

Der Glaube an das Reich der Engel besteht seit uralten Zeiten. Unzählige Hinweise auf diese großen Wohltäter der Menschheit lassen sich in nahezu allen heiligen Schriften der Weltreligionen finden. Das Wissen um das Engelreich läßt sich in den Aufzeichnungen der

Menschheit nachweisen, seit sie die große Wahrheit empfangen durfte. Es handelt sich hier um eine der wenigen Offenbarungen, die weitgehend unzerstört und unverfälscht blieb. Wir benötigen die Erkenntnis von ihrem segensreichen Wirken ebenso wie die Einsicht in die Wirklichkeit der verschiedenen Ebenen strahlenden Lebens, die, seit die Zeit Gottes Absichten enthüllte, mit dem höchsten Geist erfüllt sind. Es handelt sich um keine logische Schlußfolgerung, anzunehmen, es gäbe keine Engel, da Gott keine benötige; denn obwohl Gott die Menschen nicht braucht, so existieren sie doch.
Die Seher, die hinter den Schleier der physischen Welt zu schauen vermochten, erkannten, daß sich auch die Engelwesen weiterentwickeln, langsam, Schritt für Schritt, bis auch sie in die erhabene Herrlichkeit der Einheit mit der Ewigkeit Gottes treten dürfen. Da die Engel weiter entwickelt sind als die Menschen, besitzen sie tieferen Einblick in die Mysterien des Lebens als jenen gegenwärtig zu eigen ist. Während sie voll Reinheit, Freude und Uneigennützigkeit auf allen Ebenen dienen, verbleibt ein Teil ihres Bewußtseins in der fortwährenden Anbetung der Gegenwart Gottes.
Wären unsere geistigen Sinne erwacht, könnten wir z.B. das Aufblühen jener Gebiete der Natur beobachten, die von Naturgeistern bewohnt werden. Äußerst klein und zierlich, schwingen sie in den verfließenden Klängen sphärischer Musik. Mit geöffneten inneren Augen würden wir erschauen, daß Wälder und Berge, obwohl sie einsam und unbewohnt erscheinen, von großen, anmutigen Wesen bewacht werden, die die ganze Landschaft behüten.
Immer schon lag es im Bestreben der Menschen, andere Lebensformen zu verstehen. Die Menschheit einer primitiven Lebensstufe reagierte ganz natürlich auf übersinnliche Gegebenheiten, fügte zu den geschauten Wahrheiten aber eigene Ausschmückungen hinzu, geboren aus ihren persönlichen Ängsten und Konflikten. Engel gehörten in diesen Zeiten zum alltäglichen Leben wie das Scheinen der Sonne, und alles erhielt eine bestimmte Auslegung. Aufgrund des

beschränkten Verständnisses eines unentwickelten Bewußtseins wurde dem Wirken der Devas öfters eine Erklärung zugeordnet, die gänzlich außerhalb ihres Wesens lag. Trotz dieser kindlich ausgeschmückten und unrichtigen Überlieferungen über die 'andere Seite des Göttlichen Lebensstromes', finden sich in den Legenden und Mythen der Menschheit Perlen der Wahrheit, die unser Verständnis vom Wirken der strahlenden Wesen zu erweitern vermögen.

Eine der Quellen, aus denen wir Kenntnisse über die Entwicklung der Elementarwesen und der Engelhierarchie schöpfen können, findet sich in den Aufzeichnungen der alten Kulturen und Religionen. Verglichen mit der Evolution der Menschen vollzieht sich jene der Engel weitaus langsamer und umfassender. Einige Stufen ihres hierarchischen Dienstes und spirituellen Wachstums sind von nahezu allen religiösen Strömungen der Menschheit erkannt worden. Das Bestreben dieses Buches soll es sein, Märchen von Wahrheit zu unterscheiden und den wahrhaftigen Kern aus der lästigen Schale der Tradition zu befreien. Aus diesem Wirken sollen Samenkörner entstehen, denen ein tieferes und umfassenderes Wissen für die wundervollen Bereiche Göttlichen Lebens entsprießen kann.

Jene Kulturen und Religionen, die die Wirklichkeit der 'himmlischen Besucher' besonders hervorhoben, waren die Ägypter, Römer, Griechen, Perser, Moslems, Japanische Shintoisten, Jüdische Kabbalisten, Hindus und Maoris. Sowohl das Alte wie auch das Neue Testament legen Zeugnis ab für die Existenz und den selbstlosen Dienst der Engel. Besonders ausführlich handeln die Bücher Daniel und Jesaiah, die Psalmen, die Offenbarung und die Apostelgeschichte von ihnen. In den tiefsinnigen Lehren der Kabbala wird der Engel häufig mit großer Ehrfurcht gedacht. Von den apokryphen Schriften enthält das Buch Henoch, mehr als alle anderen, Berichte über diese Wesenheiten. Von den größten Denkern und Schriftstellern der alten Zeit wurde die Existenz der Engel mit gleicher Selbstverständlichkeit angenommen wie jene der Menschen. Zu nennen

wären vor allem Sokrates, Platon, Augustinus, Hieronymus, Gregor v. Nyssa, Hugo v. St. Victor und Ps. Dionysios. Unter den Eingeweihten der jüngeren Zeit ragen Paracelsus, Thomas Moore, William Blake, Milton, Edwin Arnold und Shakespeare heraus.
In den Sagen und Mythen der Welt spiegelt sich das Weiße Licht der Wahrheit. Die alten Weisen wußten, daß die verschiedenen idyllischen Stätten, die glückselige Menschen, Engel und Devas beherbergten, wie Arkadien, der Olymp, das Elysium, die Walhalla, Nirvana und das Paradies, Plätze unendlicher Schönheit und gewaltige Kraftzentren bezeichneten. Legenden, die sich um den höchsten Berg Griechenlands, den Olymp, ranken, verdeutlichen, daß es sich um eine Wohnstätte auf den höheren Ebenen der Engelreiche handelt. Von den Türken wird der Olymp die "Wohnung der Himmlischen" genannt.

Die erleuchteten Denker der vergangenen Jahrhunderte glaubten an die Engel; entweder aufgrund philosophischer Schlußfolgerungen oder weil sie die strahlenden Boten höherer Dimensionen aus eigenem Erleben kannten. Einige dieser tiefschürfenderen Denker waren Homer, Thales, Pythagoras, Tertullian, Thomas v. Aquin, Jakob Böhme und Swedenborg.
Die heutigen Gelehrten versuchen nachzuweisen, in welcher Form die Menschen der Frühzeit die Naturkräfte personifizierten und vergöttlichten. Der Grund dafür ist in dem ungeschulten Verstand derjenigen zu suchen, die Kräfte wahrnahmen, die weit über ihr Vorstellungsvermögen hinausreichten. Als der unfaßbare EINE die Menschheit schuf, legte Er ihre Führung Intelligenzen in die Hand, die in ihrer geistigen Höhe und Reinheit den großen Avataren vergleichbar sind, die den Menschen auf Erden Botschaft vom Pfad und vom Ziel brachten.
Die Erschaffung der Menschheit war kein ungeordnetes, planloses Unterfangen, sondern stellt eine Stufe bewußt geschaffener Lebens-

formen dar, deren Entwicklung von Wesen behütet und gefördert wurde, die den langsamen und schmerzhaften Prozeß der Entwicklung leiten. Daher glaubten auch die Menschen des Altertums, deren ethische und kulturelle Entwicklung von gütigen Lichtwesen geführt wurde, *daß alles Leben einen Zweck habe und intelligente Wesenheiten existierten, um über die Erfüllung dieses großen Planes zu wachen.* Darüber hinaus sahen sie in der Natur das Wirken ätherischer Scharen, die eifrig den Willen des Höchsten Schöpfers erfüllten. Alles Geschaffene - Erde, Wasser, Feuer, Luft - gehorchte den unsichtbaren Weisungen aufbauender oder zerstörerischer Kräfte. Instinktiv keimte in den primitiven Menschen die vage Einsicht, wie unbeholfen sie auch Ausdruck fand, daß die geheimnisvolle Harmonie aller Lebenskräfte für ein wohltätiges Wachstum sorgte. Aus innerer Überzeugung heraus deuteten sie Chaos, Erdbeben, Seuchen und Kriege als Ausbruch ungöttlicher Energien, die auf die Verzögerung oder Zerstörung der vom Göttlichen Willen angestrebten Arbeit gerichtet waren.

Da die Menschheit nur eine Linie der Evolution darstellt, nur einen winzigen Bruchteil des gesamten Göttlichen Planes, sollten wir erkennen, daß der Schöpfer an jeder Seiner Schöpfungen gleichermaßen Anteil nimmt. Warum sollte es den Menschen daher Schwierigkeiten bereiten, Elementarwesen als natürlich für deren Lebenswelt zu begreifen, genauso wie die Erde die natürliche Umgebung für ihn bildet. Die unklare Erkenntnis dieser Zusammenhänge führte in früheren Kulturen zur Verehrung verschiedener Gottheiten. Dieser bruchstückhaften Wahrnehmung einer großen Wahrheit brachte die Menschheit ihre primitive, furchtsame, abergläubische und unwissende Hingabe dar. So konnten diese herrlichen Lebenskräfte, verzerrt durch menschliche Entstellung, ihre Aufgabe zum Wohlergehen der Menschen nicht in ganzer Größe erfüllen.

Einige der von früheren Menschen erkannten Bruchstücke sollen nun im Licht der gegenwärtigen esoterischen Forschung betrachtet

werden. Für jene wurden alle Aspekte der Natur durch übernatürliche Gottheiten bewirkt: Die Luft wurde bewohnt von ätherischen Erscheinungen, die über Wolken, Stürme, Regen, Wind und Wetter geboten. Sogar die Winde trugen Namen und wurden als freundlich oder unfreundlich eingestuft. Die Intelligenz, die den Nordwind befehligte, wurde als der gütige Boreas benannt. Harpyien und Furien hießen die zerstörerischen Stürme. Das Oberhaupt der Winde trug den Namen Aeolus. Die Griechen verbanden die Gestalt des Hermes mit dem Luftreich, indem sie in ihm den 'Herren der Wolken' sahen. Die Ägypter glaubten, das Enlil über die Stürme gebot, während Thor zum Donnergott der Nordländer wurde.
Für alle Zeiten bedeutete die Erkenntnis der inneren Wirklichkeit des Engelreiches und das Wissen um die überall sich vollziehende Verehrung Gottes eine große Gnade. Auch die Baumeister der Naturreiche streben fortwährend nach solcher Erweiterung des Bewußtseins und der Kraft, wie sie in den Meistern ihrer Ebenen vereinigt sind. In den Naturreichen wachen ebenfalls fortgeschrittene Wesen über die Geschehnisse der 'anderen' Welt. Die Engel dieser Evolutionskette sind weit mehr entwickelt als die meisten Menschen. Ihre Ausstrahlungen sind selbstlos und voller Freude. Sie bilden Zentren der Vitalität und strahlender elektrischer Energie.

Eine bestimmte Linie der Evolution, bekannt als Naturgeister, besitzt Körper, die sich aus den Elementen zusammensetzen, in denen sie leben. Je höher sie entwickelt sind, desto ätherischer erscheinen sie. Zur besseren Unterscheidung lassen sich vier große Gruppen erstellen:

Luft: Elfen sind eine Elementarschöpfung der Luft - Entwicklungslinie. In dieser bilden die Sylphen bereits einen höheren Grad des Fortschrittes. Zu allen Tageszeiten kann man die glücklichen Sylphen finden, ihren 'lyrischen' Aktivitäten über den Landstrichen der Erde hingegeben. Noch höher entwickelte Mitglieder dieses Reiches findet man in den Herren der Winde und der Wolken.

Erde: Gnomen, Heinzel- und Wichtelmännchen, Dryaden (weibliche Baumgeister, d. Übers.) und Waldnymphen sind nur einige der Namen für Erdgeister oder Intelligenzen, die sich durch die ätherische Komponente des Erdelementes entwickeln.

Wasser: Wassergeister (oder Wassernymphen), Najaden (Quell- oder Gewässergeister, d. Übers.), Undinen u. a. werden seit uralten Zeiten als ätherische Bewohner des Wassers erwähnt.

Feuer: Die Salamander stellen die Hauptbewohner des Feuerreiches dar. Von allen Elementarwesen kommt ihnen die geringste Verbindung zum Menschenreich zu.

Es ist interessant, über diese Naturwesen in alten Mythen, Legenden und Volksmärchen schillernde Strahlen der Wahrheit zu finden, die das Denken der früheren Menschen beeinflußten. So wurden z.B. die Sylphen der Stratosphäre bei den Griechen zu den Musen. Ihre erhabenste Herrscherin, Peralda, weilte in den Reichen über dem Gipfel des Olymps.

Den Sylphen sprachen die Alten die Herrschaft über die Dämpfe und Gase zu. Es wurde vermutet, daß sie außerdem einen hilfreichen Einfluß auf das Nervensystem des Menschen ausübten. Eine äußerst interessante Aufgabe, die ebenfalls diesen Bewohnern der Luft zugeschrieben wurde, ist das Entwerfen der Formen für die Schneeflokken.

Paracelsus nannte als eine seiner Beobachtungen, daß Wesen, die durch das Luftreich aufgestiegen sind, bemerkenswert treu und ehrlich sind. Die Wasserwesen zeigen große Selbstkontrolle; Erdwesen neigen zu Uneigennützigkeit; und Feuerwesen strahlen außerordentlichen Ernst und Reinheit aus.

Von Platon wurden die Wahrnehmungen des Sokrates über den Dienst der Devas bekannt gemacht. Diesem edlen griechischen Weisen wird die Beobachtung zugeschrieben:

„Auf der Erde weilen Tiere und Menschen. Es gibt andere Wesen, die die Luft bevölkern.... Mit andern Worten, die Luft wird von Ihnen so benutzt, wie von uns Wasser und Meer. Ihre Lebensform kennt keine Krankheiten ... Sie besitzen Seh-, Hör-, Geschmacks- und alle anderen Sinne in weit entwickelterem Maße als wir; so wie die Luft sauberer als das Wasser und der Äther reiner als die Luft ist. Sie haben ebenfalls Tempel und heilige Paläste. In diesen leben die Götter, deren Stimmen sie hören und deren Antworten sie erhalten. Sie nehmen sie bewußt wahr und sprechen mit ihnen. Sie erkennen Sonne, Mond und Sterne in ihrem wirklichen Sein, und sind glückselig gleich jenen."

Ein Freund der Luftgeister in der heutigen Zeit ist der irische Dichter George Russell, bekannt unter dem Pseudonym "A.E.". Während eines Ferienaufenthaltes an der Meeresküste kam er in Kontakt mit einer Schar Sylphen und gewann ihre Freundschaft. Jedesmal, wenn er an diese bestimmte Stelle zurückkehrte, wurde er wieder mit seinen „Freunden der Luft" vereint. An die Wände seines Studierzimmers in Dublin hängte er Gemälde, die diese von ihm geliebten Sylphen zeigten.

Die Seher der Vergangenheit schauten eine große Vielfalt ätherischer, nicht-materieller Wesen in der Natur. Sie beobachteten sie in den Gräsern, Bäumen, Gärten und Bergen. Jene, den physischen Augen unsichtbaren Elementarwesen, Devas und Engel, sind schon immer die Wächter des Wachstums auf Erden gewesen; Mineralien, Pflanzen, Wälder, Täler und die mächtigen Gebirge unterliegen ih-

rer Bewachung.
Elementarwesen durchleben Geburt und Tod wie die Menschen, obwohl ihre ätherischen Formen manchmal über einige Jahrhunderte hindurch bestehen. Ihre Lebenskraft beseelt die feinsten Strukturen der Natur und veranlaßt sie, den „Odem des Lebens" in ihre schlafenden Formen fließen zu lassen. Eine der berühmtesten Beschreibungen eines Baum-Devas ist die Geschichte vom „God of Aricia", die in Frazier's Buch „Golden Bough" zu finden ist.
Die Legenden über die Wassergeister füllen Bände. Trotz der primitiven Übertreibungen der Menschen findet man genügend Hinweise in abgenutzten Schriften, um zu erkennen, in welcher Form die alten Religionen den ätherischen Bewohnern des Wasserreiches Respekt zollten. In ihren feinstofflichen Körpern bewohnten die Undinen, Najaden, Meerjungfrauen, Nymphen und Wassergeister Seen, Flüsse, Bäche, Sümpfe, Höhlen und Meere. Die Bedeutung der Sirenen der Meere ist schwer zu verstehen. Es mag sein, daß Seeleute und Abenteurer seelische Prüfungen zu bestehen hatten und ihre Prüfer den warnenden Sirenen ähnelten. Die Erzählungen über die Verführerinnen des Wassers scheinen jedoch auch auf Erklärungsversuche des Menschen als Antwort auf seine eigenen instinktiven Kräfte hinzudeuten.
Schon die Schriften unserer ältesten Vorfahren erwähnen die Bewohner des Feuerreiches. Ein bekanntes Beispiel für Feuergeister findet sich in den Erzählungen aus Tausendundeinernacht, in denen Feuerwesen zu Sklaven einer Lampe und der Wünsche des Eigentümers werden.
In der Religion der Hindus, Chinesen, Japaner, Shintoisten, Römer und Griechen wird die ganze menschliche Existenz von übersinnlichen Mächten regiert. Götter herrschten über die Elemente und über Wohnung und Haushalt. Auf jeder Reise empfanden die Menschen beschützende Wesen um sich. Zu Hause waren sie von ihren vertrauten Schutzgeistern umgeben, die Haus, Land und Bewohner

behüteten.
Die Gestalten der Minerva in Rom und der Athene in Griechenland verkörpern die hohe Entwicklung der Engelwesen. Das Parthenon wurde zum Heiligtum gewaltiger Mächte, die in unterschiedlichen Gebieten nur verschieden benannt wurden.
Apollon, der Gott der griechischen Mythologie, ähnelt in seiner Beschreibung, mehr als jede andere Göttergestalt, einem hochentwikkelten Engel. In den christlichen und islamischen Schriften entspricht ihm der Erzengel Michael. Von Apollon hieß es: „Nichts Falsches oder Unreines vermochte an ihn herangetragen zu werden; denn eine reinigende und erleuchtende Kraft strahlte von ihm aus." (*) Als die beliebteste der griechischen Göttergestalten wurde er für alle prophetischen und heilerischen Gaben verehrt.
Griechische und römische Mythen sind angefüllt mit Wesenheiten wie den Musen, Göttern und Göttinnen, doch wäre der Name „Engel" für diese weitaus zutreffender. Mythologie gewinnt eine außerordentliche Faszination, wenn man den Schlüssel zu ihren Geheimnissen besitzt.
Eine weitere in Rom verehrte Gottheit aus den Reihen der Engel war Vesta. Diesem gütigen Wesen wurde die Herrschaft über die Feuer der privaten und öffentlichen Gebäude zugesprochen. Zu ihrer Ehre brannte in ganz Rom in jedem Haus und Tempel fortwährend ein Feuer, womit schon ihre Zugehörigkeit zum Feuerreich ausgedrückt wird. Priesterinnen, die dem Altardienst geweiht waren, nannte man "vestalische Jungfrauen".
Vestas Aufgaben schlossen die Aufsicht über untergeordnete Gottheiten ein, die in Laren und Penaten unterschieden wurden. Die Penaten sah man gegenüber den Laren als fortgeschrittener an. Die höchsten Penaten sorgten für die Angelegenheiten und den Wohlstand des römischen Reiches. Bestimmte Penaten waren den Städten

---

*) vgl. Jessie Tatlock, Greek and Roman Mythology, Century Co.

zugeordnet, andere wachten über die Verwaltung des Hauses. Bilder dieser sprituellen Wächter fanden sich im Mittelpunkt jedes Hauses, den man das Penetralium nannte. Wechselte die Familie ihren Wohnsitz, wurde dieses wichtigste und höchstverehrte Bild aus dem Heiligtum entfernt und in das neue Haus eingebaut.
Die Laren, in anderen Ländern waren sie als Erdgeister bekannt, wurden von jeder Familie liebevoll beachtet, da sie als Schutzgeister für die Gesundheit und das Glück des Haushaltes angesehen wurden. Die Römer grüßten und ehrten ihre treuen Penaten und Laren, und durch die Zugehörigkeit dieser vertrauten Wesen wurde jedes Haus zu einem privaten Tempel. Für jedes römische Haus war es Brauch, einen Genius zu besitzen, der seine Schützlinge inspirierte, heilte und stärkte, ähnlich den christlichen Schutzengeln. Nur noch in China sah man Götter und Menschen in so engem Verhältnis wie im römischen Imperium.
Heute erkennen wir in den Penaten die Engel der Nationen, die auf unterschiedlichen Entwicklungsstufen stehen und verschiedene Dienste ausführen. Die Laren entsprechen den christlichen Vorstellungen des Schutzengels.
Mit zunehmenden Spannungen im täglichen Leben suchen viele Menschen heute nach innerem Frieden und zweifelsfreiem Kontakt mit der Göttlichen Gegenwart. Sie werden nur wenige finden, die ihre inneren Bedürfnisse stillen können und ihre Begeisterung für ein edleres Leben zu entfachen vermögen, wie es das Bewußtsein um die wahrhaftige Gegenwart der Engel schenkt.
So sind bestimmte Melodien in himmlischen Sphären geboren. Ein Musikstück, welches von den menschlichen Schutzengeln inspiriert wurde, ist das „Kindergebet" aus der Oper „Hänsel und Gretel" von Humperdinck. Jedesmal, wenn diese Melodie in der Oper aufgeführt, im Radio übertragen oder von einer Kassette abgespielt wird, hebt die Musik (nicht die Worte der Sänger) das Bewußtsein zu den Engeln empor, denn es ist ihr Lied. Immer, wenn ich diese inspirie-

renden Töne vernahm, konnte ich beobachten, wie weißen Kamelien ähnliche Gedankenformen in das Auditorium oder Haus schwebten, in denen man diesem Musikstück lauschte. Sie symbolisieren die Gebete der Schutzengel für ihre Schützlinge und für die gesamte Menschheit.

Das „Credo", gesungen vom späten Fedor Chaliapin, zieht noch immer die Musikelementarwesen an, die die Atmosphäre mit ihren vielfältigen Wellenformen durchfluten, sobald das Stück abgespielt wird. Seine aufgenommene Bass-Stimme hat die Kraft, die Musikengel anzuziehen. Daher sind seine Darbietungen Feste musikalischen Leuchtfeuers und strahlender harmonischer Energie.

An den heiligen Feiertagen sollte man versuchen, das „Hallelujah" von Händel zu hören. Jedesmal, wenn diese Musik gesungen wird, fallen die Engel der astralen und mentalen Ebenen in den Chor ein, und ihre Begleitung ist tausendmal freudiger und triumphierender als die menschlichen Partien. Dies ist ein Musikstück, dessen Ausstrahlungen direkt auf Christus gerichtet sind. Die Liebe, Preisung und Hingabe, die aus diesem Chor zu Ihm strömt, stellt eine der reinsten Gaben der Menschheit an diesen vollkommenen Lehrer unserer Rasse dar.

Auf dem Pfad der Kunst sind viele Wesen aus den himmlischen Sphären zu uns gereist. Manchmal sind diese Boten so befremdet vom Lebensweg dieses Planeten oder sie empfinden so großes Heimweh nach ihrer geistigen Heimat, daß sie ihre gesamte Botschaft vergessen.

William Blake bleibt ein Rätsel für alle, die versuchen, ihn in das übliche Muster für menschliche Wesen einzupassen. Erst wenn man in ihm den „strahlenden Boten" aus uferlosen Räumen erkennt, beginnt man seine Einzigartigkeit zu erfassen. Während er noch ein kleiner Junge war, schaute Blake Engel in einem Baum am Straßenrand. Als Erwachsener sah er Erde und Luft bevölkert mit Wesenheiten, die am Schicksal der Menschen Anteil nahmen. Dieses hoch

empfindsame Genie, dessen Religiosität eine pantheistische Ausrichtung besaß, war ein "Engel des Wortes".
Auch William Wordsworth kam als Besucher aus fernen Reichen. Obwohl kein so fortgeschrittener Geist wie Blake, behielt er genügend spirituelle Wahrnehmungsfähigkeit, um die Nähe der unsichtbaren Gefährten zu bemerken.
Ein weiterer himmlischer Bote war John Keats. Als er im Alter von fünfundzwanzig Jahren starb, hinterließ er ein so reifes und wohldurchdachtes Werk, wie solche Dichter, die ein hohes Alter erreichen. Vor seinem Tode erzählte er einem Freund: „Vor ein paar Tagen, während einer Übungsstunde, floß ein Sonnenstrahl in den Raum und mit ihm eine ganze Schar von Wesen; mit ihnen entschwand ich nach Oberon und ins Feenland."
Die strahlenden Wesen waren auch Swedenborg bekannt. Einmal glaubte man, der Mystiker sei klinisch tot. Er wurde wiederbelebt und erneut zu Bewußtsein gebracht. Mit vertrauten Freunden teilte er die Erfahrungen, die er während seiner kurzen Trennung vom Körper gemacht hatte. Zwei Engel hatten mit ihm gesprochen und ihm wertvolle Erkenntnisse vermittelt. Sie benutzten dafür keine Sprachorgane, sondern hatten einfach in seine Augen geschaut, und er vermochte ihre Gedanken zu erfassen.
Mehr denn je benötigt der Mensch zu seinem Schutz und für seine innere Entwicklung die liebende Hinwendung und gedankliche Ausrichtung auf die Obhut der Engel. Um in Gebet und Meditation mit ihnen Kontakt aufnehmen zu können, benötigen seine Gedanken, Taten und Absichten eine Läuterung. Eines ist sicher — in dem Maße, wie sein spirituelles Bewußtsein wächst, wird er näher zur Gemeinschaft der himmlischen Gäste hingezogen.
In Zeiten der Hingabe, bei Krisen oder während eines Augenblickes der Bewunderung für die Schönheit der Natur, widerfuhr einigen Menschen eine Erweiterung des Bewußtseins, die sie die inspirierenden Wirklichkeiten des ewigen Schöpfers erkennen ließen. Sie

kamen in Kontakt mit dem Reich der Engel, einem Pfad der Entwicklung des göttlichen Lebens, der ausführlich in den heiligen Schriften aller großen Religionen, in der Dichtung und in der Kunst jeder entwickelten Zivilisation dargestellt wurde.

Man kann erkennen, daß die Scharen der Engel der Menschheit treu und selbstlos dienen, lange bevor die Menschheit sie wahrnehmen und schätzen lernt oder nützlich für ihre Entwicklung werden kann. Vielleicht ist ein Weg, um von bescheidenem Nutzen für die himmlischen Botschafter zu sein, danach zu streben, *die Ideen, Vorstellungen und Kräfte, die aus ihren Sphären stammen, ehrfurchtsvoll und bewußt zu verwalten.* Engel vermögen es, uns auf verschiedenen Wegen Energie und Licht zu vermitteln, besonders durch die Natur, die Musik und ein spirituell ausgerichtetes Bewußtsein. Alles, was sie vom Menschen erwarten, ist die Verehrung Gottes, eine umfassende Liebe und ein ehrliches Suchen, welches genügend Mut beinhaltet, sich jenseits der Grenzen von Dogma und Pharisäertum ins Licht der Erkenntnis und Verwirklichung vorzuwagen.

II. Der Zauber der Natur

Obgleich die Entwicklungslinie der Naturgeister im allgemeinen zur Engelevolution gezählt wird, unterscheiden sich die jüngsten Angehörigen des Naturreiches so stark von einem hochentwickelten Engel, wie ein australischer Buschmann vom Genie eines Albert Schweitzer. Es gibt unzählige Abschnitte des Fortschrittes in der menschlichen Evolution, und die gleiche Ordnung des Wachstums durchzieht die unermeßliche Entwicklung der Engel.
Wenn jemand eine erweiterte Wahrnehmungsfähigkeit entwickelt, macht ihn die Natur mit den niedrigsten wie auch den großartigsten Aspekten ihres Reiches bekannt. Aufgrund dieser Wahrnehmungen vermag der Mensch die verborgene Wahrheit in alten Mythen zu erfassen.
Die alten Gottesvorstellungen verblassen. Neue Horizonte begrüßen den Sucher, der Natur und den himmlischen Welten die Schleier entfernend. Geheiligtes Leben wird in den Steinen, Bäumen, Feldern, Flüssen und Wolken wahrnehmbar. Der Schöpfung widerfährt die Beachtung von Kräften, die nie durch die Sagen der Völker entstellt wurden.
Wahres Verständnis für die Wunder der Natur spiegelt sich in den Worten von Elisabeth Browning:

Jeder gewöhnliche Busch ist entflammt von Gott,
Doch nur der Sehende zieht seine Schuhe aus.

Eine bemerkenswerte Entdeckung, die die Natur unverändert mit allen Wissenden teilt, ist diese: Alles, was lebt, besitzt entweder Intelligenz oder wird durch Intelligenz geleitet. Wie einfach eine Lebensform auf der Leiter der Evolution auch sein mag (z.B. ein Rebstock), sie besitzt einen innewohnenden Instinkt, das Sonnenlicht zu suchen und wird sich soweit durch dunkle Gebiete hin ausbreiten, bis sie das Licht erreicht hat.Dieses instinktive Wissen ist eine Form der Intelligenz. Auch kann niemand einen vielfach geschliffenen Diamanten, funkelnd in allen Farben, betrachten, ohne über den Geist zu staunen, der ihn erschuf.

Die Intelligenz der Natur enthüllt suchenden Forschern, daß vieles im physischen Bereich Impulse zur Entwicklung durch die Führung von Intelligenzen aus höheren Ebenen erfährt. Unsere geliebten Bäume, der besondere Charakter einer Landschaft, unser Wetter - in allem wirken höher-dimensionale Bewußtseinsformen ein, die unter dem unwandelbaren Gesetz arbeiten, die Erde bewohnt zu erhalten. Tatsächlich wird alles Leben in der Natur durch Wesen beeinflußt, deren Gedanken um äußeres und inneres Wachstum, Entwicklung und Erwachen kreisen.

In Bewunderung der herrlichen Formen, die wir erblicken, wollen wir daran denken, diese von Gott gesandten Wesen zu grüßen, die in für unsere physische Wahrnehmung unsichtbaren Ebenen weilen. Durch diesen Gruß und die Anerkennung ihres Dienstes werden wir in ein engeres Band mit diesen unermüdlichen Boten gezogen.

Besuchen Sie ein Naturschutzgebiet nicht allein, um die äußere Schönheit zu betrachten, sondern auch, um die inneren Wesenheiten zu erspüren, die diese Plätze bewachen und durchdringen. Man wird weit mehr durch seine Wanderungen gewinnen, wenn man im Bewußtsein von der Gegenwart der liebenden Wesen, die die Tempel der Natur zu Plätzen des Friedens machen, durch die Natur schreitet.

Genauso, wie man in verschiedenen Gegenden verschiedene Arten von Bäumen, Büschen oder Blumen vorfindet, kommt man in Kontakt mit Naturgeistern, deren Aussehen, Ausstrahlung und Pflichten sich von Platz zu Platz unterscheiden. Lassen Sie Ihre inneren Fähigkeiten der intuitiven Wahrnehmung jene unsichtbaren Kräfte erkennen, die die Orte Ihres Besuches einhüllen. Ein Wald kann angefüllt sein mit Energien der Heilung, die speziell den Ätherleib kräftigen. Ein Bergmassiv dagegen mag einen starken Impuls zur Ehrfurcht vor Gott beinhalten. Seengebiete sind gewöhnlich auf Strahlungen des Friedens eingestimmt. Das weite Land stärkt die Klarheit des Geistes. Diese kontrastierenden Schwingungen beruhen zum großen Teil auf der Art der Wesen, die diese Gebiete beseelen.

Da z.B. der Mt. Lassen in Nordkalifornien vulkanischen Ursprungs ist, stellen die Naturgeister dort eine eigenartige Kombination von Feuer- und Erdwesen dar. Der Zion Nationalpark ist die Heimat majestätischer „Engel der Macht", während der Bryce Canyon Nationalpark dagegen, obwohl nicht weit entfernt, von Wesenheiten bewohnt wird, die besonders freundlich und liebevoll sind.

In der Natur findet man geweihte Plätze, Tempel und 'Spielwiesen' der Devas. Der Zion Nationalpark bildet eine Devakathedrale, die Wellen spiritueller Kraft in der Qualität des ersten Strahles aussendet. Der Bryce Canyon , sowie der Yellowstone- und Yosemite-Nationalpark gehören zu ihren Lieblingsplätzen. Auch sie haben ihre Unterscheidungsmerkmale , da der Bryce Canyon ein Zentrum des sechsten Strahles ist; Yosemite dagegen dem dritten und Yellowstone dem vierten Strahl zugeordnet werden muß. Menschen und auch Devas empfinden die stärkste Anziehung zu Naturtempeln ihres eigenen Strahles.

Der ganze Mt. Rainier Nationalpark formt eine Naturkathedrale, deren Altar durch die Anwesenheit eines hochentwickelten Naturwesens geschmückt wird, bekannt als der „Herr des Berges". Er erlangte seinen hohen Rang im Naturreich durch Treue und Dienst dem Höchsten gegenüber. Die Schwingungen seines Tempelbereiches breiten ihre Strahlen in jene Gemeinden und Städte aus, die nahe an den Seiten des Berges liegen.

Eine Lehre dieses heiligen Zentrums erklärt, daß die Verehrung Gottes in jedem Reich beheimatet ist. Selbst die Schöpfer der Naturformen streben ein Erringen von höherem Bewußtsein und Kraft an, wie es für sie im „Herrn des Berges" vom Mt. Rainier verkörpert ist. Unsagbar ergreifend sind unerwartete Einblicke in die Arbeit der Engel. Standhaft muß ich mich täglich auf meine Arbeit am Schreibtisch besinnen, während draußen kleine Baumeister lustig in unserem Blumengarten herumwirbeln. Manchmal stehle ich mich ans Fenster meines Arbeitszimmers, um einen Blick auf diese zarten Wesen zu werfen und die Freude, die aus meinem Inneren aufstrahlt, während ich diese kleinen Diener beobachte, ist sowohl entspannend als auch erfrischend.

Nachts, wenn ich meine Hunde und Katzen in die Hügel ausführte, fand ich mich plötzlich in strahlender Begleitung. Eines Abends war unser Spaziergang ausgedehnter, so daß ich ein Wesen beachtlicher Größe beobachten konnte, das sich als Führer der Wetterengel zu erkennen gab. Die Verständigung zwischen diesem Engelführer und seinen Schützlingen war für mich nicht zu entschlüsseln, doch, gemeinsam mit den Naturdevas, wurden meine höheren Empfindungen durch die Erscheinung dieses Großen erweitert.

Auch war es beglückend, in der Nähe unseres Hauses die ruhige, liebevolle Gestalt eines Hausengels zu sehen. Er vollzieht gewöhnlich seine Pflicht der Erneuerung der ätherischen Kräfte, wenn wir das Haus verlassen haben, sei es körperlich oder im Schlaf. Es gibt viele Wohnstätten, die sie beschützende Engel besitzen. Auch werden viele Menschen, bei Spaziergängen auf dem Land, von lichten Wesenheiten begleitet. Uns kommt es zu, sie zu grüßen und zu lieben, auch wenn ihre Formen noch unsichtbar für unsere körperlichen Augen sind.

An den Snoqualmie Wasserfällen im Bundesstaat Washington kann man einen „Wächter des Wassers" beobachten, der die Größe des Wasserfalles selbst hat. Solche Wesen sind normalerweise von außergewöhnlicher Höhe und sehr weit entwickelt. Die jüngeren Wassergeister, die die Aura eines solchen Wesens durchstreifen, empfangen von ihm neue Lebensenergien.

Es ist interessant, zu beobachten, was in der über-natürlichen Pflege von Blumen und wachsenden Wesen geschieht. Während wunderschöne Baumeister ihre Energien in sich öffnende Blüten gießen, beschäftigen sich andere damit, Blätter zu öffnen und den Fluß der Lebensenergie durch die Pflanze und das Wurzelsystem anzuregen. Phantasievolle Berichte über den Dienst dieser Baumeister füllen viele Kinderbücher. Märchen basieren oft auf den spirituellen Geschehnissen in der Natur.
In Questhaven*) könnte ein hellsichtiger Mensch ein hohes Naturwesen, einen Engelfürsten, entdecken, der *Inspiration Point*, unsere höchste Erhebung, überschattet. Er würde nächtliche Treffen von Naturwesen auf dem *Mystic Mountain* erleben. Der hochentwickelte Baumdeva, dessen Heimat in den höchsten lebendigen Eichen liegt, könnte beobachtet werden, wie er von Eiche zu Eiche gleitet. Doch bei Einbruch der Nacht wird er wieder in seinem eigenem hohen Baum zu finden sein. Zu allen Tageszeiten sind die anmutigen Sylphen der Luft über dem ganzen Gelände zu sehen, die sich wie Bienen auf der Suche nach Honig bewegen. Auch an den zierlichen, schönen Baumeistern kann man sich erfreuen, deren Bewegungen sowohl über wilden als auch kultivierten Pflanzen wahrzunehmen sind. Zu allen Hauptzeiten des Tages — Morgengrauen, Mittag und Sonnenuntergang — sind die „Engel der Sonne" am Werk.
Morgendämmerung und Sonnenuntergang sind wichtige Ereignisse. Man kann empfinden, wie die Erde während dieser zwei Zeiträume andächtig verharrt. In diesen Augenblicken möchte man gerne etwas von den inneren Erfahrungen dieser Geschehnisse verstehen.

Wenn der Schleier vor unseren inneren Augen etwas gelichtet ist, wird ein Sonnenaufgang zu einem unvergeßlichen Ereignis. Jeder Tagesanbruch, den wir dann erleben, enfaltet eine größere Schön-

*) Questhaven ist der Name des Zentrums, das Flower A. Newhouse mit ihrem Mann in Südkalifornien aufgebaut hat.

heit und Kraft als der vorangegangene. Vor dem Durchbruch des Sonnenlichtes eilen sich irdische und geistige Wesen, um für den vibrierenden Augenblick bereit zu sein, wenn das Sonnenrad auf sie niederzuscheinen beginnt, nachdem es sich über den Horizont erhoben hat.

Der Solare Logos (die Sonne) ist der am weitesten fortgeschrittene Eingeweihte unseres gesamten Sonnensystems. Er ist ein Wesen, dessen spirituelle Energie weitaus wirkungsvoller ist als seine äußerliche Wärme- und Lichtausstrahlung. Er legt die Gesetze unseres Universums fest. Die herrliche Schönheit und Reinheit Seines Bewußtseins übertrifft noch Seinen glühenden sichtbaren Körper an Strahlkraft.

Die ersten Menschen erkannten vage, daß, nach dem Höchsten Unsichtbaren Geist, diese Wesenheit in der Sonne ihre Verehrung verdiente. In den Mythen und Legenden, die sich auf den Sonnengott beziehen, wird ein wahrhaftes Wesen verehrt, das seit Anbeginn der Menschheit die Quelle unseres physischen Lichtes und Lebens gewesen ist.

Wären wir von den geistigen Schwingungen des Sonnenlogos genauso stark betroffen wie von Seiner physischen Energie, so würden wir durch Seine Kraft zerschmettert werden. Es gibt zwei Gründe, weshalb wir nicht die volle Durchstrahlung erfahren. Erstens sendet uns der höchste Eingeweihte der Erde nur einen Teil Seiner Ausstrahlungen (der Hauptanteil Seiner inneren Kraft breitet sich in den interstellaren Raum zwischen den Planeten aus) und zweitens fügen die „Engel des Morgens" zur Sonnenstrahlung ihre Botschaft aus Strömen der Musik und der Heilung hinzu, die sie auf einzigartige Weise übermitteln können.

Man vermag die Aktivitäten der Engel des Morgens sogar schon zu spüren, bevor die Sonne erscheint. Sie schreiten immer den über die Erde vorrückenden Sonnenstrahlen voran. Ihre Hilfe bewirkt eine Belebung unserer Fähigkeiten zu lieben und zu danken.

Auf der Pilgerfahrt dieses Planeten durch das Himmelsgewölbe ist die Mittagsstunde die wesentlichste Begebenheit des Tages. Zu dieser Zeit nimmt der Logos unseres Sternes eine Position ein, aus der heraus Er am wirkungsvollsten jene Körper und Wesen aufladen kann, die mit der direkten Aufnahme Seiner Strahlen im Einklang sind. In diesem entscheidenden Augenblick kann er stärkere geistige und physische Kräfte zu jedem lebenden Wesen senden. Es sind dann keine Wächter nötig, um Seine Strahlen abzuschirmen.
Die Mittagsstunde ist die einzige Tageszeit, zu der keine himmlischen Hüter zwischen dem feurigen Ball und uns selbst stehen. Diese starke Energieeinstrahlung hält für ca. dreißig Minuten an. Nach diesem Zeitraum formen die Sonnenwesen wiederum einen Schleier zwischen dem Himmelslicht und jenen Körpern, auf die Sein Licht fällt.
Von den inneren Ebenen aus betrachtet, bewirkt die Lichtausflutung des Logos in der ätherischen Welt ein Glühen in safrangelben, leuchtenden Strahlen, während Seine Ausstrahlung in der astralen Welt in klarem Blau, wie jenes des Rittersporns, erscheint. Die Farbschattierungen sind bedeutungsvoll. Die Wesen des Naturreiches, die auf der ätherischen Ebene arbeiten, benötigen die rhythmische Anregung des Logos, dessen Kraft sie als flammende Farbwelle schimmernden Lichtes erreicht. Diese Farbwelle dient sowohl der inneren Reinigung als auch der Inspiration. Sie wirkt auf gespeicherte ätherische Materie, die die Aura dieser Baumeister erfüllt und die jene Substanz absorbiert.
Die Mittagsstrahlen üben einen unwiderstehlichen Einfluß auf unsere eigenen ätherischen Körper aus. Wir können es als ein Glühen dieses zarten Körpers wahrnehmen und sogar für einen bestimmten Zeitraum ein Nachglühen erfühlen. Diese Empfindungen sind am stärksten, wenn wir uns draußen im Sonnenlicht befinden. Für die Feinfühligkeit unserer inneren und äußeren Körper ist jedes Sonnenbad ein zuverlässiges Elixier. Jeder sollte die Sonnenstrahlen

möglichst täglich, besonders zur Mittagszeit, nutzen.
Auf der Astralebene erlischt das Sonnenlicht nie, wenngleich der blaue Heilungsstrom periodisch belebt wird. Dieser leichtgetönte Schein in der 'Atmosphäre' jener Dimensionen bewirkt, daß jedem Harmonie und Erholung natürlich erscheint. Jedesmal, wenn wir im Freien unter der direkten Einstrahlung der Sonne stehen, werden unsere Astralkörper von bestimmten negativen Ansammlungen gereinigt, und wir atmen aufgrund dieser Lösung innerlich freier.
Obwohl beide, die „Engel des Morgens" und die „Engel des Abends", dem Planetarischen Logos dienen, sind sie unterschiedliche Arten von Wesen und versehen verschiedene Dienste.
Am Morgen wimmelt die ätherische Welt vor Aktivität zur Vorbereitung des Sonnenaufganges. Darauf folgt eine Stille der Verehrung, wenn die Sonne triumphierend über dem Horizont erstrahlt und die Natur und die Menschen freudig mit Impulsen für die Tätigkeiten des Tages versieht.
Nur wenige von uns begrüßen den Sonnenaufgang, doch wenn wir es tun, laßt uns des Logos gedenken, der unser Leben auf Erden ermöglicht, und seiner Heerscharen, unter ihnen die Engel des Morgens und des Abends. Das Wissen um Ihn und jene Ihm geweihten Reihen sollte uns die Aufnahme seines Einflusses erleichtern. In der Natur sind wir umgeben von strahlenden Energien, in Bewegung gesetzt durch die Aktivität der Devas. Während des Sonnenauf- und -unterganges stellen sie Energien bereit, die von den Engeln der Morgenröte und der Abenddämmerung in die Aura unseres Planeten einfließen. Vom Sonnenaufgang erhalten wir die Kräfte der Erneuerung, deren innerer Auftrag auf vertiefte Hingabe ausgerichtet ist. Am Abend führen uns die ausstrahlenden Wellen zur friedvollen Rückschau auf den Tag. Ein Seher, der das Wirken der Engelwesen beobachtete, sagte: „Zur Abendzeit werden sie dich prüfen." Dies drückte die innere Empfindung aus, die wir in der Dämmerung aufnehmen, während wir den Sonnenuntergang betrachten. Wir spü-

ren, daß wir von Kräften gemustert werden, deren Einschätzung von uns wir auf jenen Blättern wiederfinden werden, auf denen unsere eigene Entwicklung geschrieben wird.
Mit der heraufziehenden Abenddämmerung sehen Menschen und Naturwesen nur ungern dem Untergang der Sonne entgegen. Dies sollte als Beweis für unsere starke Abhängigkeit von der Sonne gelten. Wenn ihre Strahlen unseren Tag erhellen, wird glücklicherweise die Verfassung jedes einzelnen beeinflußt. Wie häufig findet man doch an bewölkten oder stürmischen Tagen Tendenzen zu Ängstlichkeit und Verunsicherung!
Die „Engel des Morgens" bilden die Vorhut der Sonne, die „Engel des Abends" die Nachhut. Jede Heerschar hat ihre spezielle Aufgabe. Die meisten von uns spüren, daß irgend etwas Wundervolles im Inneren unserer Umgebung geschieht, wenn der Himmel ein Garten herrlicher Farben ist. Die Intuition macht uns mit einem wahrhaft mystischen Naturritual bekannt. Unabhängig von den physischen Erscheinungen bei Sonnenuntergang, vollzieht sich auf dem ätherischen Plan (wie auch auf den höheren Ebenen) immer ein Schauspiel des Glanzes. Wenn wir jedoch dieses prächtige Abbild der Schönheit auf der physischen Ebene bezeugen können, sollten wir auch fähig sein, die verstärkten Kraftschwingungen vom Himmel zur Erde wahrzunehmen.
Die Sterne am Abend vermögen uns zur Nachdenklichkeit und zum Dank zu bewegen. Man versteht dann, warum die Alten glaubten, daß „die Himmel Gottes Herrlichkeit verkünden". Maimonides behauptete, daß die Planeten die Körper lebender und vernünftiger Wesen darstellten, und daß sie ihrem Gott dienten und Ihn „mit großem Lob und höchstem Frohlocken" verehrten. („Unter Treueeid vollenden die Sterne ihre Bahn und Er ruft sie bei ihren Namen, auf daß sie Ihm antworten von Ewigkeit zu Ewigkeit".)
Normalerweise herrscht beim Sonnenuntergang die Farbe orange vor. Dies ist bedeutungsvoll, da dieser Ton, auf den inneren Ebenen

von den vereinigten Dankgebeten der „Engel des Abends" geboren, in unsere Atmosphäre einfließt. Das Orange unseres physischen Himmels und unsichtbar in den ätherischen Ebenen um uns herum, dient zur Stärkung unseres Mutes, gesandt von diesen Heerscharen. Die Botschaft dieser singenden Segensbringer läßt sich in folgende Worte zusammenfassen:

„Hab Mut, bis dich die Sonne wieder stärkt.
Sei furchtlos, bis die Nacht mit Ruh und Stille kommt.
So wie du im Vertrauen hast gehandelt,
Sollst du im Frieden ruh'n."

Wenn diese Lieder der Devas erklingen, wird die ätherische Umhüllung der Erde aufgeladen mit goldenen Funken der Aufmunterung. Haben Sie jemals lange nach Sonnenuntergang in einem Bergmassiv gestanden, nur mit den Sternen über sich? Ausgenommen die Nachtvögel und -tiere schläft die Erde. Wie ein leichter Schleier bedeckt die Erde alles mit Stille.
Menschen und Naturgeister arbeiten am leichtesten während der Tagesstunden. Der Tag ist die Zeit der Anstrengungen; die Nacht die Zeit der Aufnahme und Verarbeitung. Bei Nachtbeginn wird das Körperbewußtsein müde und findet Erholung im Schlaf. Unser inneres Bewußtsein jedoch löst sich vom schlummernden Körper, um dem Ruf des Geistes in Gebiete der Schönheit und an Orte der Stärkung zu folgen.
Würden wir bei Nacht in das ätherische Reich eintreten, begegneten wir den „Engeln der Nacht", deren Licht besonders strahlend um ihre Gesichter scheint, so als hielten sie Kerzen, um besser zu sehen. Diese Engelgattung ist eine der gütigsten und liebenswertesten, die das Leben der Menschheit und der jungen Naturgeister berührt. Doch manchmal verlangen ihre Pflichten den Gebrauch von strahlenderem Licht, als die meisten der Engel auszusenden vermögen.

In einem bestimmten Sinne sind die „Engel der Nacht“ die 'Polizei' der ätherischen und astralen Ebenen, da in diesen Elementarformen und wenig entwickelte Geschöpfe ihr Unwesen treiben. Gewöhnlich sind diese Lebewesen harmlos, doch aufgebracht durch die Ruchlosigkeit und die Gelüste der Menschen können ein paar von ihnen gefährlich werden. Es gibt nur wenige Fälle echter Besessenheit. Wenn diese auftritt, haben die üblen Taten des Menschen sie hervorgerufen.

Die wachenden „Engel der Nacht" grüßen jene Menschenwesen, die bewußt (oder unbewußt) ihre physischen Körper verlassen. Begegnet man diesen reinen Wächtern, ist es wie eine duftende Brise. Ihre Reinheit, Liebe und tiefe Spiritualität wirkt stärkend auf jüngere Seelen. Oftmals leiten und inspirieren diese Engel als Führer jene Wesen, die ihrer Führung bedürfen.

Jene, die unglücklicherweise die physische Ebene durch Selbstmord oder Unfall verlassen, werden durch diese Helfer empfangen. Niemand wird liebevoller versorgt als diese vorzeitigen Ankömmlinge.

Für die meisten der Wesen aus den Naturreichen finden ihre Zusammenkünfte und Einweihungen nachts statt. Sie arbeiten so intensiv, auch wenn sie in Gruppen dienen, daß es nur einen geringen oder gar keinen Kontakt mit anderen Naturwesen während der Stunden der Aktivität, die sich an der Sonne orientieren, gibt. Am Abend ist es jedoch anders; denn Andacht, Belehrung und Fortschreiten werden gemeinsam vollzogen (auf eine Art, die der Mensch noch nicht versteht). Das Umgekehrte gilt für die Menschen. Sie unterhalten während des Tages Beziehungen zu ihren Mitmenschen. In der Nacht jedoch, wird jeder zum einsamen Sucher.

Unter den Wetterengeln gibt es zwei Arten, die wir besonders verehren sollten — die „Engel der Stärke" und die „Engel der Stille". Die erste Gruppe leitet die Winde, Stürme und alle Arten der Bewegungskräfte. Die zweite Gruppe beaufsichtigt die Elemente, die kla-

res, sonniges Wetter bewirken.
Ich erinnere mich gut eines besonderen persönlichen Erlebnisses. Eines Tages in den Bergen legte sich Nebel über unser Lager und benetzte den ganzen Wald. Bald darauf erhob sich ein starker Wind und später schien alles unruhig zu werden. Ein heftiger Sturm tobte. Ich sah die fremden „Wesen der Stärke", die so gewaltig sind, daß man sie kaum beobachten kann ohne zu erzittern. Sie sind auch Helfer Gottes, doch ich denke an sie mit Scheu wegen der Umwälzungen, die sie oft bewirken.
In jener Nacht betete ich, die „Engel der Stille" möchten irgendwo nahe unseres Lagers schweben. Innerhalb weniger Stunden wurde alles friedlich und still um uns herum. Doch am nächsten Tag erfuhren wir auf der Post, daß es in unserer nahen Umgebung überall geregnet hatte. Mein Mann und ich wechselten vielsagende Blicke und sprachen im Stillen ein Dankgebet für den gewährten Schutz.
Windengel dienen im Reich der Natur, indem sie die Wetterlagen beeinflussen, um der Erde Fruchtbarkeit zu bringen. Die Engel des Windes und der Stille wirken zusammen, um das Wetter zu regulieren und in bestimmten Gebieten eine Veränderung zu verursachen.

Die Menschen dürfen um ihren Segen und ihren Schutz bitten, wann immer sie ihn benötigen. So überquerte z.B. ein junger Mann mit einem Wohnwagenanhänger einen Bergpaß, als der Wind so stark und heftig wurde, daß er fürchtete, dieser könne seinen leichten Wagen umkippen und über die Befestigung schleudern. Er hielt an und richtete ein aufrichtiges Gebet an die „Engel der Stille", daß sie näherkommen und ihn vor dem Sturmwind beschützen möchten, während er den Berg überquerte. Er hatte kaum seine Augen geöffnet, als er eine Verminderung der Stärke des Windes bemerkte. Ohne weitere Schwierigkeiten setzte er seine Reise fort. Seine Dankbarkeit für diesen Ausdruck des Schutzes vor den Naturgewalten blieb tief und anhaltend.

Überall um uns existieren Naturwunder, doch wieviel weiter, tiefer und echter wird unsere Würdigung, wenn wir die innere Seite zu unserer äußeren Welt hinzunehmen. Man braucht nur auf die Hügel, Berge, Gebirgsschluchten, Wüsten oder Meeresküsten zu schauen und wird intelligente Heiler und Lehrer finden.

Obwohl Naturgeister und Engel nicht direkt mit den Menschen verbunden sind, verhelfen sie ihnen durch die Austrahlung der Natur zu harmonischer Entfaltung. Für diesen Dienst sind wir auf die Naturgeister angewiesen und sollten mit Dankbarkeit für ihre mannigfache Hilfe erfüllt sein. Doch der hauptsächliche Segen, den die Vorstellung von ihrer Existenz bewirkt, ist die Inspiration, die sie durch ihre Selbstlosigkeit, Überpersönlichkeit, Schönheit und Hingabe erzeugen.

Die Natur berichtet uns, wie wir mehr von Gott lernen können, indem wir Ihn durch Seine Handwerker beobachten. Sie verspricht, uns in ihre Wunder einzuweihen, nachdem wir das Leben um uns *überall* würdigen gelernt haben und nachdem unsere Verehrung für den Höchsten Geist die sichtbare *und* unsichtbare Welt einschließt. Sie spricht zu uns in Vorstellungen etwa der folgenden Art: „Schau um dich und lerne von allem, was dein Auge erblickt. Alles Gute, was dir gezeigt wird, kannst du erhalten. Deine Gedanken können so kristallklar wie ein fließender Bach sein. Dein Charakter kann einer unerschütterlichen Pinie in ihrer Stärke gleichen. Das Licht des Tages und der Frieden der Nacht können gleichermaßen aus deinem Herzen ausstrahlen. Segne alles, was du erblickst, und sei bereit, alle malerischen oder symbolischen Botschaften zu empfangen."

III. Engel im Dienste Christi

„Denn in ihm ward alles erschaffen, im Himmel und auf Erden, das Sichtbare und das Unsichtbare, seien es Throne oder Hoheiten oder Herrschaften oder Gewalten: alles ist erschaffen durch ihn und auf ihn hin." (Kol. 1, 16-17)

Die Beschäftigung mit der Hl. Dreifaltigkeit bleibt unvollständig ohne Berücksichtigung jener Heerscharen, die Ihr dienen. Diese Kräfte helfen und beeinflussen uns auf den spirituellen Ebenen, denn ihnen ist die Bemühung zu eigen, uns, als gesamte Menschheit, immer stärker auf den Dreieinigen Geist einzuschwingen.

Es gibt weit mehr Variationen der Engelwesen als Unterschiede zwischen den Menschen. Jeder in diesem Reich, von der geringsten bis zur höchsten Form, ist eifrig bedacht, Gott zu dienen. Daniel hatte eine Vision, in der er ihr unermüdliches Wirken erschaute: „Und von ihm ging aus ein langer feuriger Strahl. Tausendmal tausend dienten ihm, und zehntausendmal zehntausend standen vor ihm."
(Dan. 7,10)

Die Menschheit ist sehr bequem und äußerst vergeßlich bzgl. ihrer Herkunft; doch selbst die niedrigsten Reihen der strahlenden Wesen sind beständig darauf bedacht, Gott zu preisen und zu verherrlichen. Innigere Verbindung mit den Engeln erhebt unsere Gedanken über die alltäglichen Probleme und richtet sie auf Wege und Mittel, durch welche auch wir helfen können, Gottes Plan zu verwirklichen. Welche unvorstellbaren Wunder umgeben uns in den höheren Dimensionen des Seins! Unzählbare Scharen preisen den EWIGEN GEIST. Legionen reiner Wesen sind damit beschäftigt, den Willen Gottes auf jeder Ebene der Schöpfung zu manifestieren. Der Mensch jedoch ist blind und taub für die inneren Herrlichkeiten, die ihn umgeben, da sein Bewußtsein noch zu sehr durch seine physischen Sinne versklavt wird.

Unser menschliches Bewußtsein wird erweitert, wenn wir die Existenz von Leben annehmen, welches von Natur aus völlig anders als das unsere angelegt ist, sich jedoch mit uns im Dienst des Höchsten vereint. Obwohl wir es noch nicht erkannt haben, ist vieles Gute, das wir kennen, wie z.B. der Liebreiz der Natur auf der äußeren Ebene, der spirituelle Schutz in den inneren Sphären, die Arbeit von strahlenden, höheren Wesen. Wir sollten uns des grenzenlosen Segens bewußt sein, den uns die Eingeweihten unseres menschlichen Entwicklungspfades bringen. Zugleich sollten wir aber unsere Aufmerksamkeit nach Innen richten, um die myriaden Wohltäter wahrhaft schätzen zu lernen, die still um uns herum tätig sind.

Einigen mögen ihre Studien über das SEIN nun recht kompliziert erscheinen, wenn sie die Offenbarungen über die höheren Pläne mit einbeziehen müssen. Sicher würden sie gerne lernen, diese Enthüllungen in den Bereich ihres Tagesbewußtseins einzuordnen.
Ein Vergleich bietet den besten Weg, um die Beziehung zwischen unserem Entwicklungspfad und ihrer beständigen Gegenwart zu erkennen. Da jeder von uns eine bestimmte Pilgerfahrt beenden muß, können wir uns selbst mit einem Reisenden vergleichen, der auf ein spezielles Ziel zustrebt. Unsere Bestimmung ist unendliche spirituelle Entfaltung. Auf unseren Reisen in diesem Leben müssen wir sorgfältig auf unseren Weg achten, der uns sicher ans Ende unserer Reise führt. Diese Besonderheit, die die Selbstdisziplin und die Erwerbung unserer innewohnenden spirituellen Kräfte betrifft, ist der Pfad, der zu unserer angestrebten Besinnung führt — zur geistigen Reife.
Während wir jedoch durch den Lauf der Zeiten wandern, brauchen wir nicht so stark in uns verhaftet zu sein, daß wir die Schönheiten der Natur, die wir durchwandern, nicht mehr bemerken. Wir können auf geradem Weg reisen und doch die Wunder genießen, die die Kulisse unseres Fortschreitens ausmachen. Wie beeindruckend, und

die Grenze unserer normalen Betrachtung verschiebend, sind der wolkenlose Himmel und das Mysterium der Sterne bei Nacht! Wir lenken unsere Schritte gerade dann auf unser Ziel zu, wenn wir bemerken, wieviel mehr als uns es auf dem vor uns liegenden Weg gibt. Eines der ernstesten Hindernisse für den Fortschritt unserer Seele ist der Stolz, den Menschen über ihre eigene Selbsteinschätzung empfinden. Ein hoher Verstand, die Fähigkeit zur Geschicklichkeit oder zu Führungsrollen, kann den Menschen für die ihn umgebenden Herrlichkeiten verschließen und nicht nur die Sicht sondern auch die Gefühle für die unzähligen gottgeschaffenen Formen einschränken .

Es gibt Personen, die sich selbst für spirituell halten, die aber im Sumpf ihrer übertriebenen Anschauung von der Größe des Menschenwesens gefangen sind. Zeit und Demut wird sie von der selbstauferlegten Knechtschaft ihrer begrenzten Vorstellung befreien.

Gewiß trägt der Mensch das Licht Gottes in sich, dies besitzen jedoch auch unzählige andere Scharen, deren Verwirklichung dieses inneren Gotteslichtes weitaus strahlender und beständiger als die menschliche ist. Es verleiht uns neue Stärke, zu erkennen, daß jene über uns — weit entfernt davon, stolz auf ihre geistige Größe zu sein — bestrebt sind, uns sanft in jene lichteren Bereiche zu erheben, in denen wir dann wahrhaft *wissen*, daß wir nur einen Teil des grossen Planes bilden, der in jeder Ebene des Seins entfaltet wird.

Gottes Wille wird insbesondere von den Engeln ausgeführt, wie auch aus dem „Vater unser" ersichtlich wird: „...Dein Wille geschehe, wie im Himmel, so auch auf Erden. ..."

Eine der dringendsten Notwendigkeiten auf dem geistigen Pfad ist die Überwindung der nur vagen Annahme von der Wirklichkeit der Engel, denn ihre wahrhafte Nähe ist zu groß und wunderbar für eine bloß oberflächliche Beachtung. Jene, die sich ernsthaft bemühen, werden sich als wahrhaftigere, weisere und gesegnetere Christen erheben, wenn sie die Ebene der Vorstellung von den leuchtenden We-

sen überschritten haben, da ein weiterer Schleier für ihre tiefere Einsicht gelüftet wurde.
Wahrheit erfährt eine endlose Wiedergeburt! – Wenn die Wirklichkeit durch menschliche Vorstellungen zerstört oder verschleiert wurde, wird sie in späteren Zeiten eine erneute Verkörperung suchen. Wahrheit bleibt immer Wahrheit! – Nichts von lebendiger Bedeutung kann daher den Menschen verweigert werden, denn falls bestimmte Wahrheiten in einem Leben vor ihnen zurückgehalten wurden, werden diese in folgenden Inkarnationen wiederentdeckt.
So verhält es sich auch in Bezug auf die Existenz der nichtmateriellen Bereiche des Lebens. Das Wissen um die Engelscharen mag für hunderte von Jahren von den Menschen ferngehalten worden sein, doch die Wahrheit wird wiedergeboren und zuletzt von der Tyrannei der Unterdrückung und Unwissenheit befreit werden.
Das Reich der Engel besteht aus Gottgeschaffenen Wesen, die, wie die Menschheit, das Ziel der Vollendung und zuletzt die Vereinigung mit dem Höchsten Geist anstreben. Engel sind reinere Wesen als die Menschen und ihre außergewöhnliche Spiritualität befähigt sie dazu, als Vermittler zwischen Himmel und Erde zu wirken.
Man sagt, das Bewußtsein der Engel sei 'vertikal' ausgerichtet, während die Menschen das Leben 'horizontal' zu sehen scheinen. Engel vermögen es sowohl, sich bewußt auf Oktaven des Lebens einzustellen, die weit über ihrer Entwicklung stehen, als auch auf jüngere Devaformen weit unter ihrer Ebene. Der Mensch empfindet es oftmals als schwierig beide zu lieben, jene, die in der Evolution fortgeschrittener sind als er und jene, die noch nicht bis zum menschlichen Bereich aufgestiegen sind. Doch mit zunehmender Reife wird auch er das 'vertikale' Bewußtsein verwirklichen und die Einheit mit allen emporstrebenden Geschöpfen erkennen. Dann wird er auch einen flüchtigen Einblick in den umfassenden Willen zum Guten erhaschen, der so vibrierend von allen im Reich der Engel angestrebt wird. Selbst die niedrigsten Reihen der Engel stehen höher als die

nicht initiierten Menschen. Daher spricht auch der Psalmist: „Denn er hat seinen Engeln befohlen über dir, daß sie dich behüten auf allen deinen Wegen." (Psalm 91,11)
Seit der göttliche Wille es verfügte, daß Engel die Wächter der Menschen sein mögen, verdient ihr Einfluß auf unsere Entwicklung eine besondere Erwähnung. Zu unserer eigenen spirituellen Belehrung und Führung erklärt das göttliche Wort:

Exodus 23,20: *„Siehe ich sende einen Engel vor dir her, der dich behüte auf dem Wege, und bringe dich an den Ort, den ich bereitet habe."*

Unsere Verbindung mit den Reihen der Engel entstammt in der Hauptsache dem ehrwürdigen Kontakt mit der Natur und der planetarischen Arbeit des Christus-Geistes. Als Christus und Weltlehrer benötigt der Herr Jesus nicht nur das Mitwirken vollendeter Menschenwesen, sondern ebenso die Hilfsbereitschaft der Engelboten. Die Meister sind mit speziellen Arbeiten für die Menschheit beschäftigt. Ihre Verbindung mit uns vollzieht sich auf Lichtwegen, die sie aufrechterhalten. Die dienenden Engel vollbringen die Arbeit, die Menschheit von übernatürlichen Ebenen aus zu reinigen, anzuregen und zu inspirieren. Sie erschaffen große „Kraftwolken", die diesen Globus umhüllen und besonders zu heiligen Festen wahrzunehmen sind.
Ihr Zugang zu menschlichen Angelegenheiten ist am ehesten und direktesten Weihnachten, Ostern und an Sonntagen möglich. Während dieser rhythmischen Gelegenheiten werden die übernatürlichen Ströme um die Erde intensiviert und der gesamte Globus an einem neuen, schwingenden Grundton ausgerichtet. Kein Wunder, wenn der Schleier während dieser Ereignisse des „Ausgießens" sehr durchsichtig wird, so daß die gesamte Erde von Schwingungen der Engel durchdrungen wird.

Auf solch eine Begebenheit wies Wordsworth hin, als er schrieb:

„Die Erde und das alltäglich Gesicht der Natur
Sprechen von denkwürdigen Dingen."

Wir können jeden Tag sehr viel für die Vergeistigung, Läuterung, Verschönerung und Sicherheit unseres eigenen Hauses bewirken, indem wir einen undurchdringlichen Ring aus dem weißen Licht des Christus um dieses legen. Wir sollten dann auch beten, daß wir würdig werden, einen Engel anzuziehen, der den ganzen Plan mit spiritueller Kraft beseelt. Nachdem ein gewisser Stand an Dankbarkeit, Idealisierung und guter Führung des Hauses erreicht ist, enthüllt eine Wesenheit, bekannt als „Geist des Heimes", ihren Schutzmantel. Von da an erscheint der Platz unendlich kostbarer und besitzt inwendig und im Äußeren mehr Licht.
Um eine spirituelle Atmosphäre zu bewahren, sind echte Liebe und Harmonie nötig. Zudem müssen innere und äußere Sauberkeit und Ordnung respektiert werden. Von Unordnung, wie z.B. Dissonanzen in der Musik, gehen zerstörerische Kräfte aus. Jemand, der den Segen seines Heimes richtig einschätzt, folgt Jesu Lehre:

Lukas 10,5: *„Wenn ihr in ein Haus eintretet, so sprecht zuerst: 'Friede diesem Hause!'"*

Unsere Verbindung mit der Hierarchie der Spirituellen Wesenheiten, endlos weit über uns hinausreichend, wird durch häufige Erinnerung an sie gestärkt, besonders bei Spaziergängen in der Natur, die im Bewußtsein der umgebenden Nähe dieser Großen gemacht werden. Zu solchen Zeiten sollten wir den Gedanken an die Engel des „Buches des Lebens" einschließen, mit denen die „Engel der Geburt und des Todes" zusammen dienen. Da alle unsere Gedanken und Wünsche vermerkt werden, erregen wir regelmäßig die Aufmerksamkeit dieser Scharen. Die Engel des „Buches des Lebens" ordnen unsere Erfahrungen, die in jeder Inkarnation gesammelt werden. Sie wachen über die Akasha-Chronik, die Chronik der unvergänglichen Erinnerung der Erde. Wenn wir wichtige Entscheidungen treffen — wenn wir versagen oder Erfolg haben — ziehen wir die Aufmerksamkeit jener an, deren Amt es ist, unser Archiv der Erdenerfahrungen zusammenzustellen und zu bewahren.

Mein Ehemann und ich besuchten mit zwei Freunden das Lincoln-Denkmal in Washington. Es ist ein imposantes Gebäude, doch was mich so besonders beeindruckte, war der symbolische Gehalt dieser Ehrung. Die Form dieses Denkmals ist das Symbol eines Eingeweihten, der in den Reihen zum Dienste der Menschlichkeit steht.

Die Kraftlinien, die der inneren Führung der Welt entspringen, durchstrahlen weder das Kapitol noch das weiße Haus, sondern das Lincoln Denkmal.

Über diesem Bauwerk stand ein riesiger Volksengel, dessen Aufgabe es war, die Kraft vom Meister Amerikas zu den Gebäuden, Versammlungen und Personen zu lenken, die sie benötigten. Die Statue Abraham Lincolns hüllte ein weiterer Großer Engel ein, der jedes Individuum segnete, das die Figur dieses Eingeweihten betrachtete.

Ein Strom von Farben verwandelte die Aura dieses Platzes. Ein helles Orange, ein Hinweis auf Mut, leuchtete überall. Dieser Farbenstrahl verschwand stufenweise aus meiner Sicht, in den unermeßlichen Sphären der höheren Dimensionen.

Für uns stellte das Lincoln Denkmal eine Ehrung dar, die Hochachtung und Würdigung unserer Welt einem Wohltäter gegenüber ausdrücken soll. Sicherlich wurden die architektonischen Strukturen dieses Ehrenmales von den Meistern inspiriert. Für sie kennzeichnen alle Anstrengungen, die ausdauernd und treu ausgeführt werden, einen Diener.

Einige Jahre später brachte ein Mitglied meiner Familie eine kleine schwarze Bulldogge mit nach Hause, die ich Sambo nannte. Der Besitzer unseres kleinen Besuchers konnte nicht gefunden werden. Niemand gab eine Anzeige auf oder fragte nach ihm. Zu einem meiner Vorträge kam eine junge Frau, die traurig über den kürzlichen Tod ihres Haustieres war. Ich erwähnte Sambo ihr gegenüber und ihr Gesicht begann zu strahlen. Noch an diesem Tage brachten wir den kleinen Herumtreiber zu seinem nächsten Frauchen. Sein Wesen war äußerst freundlich, so daß er seinen neuen Behüter sofort mochte. Als wir davonfuhren, beobachteten die junge Frau und Sambo unsere Abfahrt. Sambo, der sich an mich gewöhnt hatte, wirkte leicht verwirrt und verletzt, daß ich ihn verließ. Er schien äußerst unsicher, zu wem er nun gehörte, oder wohin er gehen sollte. Ein Zug an der Leine erhellte seinen Ausdruck sofort, da er in dem Moment erinnert wurde, daß dort jemand war, der ihn leiten würde. Etwas an der Tapferkeit und dem Vertrauen des kleinen Hundes berührte mich tief. Er machte das Beste aus den Umständen, ganz leicht und glücklich. Der bewegendste Anblick war der, als wir abfuhren. Zurückschauend zu den Zweien auf dem Bürgersteig sah ich einen Engel über meinen Freunden, und sofort erkannte ich, daß sogar die Großen mitfühlend gegenüber der Einsamkeit einer traurigen jungen Frau und eines kleinen vagabundierenden Hundes sind.

Im gesamten Reich der Engel, vom jüngsten zum erhabendsten Wesen, herrscht aufrichtiges Bemühen und Ausdauer im Dienen. Jeder Engel trägt mit vollem Eifer zur Erfüllung des Zieles dieses Planeten bei.

Da wir beständig unter der Führung und der Hilfsbereitschaft der Engelscharen leben, sollten wir uns einige Hinweise zunutze machen, die ihr Wesen und ihre Aktivitäten betreffen. Zahllose Scharen unterschiedlicher Engelwesen erfüllen die Aura unseres Planeten. Einige dieser Strahlenden arbeiten direkt unter dem Herrn Jesus. Andere sind hochentwickelten Engeln verantwortlich, die sich bemü-

hen, das Leben der Tiere auf Erden von Vernachlässigung, Mißbrauch und Schmerzen zu befreien.
Engel sind unsterblich. Sie sind frei von Geburt und Tod, dem die Menschenwesen unterworfen sind. Diese heiligen Boten besitzen eine flammende Schönheit, eine elektrische Energie und eine natürliche Fröhlichkeit, die alles übertrifft, was Sterbliche normalerweise erfahren. Eine andere Qualität, die sie von allen anderen Geschöpfen unterscheidet, ist ihr lebhafter Sinn für selbstlosen Dienst. Alles, was ausgeführt wird, wird getan aus Liebe zum Helfen, und die niedrigste Kreatur wird mit der gleichen Geduld und Liebe behandelt wie ein weit fortgeschrittener Mensch. Jeder Aspekt ihrer Arbeit wird mit Gründlichkeit ausgeführt; kein Detail wird gering geachtet.

IV. Die Engel in den biblischen Schriften

Alle Kirchen und Konfessionen, die das Christentum repräsentieren, sollten nach einem besseren Verständnis dieses herrlichen Reiches suchen, da auf so vieles, die Besucher von höheren Welten betreffend, in der Bibel hingewiesen wird. In fast der Hälfte der sechsundsechzig Bücher unserer modernen Bibel werden Engel erwähnt.

Man braucht nur ein paar dieser Stellen zu betrachten, um zu zeigen, wie uneingeschränkt die Hilfe und Ratschläge der Engel anerkannt wurden. Im 16. Kapitel der Genesis wird Hagar von einem Boten Gottes geholfen. In ihrer Verlegenheit, aus dem Hause von Sara und Abraham zu fliehen oder zu bleiben, wird ihr geraten, zu ihrer Herrin zurückzukehren. Sie gehorcht der Eingebung des Engels und ihr Sohn Ismael wird geboren, der allgemein als Vorfahre der arabischen Völker anerkannt wird.

Im 2. Kapitel des Buches der Richter lesen wir, wie ein Engel des Herrn nach Bochim kam und zu den Führern der Kinder Israels sprach: *„Ich habe euch aus Ägypten heraufgeführt, und in das Land gebracht, das ich euren Vätern geschworen habe, und sprach, ich wollte meinen Bund mit euch nicht brechen ewiglich."* (Richter 2,1)

Der Prophet und Richter Gideon sprach voller Ehrfurcht: *„Ich habe den Engel des Herrn von Angesicht zu Angesicht gesehen."* (Richter 6,22) Diese Begegnung geschah zu einer Zeit, in der Gideon weisen Rat für sein Amt benötigte und auch erhielt, um sein heimatloses Volk, die Israeliten zu leiten.

Ein himmlischer Bote ermutigte Elias von Zeit zu Zeit, um seinen Glauben zu festigen, mit dem Erfolg, daß seine Bedürfnisse immer befriedigt wurden, egal, ob es sich um ein einfaches Mahl und Öl (1.

Könige 17) oder um Schutz vor einem vorzeitigen Tod durch die Hand der Königin Isebel handelte. (1.Könige 19)
Von außergewöhnlicher Schönheit und tiefer Wahrheit ist die Begebenheit des Elisa und seiner unsichtbaren Helfer gekennzeichnet, nachdem Elisa den „Mantel der Verantwortung" umgelegt bekam. Er und sein treuer Diener sind von allen Seiten von gegnerischen Parteien umlagert. Verzweifelt beschwört der junge Diener Elisa: *„O weh, mein Meister! was wollen wir nun tun?"* Und Elisa antwortet: *„Fürchte dich nicht, denn derer sind mehr, die bei uns sind, als derer, die bei ihnen sind."* Und Elisa betete und sprach: *„Herr, öffne ihm die Augen, daß er sehe."* Da öffnete der Herr dem Diener die Augen (die geistige Schau, Flower A. Newhouse), daß er sehe, und siehe, da war der Berg voll feuriger Rosse und Wagen um Elisa her. (2.Könige 6,15-17)
Ornan wurde durch einen ähnlichen Besucher beraten (1.Chronik 21). Da er die Gabe der Hellsichtigkeit besaß, erblickte Ornan den Engel, welcher David während der unruhigen Zeiten inspirierte, einen Altar der Verehrung des Herrn an der Grenze seines friedlichen Reiches zu errichten.
Der Erzengel Gabriel prophezeite dem Hohenpriester Zacharias, daß er und seine Frau Elisabeth einen Sohn bekommen würden, Johannes den Täufer, den Wegbereiter des Messias. (Luk. 1)
Allgemein bekannt ist im selben Kapitel der Besuch Gabriels bei Maria, der Mutter des Herrn. Die Erdenwege von Jesus von Nazareth wurden von der Geburt bis zur Prüfung durch das Kreuz von unsichtbaren Helfern begleitet. In Math. 4 befindet sich ein Bericht über die Engel, die kamen, um unserem Herrn beizustehen, nachdem er die schwere Prüfung der Versuchung bestanden hatte, die eine Initiation darstellte. Seine göttlichen Freunde waren auch am Morgen seiner Auferstehung anwesend, um den Stein, der das Grab verschloß, wegzurollen. Später befreiten die Engel Petrus und Paulus aus dem Gefängnis. Philipus wurde von den Strahlenden der Weg für seine Reise genannt. Es war ein Engel, der Cornelius mitteilte, wo

seine Diener Petrus finden würden.
In der Offenbarung werden die Abstufungen der Engelhierarchie und deren Einweihungen von Johannes beschrieben. Die drei Haupteinteilungen in der Evolution der Engel lassen sich wie folgt kennzeichnen:

I. Die Wolke der schweigenden Zeugen vor dem Thron
— Seraphim, Cherubim und Throne

II. Die fortgeschrittenen Reihen
— Herrschaften, Mächte, Gewalten, Fürstentümer

III. Die Reihen der Engel
— Erzengel, Engelfürsten, die Engel mit besonderen Aufgaben

Wir wollen einen Teil der Arbeit jeder dieser Gruppen von Helfern betrachten.

Die Seraphim flammende, von der Göttlichen Liebe beselte Wesen, stehen für das Feuer heiliger Begeisterung. Die ersten der seraphischen Heerscharen weihen ihre Invokationen der Herrlichkeit des Ewigen Schöpfers. Die am weitesten entwickelten Wesen vermögen uns nur ein Symbol von sich zu vermitteln. Daher finden wir in der Literatur und Malerei die Anwesenheit eines Seraphim symbolisch durch ein junges Gesicht mit sechs Flügeln an jeder Seite veranschaulicht.
Diese Anbetenden, die den Höchsten Ewigen Einen direkt umgeben, meditieren unentwegt voller Liebe über Seine unaussprechliche Herrlichkeit — daher ihr Name, Seraph, der von der hebräischen Wurzel her „Liebe" bedeutet, in dem Sinne, daß Liebe eine verzehrende Flamme reiner Anbetung darstellt. Von ihrem erhabenen Stand aus lassen die Seraphim die zauberhaftesten Töne im Einklang

mit den unermeßlichen Scharen erklingen, deren Lobpreisungen die 'Sphärenmusik' erzeugen. Immer, wenn wir das Bedürfnis verspüren, die glühende Liebe zu Gott in unserer Hingabe auszudrükken, wird uns die Erinnerung an den unablässigen Eifer der Seraphim helfen, unsere eigene Anbetung zu verstärken.

Die Cherubim von denen uns Künstler ebenfalls nur Symbole vermittelt haben, meditieren über die Weisheit Gottes und strahlen diese Weisheit aus. In ihnen schwingt der Geist der Wahrheit, der alle Bemühungen auf Erden umhüllt, so daß alle lebenden Wesen nach größerem Wachstum zu streben vermögen.
Oftmals werden Cherubim durch ein schönes Antlitz mit vier Flügeln auf jeder Seite, bedeckt mit Augen, dargestellt. Dies kennzeichnet die Fülle des Wissens von der Weisheit Gottes. Ein Teil ihrer Arbeit besteht in der Unterstützung der Mission des Hl. Geistes (des Geistes der Wahrheit). In unseren Gedanken, die den Hl. Geist betreffen, sollten wir in Zukunft beachten, daß die Cherubim ihre Kraft für die Aufgaben dieses dritten Aspektes der Dreifaltigkeit, des Geistes der Wahrheit geben.

Die Throne verwalten die Richtsprüche des höchsten Geistes. Sie erschaffen gewissermaßen die geistigen Gesetze der höchsten Heerscharen. Sie erfüllen ihre Pflicht mit besonderer Hingabe und belehren die Herrschaften, wie ihre Pläne zu ordnen und zu verwirklichen sind. In der Kunst werden die Throne manchmal als geflügelte Fersen voller Augen dargestellt. Sie verfügen über eine starke geistige Anziehungskraft, die letztlich jeden Pilger in jedem Reich zu seiner wahren Bestimmung führen wird — der Einheit mit dem Ewigen Geist.

Die Herrschaften wirken im wesentlichen als Verwalter des Willens der Throne und werden häufig durch ein flammendes Schwert abgebildet. Pläne und Anweisungen zur Entfaltung neuen Lebens entstehen zuerst in den Ebenen der Herrschaften.

Die Mächte sind Wesen, die eine hohe spirituelle Reinheit und Aktivität verkörpern. Die frühen Christen glaubten, daß göttliche Gnade und Wunder unter der Rechtsprechung dieser erhabenen Intelligenzen geschahen. Ein flammender Pfeil dient gelegentlich zur Darstellung der Mächte. Sie führen das aus, was von den Herrschaften festgesetzt wurde. Die Meditation über das stete, unermüdliche Wirken der Mächte, sollte uns mit dem Willen erfüllen, an unserer menschlichen Vervollkommnung weiterzuarbeiten. Die „Engel des Gebetes" arbeiten unter der Führung und Inspiration dieser zahllosen Heerscharen und werden einmal den Rang der Mächte einnehmen.

Die Gewalten leisten alle Bestrebungen, die auf geistige Ziele ausgerichtet sind und helfen, Störungen und Widerstände zu überwinden. Sie greifen das Böse an und ziehen mit ihren mächtigen Lichtschwingen einen Kreis um Gottes Plan (offenbart von den Thronen).
Der Hl. Gregor glaubte, daß die Gewalten für die Überprüfung der gegensätzlichen Kräfte verantwortlich waren; was vielleicht den Grund für ihre Symbolisierung durch Blitze in der Kunst des Mittelalters gab. Die Gewalten wachen über das Gesetz von Ursache und Wirkung. Unter diesen Erhabenen vollziehen die Engel der Geburt und des Todes das Recht Gottes auf jeder Ebene. Der Erzengel Michael und seine Scharen sind unter die geistige Führung dieser Wesen zu zählen. In Wagner's Oper „Die Wallküre", verkörpert die Gestalt der Brunhilde eine Repräsentantin dieser Art von Engel.

Die Fürstentümer üben die Macht über Nationen, Regierungen, Königshäuser, Führer und Weltdiener aus. Sie befähigen die Nationen, ihre Göttlichen Gaben zu verwirklichen, mit der jede Nation individuell ausgestattet ist. Sie überwachen oder bestimmen nicht unmittelbar die Politik einer Nation, sondern nur ihre humanitären Bestrebungen und ihre jeweilige Kultur. Auch die Hüter bedeutender Bewegungen, Rassen und Nationen sind unter die Fürstentümer zu zählen. Hohe Engel, verantwortlich für die verschiedenen Religionen (und auch die Engel der Nationen) gehören dieser Linie an. Die römischen Penaten wären dieser heiligen Gruppe zuzuordnen.

Die Erzengel aller heiligen Schriften der Welt werden in gleicher Weise respektiert als weit fortgeschrittene Botschafter, die bestrebt sind, Missionen zu erfüllen, die ihnen von ihrem Göttlichen Schöpfer anvertraut wurden. Fortwährend erhalten sie Gaben himmlischer Energie, mit der sie ihre Aufgaben bewältigen.Erzengel sind außerordentlich hoch entwickelte Wesen und könnten in jedem Rang der beschriebenen Reihen stehen. Sie wählten jedoch, Vermittler zwischen den höheren Sphären, den Engeln und den Menschen zu sein. Daher stehen die Erzengel an der Spitze der Engelscharen.
Die bekanntesten Erzengel der Hl. Schriften sind Michael, Gabriel, Raphael und Uriel. Der Hl. Michael, eine Verkörperung der Gewalten, widmet sich oft der Läuterung von Personen, Gruppen oder Orten von Zwietracht und Disharmonie. Oftmals wird er als kämpferische Gestalt dargestellt. In besonderen Fällen wurde er als weißgekleidetes Wesen, das ein paar Waagschalen hält, geschaut. Beständig greift er das Böse an und fordert jene heraus, die in falsches Handeln verstrickt sind, um ihre Motive und Energien in Gott-geweihte Kanäle zu leiten. – Auch der Hl. Christopherus ist eine fortgeschrittene Seele, deren Bemühungen um die Menschheit unter die Obhut der Gewalten fällt.
Einer der vollständigsten Berichte über die Erdenmission des Erzengels Michael findet sich in dem nur wenig bekannten apokryphen „Testament des Abraham". Es handelt von der Weigerung des edlen Patriarchen, die Erde zu verlassen, ohne das Mysterium von Geburt und Tod erforscht zu haben. Mit Michael als Führer überschaut er

die Evolution des Lebens auf den vielen verschiedenen Ebenen, eingeschlossen die höheren, himmlischen Sphären des Seins.
Der Erzengel Gabriel wird häufig mit einer Lilie, einem Olivenzweig oder einer Fackel in den Händen portraitiert. Jedes Teil steht symbolisch für die Arbeit, mit der er dient. Die religiöse Literatur beschreibt ihn als Verkünder großer Aufgaben oder geistiger Anweisungen an auserwählte Erdenbewohner wie Maria, Zoroaster und Mohammed, sowie für zahlreiche andere, die als Werkzeuge für den Göttlichen Plan wirken sollten. Die heiligen Bücher betonen den treuen Dienst dieser großen Wesen an der Menschheit.
Der Erzengel Raphael ist der berufene Hüter der schöpferischen Talente, die jenen Würdigen anvertraut werden, deren Aufgabe es dann ist, Schönheit durch die Künste zu enthüllen. Zusätzlich wird dieser Große oft mit Heilungsmissionen in Verbindung gebracht, wie in der faszinierenden Geschichte von Tobit in den Apokryphen erwähnt. Tobit, ein wohlhabender und frommer Mann, wird von Blindheit und Armut heimgesucht. Seine größten Sorgen gelten natürlicherweise seiner Frau und seinem Sohne Tobias. Tobit, dessen rechtschaffenes Leben eine Antwort auf seine aufrichtigen Gebete ermöglicht, wird durch die weise und rechtzeitige Hilfe des Erzengels Raphael, in Gestalt eines unbekannten Fremden, geheilt. „Und Raphael wurde gesandt, um sie beide zu heilen; um die Trübe von seinen Augen zu nehmen und um Sara Tobias zur Frau zu geben." (Tobit 3,17)
Der Erzengel Raphael lenkt auch die Ströme der Heilenergien und unterweist die Heilungsengel im Gebrauch der heilenden Strahlen. Er arbeitet nicht mit einzelnen, sondern lenkt seine geistigen Ströme in Krankenhäuser und Einrichtungen, in denen seine heilenden Kräfte benötigt werden. Der Wanderstab, die Leier oder die zur Heilung ausgestreckten Hände kennzeichnen die Segnungen des Erzengels Raphael.
Der Erzengel Uriel ist der Alchemist, der jenen Kräfte zur Erneue-

rung enthaltende Ideen schenkt, die, wenn krank, entmutigt oder erfolglos, erkennen müssen, wie sie ihre Ziele konstruktiv mit erneuter Hingabe zu erreichen vermögen.
Ein Beispiel für diese große Göttliche Hilfe findet sich im apokryphen „Zweiten Buch Esdras". Esdras, ein gottesfürchtiger Israelite, ist sehr beunruhigt über den Zustand seiner heimatlosen Mitbrüder. Er wird über lange Zeit durch die enge Verbindung mit einem Wesen belehrt, daß sich schließlich als Uriel zu erkennen gibt. Im Folgenden gibt Esdras die tiefe Weisheit über kosmische und ewige Wahrheiten wieder, die ihm durch den Erzengel zuteil wurde. Einen Einblick in die Ehrfurcht und Demut, geboren aus wahrem Wissen, die diese Großen kennzeichnet, gewährt die Antwort Uriels auf die menschliche Frage Esdras: *„Wie und wann werden diese Dinge geschehen? Werde ich zu der Zeit noch leben? Was für ein Schicksal erwartet die Erde in diesen zukünftigen Tagen,"* Darauf erwidert Uriel: *„Ich kann dir von den wesentlichen Ereignissen Botschaft bringen, doch was dein Leben betrifft, so bin ich nicht gesandt worden, um dir jenes zu offenbaren — denn ich weiß es nicht."* (Esdras 4)
Uriel wird auch mit der Kunst, besonders mit der Musik, in Verbindung gebracht. Eine weitere erwähnenswerte Überlieferung findet sich in den Berichten, die ihn als den geistigen Meister des Weltenlehrers Rama, 10.000 v. Chr., ausweisen. Mit welch langem und ge duldigem Dienst er die Menschheit beschenkt hat!
Der Name „Engel" bezeichnet ein Wesen, das Erleuchtung erlangt hat und daher fähig ist, das Licht Gottes in alle Gebiete und unter alles Leben auszustreuen, welches Gott geschaffen hat — sofern es weniger weit entwickelt ist als er selbst. Die vielfältigen Unterteilungen der Arbeiten der Engel sind zu zahlreich, um sie alle zu benennen. Viele betreffen spirituelle Aktivitäten, zu denen der Mensch keinen Zugang besitzt.
In den Reihen der Engelhelfer befinden sich ungezählte geistige Diener, unter ihnen die Engel von Geburt und Tod. Im Tod begegnen

wir jenen Engeln, die für das Zertrennen des Silberbandes verantwortlich sind. Diese sind hochentwickelte Wesen aus den Reihen der Gewalten. Ihr Mitgefühl und ihre Güte erfüllt die menschliche Seele mit Vertrauen und dem Willen, die Pfade in höhere Sphären einzuschlagen. Für lange Zeit (im Maßstab der Erdenjahre) verharrt die menschliche Seele, die die vierte und fünfte Dimension erlebt hat, in einem Zustand der Beschaulichkeit. Langsam beginnt sie dann zu erkennen, daß sie wieder in die äußere, dreidimensionale Welt zurückkehren muß, bis sie diese bemeistert hat. Aus diesem Grunde werden langsam und sorgfältig Pläne für ein neues Leben entwickelt. Während dieser Phase der Ruhe ist ein menschliches Wesen aufnahmefähig für Eingebungen höherer Wesen, die es sonst nicht einmal intuitiv wahrzunehmen vermag. Die „Engel des Karmas" zeichnen dann die Umrisse des kommenden Lebens vor. Wie schon erwähnt, führen die Gewalten, die über das Gesetz der Ursache und Wirkung wachen, mit absoluter Gerechtigkeit Gottes unwandelbares Gesetz aus. Sie übergeben jenen Engelhelfern besondere Aufgaben, die nur mitfühlende und Gott-erfüllte Wesen fehlerlos auszuführen fähig sind.

Schutzengel. — Die Engel, mit denen wir am ehesten in Kontakt kommen, bewußt oder unbewußt, sind die Schutzengel. Jedes menschliche Wesen steht unter der Beobachtung einer bestimmten Gruppe von Schutzwesen, jedoch zieht der Mensch die Patenschaft eines einzelnen Schutzengels erst dann an, wenn er nach spirituellem Wachstum strebt.

Die Aufgabe eines Schutzengels wird von Jesus in Matth. 18,10 illustriert, wenn Er von den Kindern sagt: *„Sehet zu, daß ihr keines dieser Kleinen verachtet. Denn ich sage euch, ihre Engel im Himmel schauen allezeit das Angesicht meines Vaters im Himmel."*

Dieses Schutzwesen, welches immer einen weiblichen Aspekt verkörpert, wird zum Lehrer des Emporstrebenden und ersten Initiators über viele schwere Prüfungen hinweg, während spirituelle Reife gewonnen wird. Zum vollkommenen Schutz und wahrhafter innerer Entwicklung benötigt der Mensch mehr denn je die Ausrichtung in liebevollen Gedanken der Verehrung auf die Obhut der Engel. Um mit ihnen in Verbindung zu kommen, bedürfen die Gedanken, Taten und Vorsätze der Läuterung. Eines kann der Strebende sicher sein — je weiter er im spirituellen Bewußtsein reift, um so mehr wird er in die Gemeinschaft mit den Heerscharen der Engel einbezogen. Während Gottesdiensten, wenn sich Gruppen zu ehrfurchtsvollen Andachten zusammengefunden haben, sind die „Engel der Religionen" anwesend. Sie sind eifrig beschäftigt mit den von einzelnen ausstrahlenden Gedankenformen und mit den spirituellen Wellen, die durch die Hymnen,Gebete, Meditationen und Zeremonien geschaffen werden. Die „Engel der Religionen" tauchen in diese Wellen ein und richten starke geistige Strahlungen auf jene Personen, die eines besonderen Beistandes bedürfen. Jede ernsthafte Gruppe, die den Namen Gottes ausspricht, wirkt wie ein Leuchtfeuer, das Engel anzieht, die helfen, das Band der Gemeinschaft zwischen Gott und den aufstrebenden menschlichen Seelen zu kräftigen.

Man sollte nicht verwirrt sein, wenn man sich die oft wiederholte Wahrheit ins Gedächtnis ruft jede Hilfe, die der Mensch erhält, stammt von Gott, sei sie nun durch Engel oder Menschen übermittelt. Während die Menschheit einerseits empfänglich dafür ist, zu 'Anbetern von Idolen' zu werden, besitzt sie andererseits das Vermögen, Wissen von der Wirklichkeit der Engel zu empfangen und gleichermaßen zu erkennen, daß zuerst Verehrung, Liebe und Hingabe auf die allgegenwärtige Göttliche Gegenwart zu richten ist. Es ist daher notwendig, sich der reinen Heerscharen bewußt zu werden, die den Menschen umgeben, um durch die Achtung von ihnen und ihrem Wirken die Erkenntnis von Gottes Allumfassenden Lebenswellen zu erweitern.

Wenn wir die Suche nach Wahrheit zu unserer lebenslangen Aufgabe erheben, wird sie für uns zu einer sich ständig erweiternden Erleuchtung, durch die wir der lebendigen Unendlichkeit Gottes gewahr werden können. Wenn wir weise und offen sind, wird die Göttliche Wirklichkeit immer offene Tore in unserem Bewußtsein finden, durch die der 'Ozean der Wahrheit' mit erneuernder und stärkender Lebenskraft einzufließen vermag.

„Ewiger Gott, der Du den Dienst der Engel und Menschen
auf wundervolle Weise eingesetzt und geordnet hast,
gib voller Güte, daß Deine Heiligen Engel immerwährend
Dir in den Sphären dienen, damit auf Dein
Wort hin, sie uns auf Erden beistehen und schützen
mögen, durch Jesus Christus unseren Herrn."

- Aus einer Kirchenlitanei -

V. Das Buch Henoch

Genesis 5,24: *„Und Henoch ging mit Gott hinweg."*

Eine der ausführlichsten Beschreibungen der Heerscharen der Engel findet sich im Apokryphen Buch Henoch. Bis vor einigen Jahrhunderten waren Teile aus den Schriften Henochs im Alten Testament enthalten. Während des Konzils von Nicäa wurden umfangreiche Abschnitte von den frühen Kirchenvätern aus der Bibel entfernt. Viele dieser Schriften, die herausgenommen wurden, sind seitdem als „Apokryphen" bekannt.

Die Etymologie des Begriffes „apokryph" entstammt der Wurzel crypto, mit der Bedeutung „verborgen". Daher enthalten die nun entfernten Schriften geheim gehaltene oder esoterische Lehren, die frühere christliche Autoritäten als nicht für das allgemeine Verständnis geeignet erachteten.

Man nimmt an, daß Henoch die allgemeine Bezeichnung für einen Seher ist. In alten Zeiten wurde jeder, der echte prophetische Fähigkeiten besaß, „Henoch" genannt. So werden auch mehrere Seher als Autoren der Bücher Henochs angenommen.

Zumindest drei verschiedene Versionen dieser esoterischen Schriften sind den Bibelexperten bekannt. Diese sich unterscheidenden Übersetzungen finden sich in hebräischer, äthiopischer und griechischer Sprache. Als glaubwürdigstes wird das äthiopische Manuskript angesehen.

Ein ernster Sucher wird nicht in diesen außergewöhnlichen Kapiteln lesen, ohne sein Wissen über die Heerscharen der Engel außerordentlich zu erweitern. Sie enthalten eine Fundgrube tief inspirierter Wahrheiten, die jene, die über ihre Bedeutung nachdenken, zu erleuchteteren Suchern machen.

Durch den dritten Band der Bücher Henochs hindurch, fordert ein

Engelprinz Henoch auf symbolische Weise auf: *„Komm, und ich werde dir zeigen, wo die Wasser in der Höhe zurückgehalten werden, wo das Feuer inmitten von Hagel brennt, wo der Blitz aus schneebedeckten Bergen erstrahlt, wo der Donner in himmlischen Höhen dröhnt, wo eine Flamme in der Mitte eines brennenden Feuers erstrahlt und wo Stimmen inmitten von Donner und Erdbeben hörbar werden."* (Kapitel 42)

Ein Leser, der mit der Sprache von Symbolen vertraut ist, erkennt in der vorausgehenden Passage eine Beschreibung jener Dimension, in der polare Gegensätze in vereinigter Harmonie existieren. „Wo die Wasser in der Höhe zurückgehalten werden" symbolisiert die höchste Ebene der Astralwelt. Wasser wird oft als Symbol für die vierte Dimension verwandt. „Wo Feuer inmitten von Hagel brennt", verschiebt den Ort des Geschehens in die Kausalebene. Die Kausalebene wird oftmals mit einer Feuerdimension verglichen, doch kann man in jener Sphäre auch kristallene Berge, von denen feurige Blitze ausgehen, beobachten und man hört klangvolle Gesänge von ungeheuerer Kraft. Die Kausalwelt enthält wahre Schatzkammern gefüllt mit Klängen, Energie, kreativer Inspiration und archetypischen Mustern „kommender Dinge".
Unser Berichterstatter informiert uns weiterhin über die Abstufungen des himmlischen Lebens: Engel, Erzengel, Engelprinzen und Engelkönige. Letztere werden „Herrscher der Äonen" genannt.
Engelprinzen auf der höchsten Stufe werden als *Wächter* und *Heilige* oder *„Irin und Quaddishin"* bezeichnet.
Bei Henoch heißt es: *„Über all diesen stehen vier große Prinzen, die „Irin und Quaddishim"; hohe, geehrte, ehrwürdige, geliebte, wunderbare und herrliche Wesen, größer als alle Kinder des Himmels. Da ist keiner gleich ihnen unter all den Dienern, da jeder von ihnen in seiner Herrlichkeit der Gesamtheit der Übrigen entspricht."*
Und ihre Wohnung liegt vor dem Thron der Herrlichkeit und ihr Standort im Angesicht des Einen Heiligen, gesegnet sei Er, so daß die

Pracht ihrer Wohnstatt eine Wiederspiegelung des Thrones der Herrlichkeit darstellt; und der Glanz ihres Antlitzes ist eine Reflexion des Glanzes der Schekhina. (Schekhina steht für die heilige Manifestation der Göttlichen Allgegenwart oder Gottes wirkendes Licht). *„Und sie sind verherrlicht durch die Herrlichkeit der Göttlichen Würde und geeehrt durch die Ehre Schekhinas."* (Kapitel 28)

Nach dem Dritten Buch Henoch hat Metatron, der Engelprinz der Allgegenwart, Zugang zur Göttlichen Allgegenwart, dem Antlitz des Gotteshauptes, und besitzt das Wissen um die Göttlichen Geheimnisse und Bestimmungen. Er ist ein Prinz des Siebenten Saales (Ebene), des innersten und heiligsten Bereiches der himmlischen Welt. Er ist die Autorität und der Richter für alle Heerscharen der Engel und für jene Engelprinzen, die noch vor dem Eingang zum Siebenten Saale weilen. Metatron herrscht durch sein „Heiligtum und seinen Altar" - ein Hinweis auf seine umfassende himmlische Macht, die aus dem eigenen Zentrum dieses Prinzen entspringen, Seinem Heiligtum.

Die Schriften Henochs enthüllen einen Rang der Engelwesen, der „Galgallim" genannt wird. Im Alten Testament wird die magnetisierende Arbeit erwähnt, die die Galgallim ausführen.

Hesekiel 1,16: *„Und die Räder waren wie ein Türkis, und waren alle vier eins wie das andere, und sie waren anzusehen wie vier Räder."*

Offensichtlich gehören die Galgallim sehr hohen Reihen an, deren Aufgabe es ist, Kraftzentren zu schaffen, die großen Rädern bewegter Energie ähneln. Nach Hesekiels Erklärung erstrecken sich ihre Aktivitäten über alle inneren Ebenen.

Überall dort, wo wichtige „Chakren" im Körper dieses Planeten bestehen, sind „Geister des Rades" anwesend. Sie können am Nord- und Südpol, als auch an bestimmten Punkten entlang des Äquators gefunden werden. Sie führen sogar an einigen Stellen Aufsicht über Südkalifornien, um zu helfen, die Arbeit an der neuen Wurzelrasse, die an diesem Ort entwickelt wird, mit Energie zu versorgen und zu stärken.

Andere Mitglieder dieses Ranges bereiten Südamerika als Heimat für das kommende „Goldene Zeitalter" vor.

Eine weitere erwähnte Engelgruppe sind die „Engel des Gesanges". *„Zu der Zeit, wenn die dienenden Engel das Lied anstimmen möchten, begeben sie sich zuerst in den feurigen Strom hinab und sinken ein in das Reinigungsfeuer. Sie tauchen ihre Zungen und Münder siebenmal ein. Danach steigen sie hinauf und legen das Lichtgewand an. Sie umhüllen sich mit einem Mantel aus Chasmal (Lichtsubstanz) und stellen sich im Angesicht des Thrones der Herrlichkeit aller Himmel in vier Reihen auf."* (Kapitel 36)

Wenn die dienenden Engel den Namen des Heiligen aussprechen, fallen alle Scharen des verzehrenden Feuers (Bewohner der Kausalwelt) und die glühenden Heere kommender Diener und heiliger Prinzen, geschmückt mit Kronen, gekleidet in königliche Gewänder, umhüllt von Herrlichkeit, gegürtet mit Erhabenheit, dreimal auf ihre Gesichter, ausrufend: *„Gesegnet sei der Name Seines herrlichen Reiches, in Ewigkeit!"* (Kapitel 39)

Wenn die Engel den Himmlischen Gesang des dreimal Heiligen auf die richtige Art und Weise anstimmen, werden sie, sozusagen, mit Kronen belohnt; und in dem „feurigen Strom" (aus Lichtsubstanz) werden die dienenden Engel jeden Morgen mit neuer Kraft gespeist. *„Immer wenn Engel einen Gesang zur falschen Zeit ertönen lassen, oder nicht so wie vorgeschrieben singen, werden sie vom verzehrenden Licht ihres Schöpfers umhüllt und ein Wirbelwind (Kraft) bläst sie davon und wirft sie in den feurigen Reinigungsstrom. Doch ihr Geist und ihre Seele kehren zu ihrem Schöpfer zurück."* (Kapitel 47)

Metatron erklärt,daß zusätzlich zu dem Galgallim und den „Engel des Gesanges", Engel der Gerechtigkeit, der Gnade, des Gebetes und des Friedens existieren, wie auch Erzengel, die die Diener Seines Thrones und das Gefolge Seiner Herrlichkeit bilden.

Zahlreiche Verweise werden zur Schekhina - Gottes lebendigem Licht - gegeben. Wenn Engel beten, treten sie bewußt in die Schekhina ein, und daher müssen sie vor dem Gebet eine vollständige innere Reinigung vollführen. Die mächtige Reinigungskraft dieses Lebens-Lichtes dringt sogar in die Erdzonen vor, wenn es erfleht wird: *„Denn der Glanz der Schekhina durchzog die Welt von einem Ende bis zum Anderen mit einem Leuchten, stärker als das des Sonnenstrahles. Und auf niemanden, der den Glanz der Schekhina erflehte, ließen sich Fliegen oder Mücken nieder, noch wurde er krank oder litt irgendeine Pein. Keine Dämonen hatten Gewalt über ihn, noch waren sie fähig, ihn zu verletzen."* (Kapitel 54)

Diese Verweise auf die Engel in den Schriften Henochs sollen mit diesen herrlichen Worten beschlossen werden: *„Zahlreiche dienende Engel führen Seinen Willen (des Herren der Welt) aus, zahlreiche Wesen, Prinzen, im Araboth*) seiner Freude — Engel die unter den Herrschern im Himmel verehrt werden und ausgezeichnet sind, umgeben von Gesang und Liebe, die von der Herrlichkeit Schekhinas voll Ehrfurcht erfüllt und deren Augen von der strahlenden Schönheit ihres Königs geblendet sind."* (Kapitel 22)

„Und noch heute führen die Heerscharen der Engel energetisch den Willen des Höchsten aus, noch heute. Sie finden sich zusammen und steigen vom Himmel herab in Gruppen, vom Thron in Versammlungen und aus allen Himmeln in riesigen Scharen, um Seinen Willen in der ganzen Welt zu erfüllen." (Kapitel 52)52)

Die Bücher Henochs enthalten, wie wir gesehen haben, nicht nur klassische Dichtkunst, sondern auch einen Schatz an einzigartiger Information. Die Gebräuche der „Engel des Gesanges" werden in

---

*) Araboth steht in der Merkaba-Gnosis für den höchsten der sieben Himmel, d. Übers.

einfachen Worten berichtet, so daß selbst der unerfahrendste Schüler der Reise dieser Engel in die Astralebenen folgen kann, wo sie sich, Stufe um Stufe, reinigen. Sie erreichen schließlich die Kausalebene, wo sie bewußt in Kontakt mit ihren Lichtkörpern (Seelenformen) treten, bevor sie gemeinsam ihre heiligen Gesänge anstimmen. Die Schekhina, wie in dem Henoch-Text beschrieben, bezieht sich auf das strahlende Licht der Kausalebene. Diese Grenze vermögen nur die Reinen und Ehrfürchtigen zu durchschreiten. Jedes Gebet um Schutz, Heilung und Stärkung zieht hinauf in dieses mächtige, intensiv leuchtende Gebiet der schöpferischen Kräfte. Paulus wurde von diesem Licht durchbohrt, welches Jesus von der Grenze der Kausalebene auf ihn scheinen ließ.

Wir sollten Henochs Schlußworte wiederholt lesen, da sie eine wirksame Quelle zum Einklang mit der Liebe und der direkten Verbindung mit Gottes Heerscharen der Engel darstellen.

VI. Der Dienst der Engel

Eine der Entdeckungen, die uns ein Gefühl für erweitertes Bewußtsein geben, ist die Erkenntnis, daß sich eine andere Linie des Lebens Seite an Seite mit unserer menschlichen entwickelt - eine Linie, deren Wesen aus feineren Substanzen gebildet sind, wodurch sie unsichtbar für unsere Sinne werden.
Ihr Einfluß und ihre hilfreichen Dienste ergießen sich ohne Zweifel auf den Menschen, ob er sich dessen bewußt ist oder nicht. In den Annalen der Heiligen Schriften finden sich viele Beispiele für himmlische Wohltäter, die den Menschenwesen zur Seite standen und sie inspirierten.

In einem Stichwortverzeichnis unserer christlichen Bibel können wir unter „Engel" zahlreiche Hinweise auf Beratung, Trost, Schutz und Beistand finden, die diese strahlenden Wesen Patriarchen, Jüngern und den Aposteln zukommen ließen. In Büchereien sollten wir nach esoterischen Büchern suchen, die einen Index besitzen. Immer, wenn wir auf Abschnitte über Engel stoßen, sollten wir sie lesen und Notizen zu jeder neuen oder erweiternden Idee machen, die wir bei diesem Forschen erhalten. Es wäre eine ausgezeichnete Übung, auf den unbedruckten Seiten am Ende dieses Buches unsere eigenen Erfahrungen und Entdeckungen sowohl beim Lesen als auch bei unseren täglichen Begegnungen mit ihnen während der Meditation oder Momenten hoher Inspiration zu vermerken.
Bis zum zweiten Jahrhundert lehrten die frühen Kirchenväter, daß die Menschen vom Einfluß und den Wohltaten der Himmelsboten durchdrungen seien. Auch Chrysostomus, Athanasius, Augustinus, Irenäus, Tertullian, Origenes, Molina, Scotus, Bonaventura und Suarez anerkannten die Tatsache ihres Schutzes. Ambrosius betonte die Würdigung dieser heiligen Reihen. Auf dem verhängnisvollen

Konzil von *Laodicea* wurden viele Lehren Christi entweder als Häresie oder als für die allgemeine Glaubensverkündigung ungeeignet, verdammt. Die *phrygische Christengemeinde* setzte Preisung und Segnung der Engel fort, und ihr Glaube bewirkte auf dem Laterankonzil im Jahre 1215 die Rückbesinnung der Kirche auf das Reich der Engel. Seit diesem Ereignis, im 13. Jahrhundert, hat die Christenheit die Mission der Engel angenommen und gut geheißen.

Die Heilige Agatha erhielt während ihrer Gefangenschaft Trost von einem himmlischen Besucher. Als die hl. Christina im Kerker krank wurde, pflegte sie ein Engel der Heilung. Die Musik der hl. Cecilia zog diese Strahlenden Wesen an, und die Musikerin nahm sie oft wahr, wenn sie spielte. Man sagt, Händel habe während der Komposition des Messias eine ungewöhnliche Erhebung erlebt. Für vierundzwanzig Tage hatte er sich völlig von den Dingen der Welt zurückgezogen, so daß er „in den Gefilden Gottes" weilte. Nach Vollendung des *Hallelujah* fand ihn ein Diener am Tisch mit Tränen über die Wangen laufend. Später erklärte Händel: *„Ich meinte, ich sähe die Himmel offen vor mir."*

Fra Angelico erblickte Engel während der Meditation; und er entdeckte sie nach dem Erwachen in seinem Zimmer. Seine Gemälde zu diesen übernatürlichen Ratgebern waren so inspiriert, daß niemand bisher die einzigartige spirituelle Qualität erzielt hat, die er in seinen Engeln zum Ausdruck brachte. Von den frühesten Künstlern wurden Engel ohne Flügel gemalt. Erst die jüngeren Gemälde zeigen diese mit Flügeln. Michelangelo und Raphael zeichneten Engel ohne Flügel. Für jene, die eine erweiterte Wahrnehmung besitzen, ist es wohlbekannt, daß die Energie um die himmlischen Boten sich so gleichmäßig und schnell bewegt, daß diese vibrierende Energie von dem nur bedingt Hellsichtigen als Flügel interpretiert werden konnte. Natürlich brauchen sie keine gefederten Schwingen - in dem Sinne wie etwa Vögel Flügel benötigen - um sich durch den Raum zu bewegen! Der Ursprung von viel Spott und Unglauben stammt von diesem weitverbreiteten Mißverständnis her.

Der Hl. Bartholomäus sprach die Wahrheit, als er erwähnte, er habe an den Engeln Wohlgerüche bemerkt. Engelwesen können aufgrund ihres Duftes unterschieden werden. Von Engeln der Heilung geht etwas aus, was an den Geruch von Pinienwäldern erinnert. Schutzengel geben uns den Eindruck von Duftwolken, lieblicher als jedes unserer Blütenparfums. Sandelholzduft kennzeichnet eine Wesenheit, die im Rahmen schöpferischer Inspiration oder Heilung wirkt.

William Blake nahm diese heiligen Wesen wahr und bezog sie in seine Gedichte und Zeichnungen ein. Seine Bilder von Engeln waren so erregend und genau, daß es schien, als hätten sie Modell für Blake gestanden.

Während eines Sonnenaufganges sah dieser Künstler-Dichter eine unendliche Heerschar an Engeln, die sangen: *„Heilig, heilig, ist Gott der Allmächtige!"*

Je intensiver wir die Mysterien der Wahrheit studieren, um so klarer und natürlicher erscheint dem Verstand der Pfad der Engel-Evolution. An einem bestimmten Punkt auf dem Weg eines jeden einzelnen, treffen sich die Lebenswogen und verschmelzen. Wenn dieser Punkt angestrebt wird, sehnen sich die Studierenden der spirituellen Lehren nach eindeutigem Wissen über diese höheren Bereiche Göttlichen Lebens. Denn ist es nicht auch wahr, daß ein weiser Mensch, bevor er eine Reise beginnt, die Plätze, die er zu besuchen hofft, ausführlich erwägt und geistig betrachtet? Daher wird man sich auch innerlich auf die Reise in den sich ständig weitenden Ozean des Bewußtseins vorbereiten, wenn man nicht länger mit den starren Grenzen des Dogmas oder mit rein intellektuellen Betrachtungen zufrieden ist.

Engel führen ihre Aufgabe mit schöpferischer Freude, einzigartigem Erfindungsreichtum und farbenprächtigen Bewegungen aus, nicht vergleichbar mit den Arbeiten auf der Erde. Keine Plagerei beeinflußt ihre Anstrengungen. Sie arbeiten voll schöpferischer Freude. Erschöpfung oder Ungeduld kennen sie nicht. Gewöhnlich, wenn eine Aufgabe einmal angenommen wurde, wird sie unermüdlich bis zum Ende ausgeführt. Die unterschiedlichen Phasen, die so eine Aufgabe durchläuft, sind in sich sehr interessant. Ich beobachtete einmal ein strahlendes Wesen, das in einer Berggegend für mehrere Tage in Meditation versunken schien, die eine auf höheren Bewußtseinsebenen ausgeführte Schutzfunktion betraf, zur Sicherung des Berges vor zerstörenden Elementen.

Doch ich habe auch Naturdevas in Gruppen zu drei, fünf oder sieben ähnliche Schutzmaßnahmen ausführen sehen, durch das Anstimmen machtvoller Gebete, um das Solare Licht anzurufen ein bestimmtes Gebiet mit den weißen Flammen eines geistigen Schutzkreises zu umgeben, so daß negative und zerstörerische Kräfte abgehalten wurden, in dieses Gebiet einzudringen.

Die Aktivitäten der Engel wurden größtenteils von aufblitzenden „Farbschauern", rhythmischen Gesängen und merkbar erhöhten Frequenzen begleitet. Die zarteste Bewegung eines Elementarwesens zwischen den Gräsern der Felder oder niedrigen Wiesenblumen, läßt ein winziges „Lasso" entstehen, welches den Grashalm oder die Pflanzenknospe umgibt, auf die es sich konzentriert, um es mit zwei oder drei Schattierungen pulsierender Farben anzufüllen. Darüber hinaus begleitet die Arbeiter, während die Entfaltung der Farbaufladungen anhält, ein zartes Summen von '*Schöpfungsgesängen.*'

Die Gewitterstürme auf Erden sind krachende, dunkle Monologe, verglichen mit den großartigen Ausbrüchen dieser „Farbstürme", die sich auf bestimmten „Ebenen" zusammenbrauen, ausbrechen und auflodern, von den beaufsichtigenden Kräften der Natur besonders vorbereitet.

Erleuchtete Weise haben seit langer Zeit die mit der Sonne verbundenen Mysterien hoch geachtet. Ihre gründlichen Forschungen trennten die „Spreu vom Weizen" in der Mythologie. Durch die Jahrhunderte hindurch haben wir von Meister auf Meister gelernt, daß unsere physische Sonne einen ungeheuren Kraftwirbel darstellt, durch den der unsichtbare Sonnenlogos wirkt, indem er Seine Energien und Impulse zu den Planeten Seines Sonnensystemes aussendet.

Die höchsten Eingeweihten eines jeden Planeten vereinen sich mit den erhabendsten Reihen bestimmter Engelgruppen beim bewußten Eintritt in den Sonnendienst. Bei jedem Sonnenaufgang können empfängliche Erdenbewohner die durch die „Abschirmung" von myriaden und abermyriaden Heerscharen an Sonnenengeln freigesetzten solaren Energien spüren. Selbst unsere Intuition bestätigt uns glaubwürdig, daß diese mächtigen, reinen Wesen, die sich selbst den Strahlen der Sonne weihen, wundervoll würdige und fortgeschrittene Intelligenzen darstellen.

Obwohl es schwierig ist, diese Morgenerfahrungen zu beschreiben, will ich mich bemühen, die Geschehnisse an einem durchschnittlichen Morgen aus der Vogelperspektive zu schildern. Einhergehend mit dem blassen Licht des Sonnenaufganges, das jeden Morgen die Welt um uns herum erhellt, ist jene innere Erweckung, die uns von den Sonnenengeln erreicht. Diese Strahlungen besitzen eine türkisblaue Färbung. Würden sie unsere Aura berühren, könnten wir in uns ein Auflodern seelischer Kräfte wahrnehmen. Dann, wenn die Sonnenstrahlen den Horizont einnehmen, können wir korallrote, orange-farbene und zum Schluß orange-gelbe Schwaden von Farbfrequenzen beobachten, die von neuem in den Bereich unserer Erdkugel eintauchen. Kurz bevor die Sonne in ihrer funkelnden Majestät „aufersteht", können wir Heerscharen über Heerscharen flammender Gestalten sehen, wobei die uns am nächsten Stehenden auch als die größten und strahlendsten erscheinen. Ihre Stimmen werden mit starker, siegesbewußter Freudigkeit in das Lied der Schöpfung einfallen. Mit den verstreichenden Minuten bemerken

wir, wie der Gesang an Intensität abnimmt, während die Engel ihre Gaben für den neuen Tag über der Menschheit ausgießen.
Daraufhin ist wiederum eine merkliche Erhebung und Verstärkung der Töne zu verzeichnen, bis der Höhepunkt, reich an Klängen und lodernd vor Licht, sich auf die Erde am Punkt unserer Betrachtung ergießt.
Die Engel im Dienste Christi bemühen sich ausdrücklich, bei der geistigen Wiedergeburt der Menschheit zu helfen und sie zu fördern. Ihr Einfluß dauert auf den inneren Ebenen des Seins an. Durch ihre Hilfeleistungen wird unser „drahtloser" Apparat inneren Empfindens bis zu der Zeit bewacht, gestärkt und unterstützt, wenn keine äußere Hilfe mehr nötig ist.
Viele der Engel, die für das Wohlbefinden der Menschheit arbeiten, benutzen für ihre menschlichen „Brüder" oftmals rituell erzeugte Energien. Ich habe einen Schutzengel seinem Schützling helfen sehen, ein stärkeres Maß an Selbstkontrolle in Situationen der Versuchung zu erlangen, indem er durch seine Geisteskräfte orangefarbene Ringe, wie wirbelnde Scheiben, in Aktivität setzte, die sich außerhalb des Bereiches der menschlichen Aura hinauf und hinab bewegten und damit nicht nur eine Abschirmung zu äußeren Gedanken und Einflüssen bildeten, sondern auch einen Anreiz für die Eigenschaft des Mutes.
Zu einer anderen Zeit beobachtete ich den Schutzengel einer kummervollen Frau, wie er auf seine charakteristische Weise über ihm stehende Wesen anrief, um Kraft zur Zerstreuung des Trübsinnes seiner Schutzbefohlenen zu erbitten. Nach drei Invokationen an das Höchste, jede mit glühenderen Lichtströmungen, erhob der Schutzengel seine rechte Hand, als er spürte, daß die Kraft herabströmte. Mit der linken Hand senkte er die flammenden Strahlen sicher in das Herzzentrum seines Schützlinges. Innerhalb von ein paar Minuten hörte die Frau auf zu weinen und Frieden trat in ihre Augen und in ihren Körper ein. Sobald die Entspannung der Frau vollendet war, än-

derte der Schutzengel seine Stellung. Er legte beide Hände auf den Kopf der deprimierten Frau (seine rechte Hand leicht auf der linken) und meditierte über einen Lebensplan, dem die Witwe am besten folgen konnte. Nachdem das Modell seines Planes geschaffen war, schillerte es voll blauer Lebenskraft. Dann projizierte der Engel dieses Muster auf den Mentalkörper, speziell auf das Gebiet des sechsten und siebten Chakras (Zentrums). Als die Frau die Auswirkung dieses Archetypus crrrcichtc, wurdc ihrc Aura strahlender, während sie über die Wege und Vorhaben nachsann, die sie ergreifen würde, um diese (eingegebenen) Ideen auszuführen.

Eine amerikanische Illustrierte berichtete über die bemerkenswerte Rettung von Donn Fendler aus Rye im Staate New York; bei der es sich offensichtlich um die Antwort eines Schutzengels auf ein Gebet handelte. Der zwölfjährige Junge entfernte sich eines Sommers von einer Gruppe auf Mt. Katahdin in Maine und blieb für neun Tage in der weglosen Wildnis verschollen. Er hatte keinen Kompaß, Streichhölzer oder Messer bei sich und wurde gepeinigt und zerstochen von Moskitos, ohne Nahrung außer ein paar Beeren und der Gefahr wilder Tiere ausgesetzt. Letztendlich fiel er erschöpft auf die Knie, hungrig, halbblind und mit verletztem Fuß. In dem Moment, als er nicht mehr die Kraft besaß, aus dem Schlamm aufzustehen, begann er zu beten und erhielt eine Antwort. Er spürte Hände auf seinen Schultern, die ihn aufhoben. Er schrie auf vor Freude, da er meinte, ein Führer habe ihn gefunden. Doch er sah niemanden. Doch der Druck auf seinen Schultern hielt an, zog und zog, bis er wieder auf seinen eigenen Füßen stand und die letzten Meilen bis zur Sicherheit zurücklegen konnte.

Ich erinnere mich, die Bemühungen eines „Engel des Gebetes" beobachtet zu haben, der sich um das Gebet eines Menschenwesens, bzgl. des Wohlbefindens von lieben Freunden, während einer langen Abwesenheit, kümmerte. Als sich eine rosafarbene geflügelte Gedankenform aus dem Gebet bildete, fing der „Engel des Gebetes" die auf das Heim gerichteten Gedanken ein. Nach einigen Momenten schien es, als zeige sich ein Leuchtfeuer aus reinem weißen Licht direkt über dem mentalen Bild. Langsam erweiterte sich dieses, vergrößerte sich und wechselte die Farbe von glühendem Rosé zu weißrosé. Die Gebetsform bis zu ihrem Ziel verfolgend, sah ich sie von einem liebevollen Engelprinzen gehütet und beschützt. Er fügte dem menschlichen Gebet seine eigene Flammenhülle bei, die sie sowohl einen außergewöhnlichen Duft als auch eine pulsierende Vitalität ausströmen ließ.

Aus Rumänien wird die folgende Geschichte Göttlicher Eingebung berichtet. Graf Michael lag verwundet auf dem Schlachtfeld. Überall um ihn herum befanden sich Deutsche. Nachdem er wieder zu Bewußtsein kam, fragte sich der Soldat, wie er in seine eigenen Reihen zurückkehren könne. Wenn man ihn dabei beobachtete,wie er sich auf seine eigenen Streitkräfte zubewegte, würde er entweder gefangen genommen oder erschossen werden. Zitate aus dem 91. Psalm kamen in seinen Sinn:

„Denn der Herr ist deine Zuversicht, der Höchste ist deine Zuflucht...... keine Plage wird sich deiner Hütte nahen."

Als diese Verse sein Bewußtsein erhellten, verspürte der Rumäne den starken Drang, eine Vorstoß zu seinen Reihen zu wagen. Wie bewacht bewegte er sich vorwärts, ein dichter Nebel schien ihn zu umgeben und seine Gestalt zu verdecken. Überall umgaben ihn Deutsche, doch er kehrte, sehr zum Erstaunen seiner Landsleute, zu den eigenen Schützengräben zurück. Die rumänischen Posten, die das Schlachtfeld beobachteten, entdeckten diesen Soldaten, wie er sich in einer Uniform, die nicht den Feinden angehörte, ihnen näherte und konnten die Rettung ihres Kameraden kaum fassen. Allem Anschein nach war ihr Landsmann für die Feinde unsichtbar gewesen! Gottes Wege, um dem Menschen zu helfen, sind ungewöhnlich,

doch immer wirkungsvoll. Zweifellos bewirkte das Gebet des Soldaten die Hilfe eines Engels in seiner extremen Notlage.
Initiationen sind mit der Engelevolution genau so verbunden wie mit der menschlichen Entwicklung. Elementarwesen erhalten niedere und höhere Weihen, während sie Stufe um Stufe höherschreiten, um zuletzt den Rang eines Engels einzunehmen. Dann beginnen zahlreiche Einweihungen ständig zunehmender Intensität, die einen Engel durch viele anvertraute Aufgaben und innere Erleuchtungen führen, bis alle Stufen eines speziellen Engelpfades erfahren worden sind. Seine Einweihungen setzen sich fort zu den Stufen der Erzengel, Engelprinzen und Engelkönige (Äonen genannt). Insgesamt beginnen die Einweihungen im Reich der Engel früher als auf dem menschlichen Pfad. Dieser Weg enthält weit mehr zu überwindende Schwellen und erfordert das Durchschreiten von zahlreicheren Stufen als jener der Menschen.
Als Eigenart der gesamten Erdeninkarnation erreicht der Mensch seine Reinigung durch das Leiden, selbst während der geheiligten Momente der Seeleninitiation (Erleuchtung des Bewußtseins). Für Menschen bringt eine Einweihung die Notwendigkeit zur Entsagung und das Erreichen neuer Bewußtseinsebenen mit sich. Für die Engelevolution vergrößern die initiatorischen Stufen das individuelle Bewußtsein und eröffnen und stärken neue Fähigkeiten, die notwendig für die zugeteilten Missionen und Bereiche des Dienstes sind. In der Menschheit bedeutet Initiation vertiefte Einsicht und verstärkte Selbstüberwindung. Für den Engel ist mit Initiation freudiger Fortschritt zu höheren Aufgaben und erweitertem Dienst verbunden. Ein Engel wächst durch das Einbeziehen eines größeren Gebietes in die Sphäre seiner Hilfsbereitschaft.
Engel besitzen eine natürliche Vorliebe, die es ihnen erlaubt, sich in Bereichen zu entwickeln, die ihren Temperamenten am meisten angemessen sind. Jene, die das „Klima" starker elektrischer Ströme benötigen, werden zu „Engeln der Energie". Schutzengel bevorzugen

Spezialisierung und Wachstum durch detaillierte und geduldige Wachsamkeit. Große Naturdevas, deren Sitz ihrer Bemühungen ein Berggipfel in einer ruhigen, entlegenen Gegend sein mag, benötigen die Isolation von Menschenmengen und Städten, da ihre Arbeit ganz mit der Überwachung, Beseelung und dem Schutz des Elementarlebens verbunden ist, das der inneren Pflege der Naturkräfte geweiht ist.

Engel haben ebenfalls ihre Spirituellen Hierophanten und Herrscher, in ihrer Art vergleichbar denen der Menschen. Die Antwort eines Engels auf den Empfang einer Bevollmächtigung oder Anweisung seines Lehrers bewirkt das Glitzern seiner Aura und seiner Bewußtseinszentren in feurigen oder strahlenden Farben. Engel sind fortwährend empfänglich für die Vorschläge ihrer Berater. Sie sind sich auch bewußt über den speziellen Überbringer einer Anweisung oder einer Geistestaufe, die sie erhalten. Die Devatempel sind Zentren, in denen wundervolle mächtige Wogen verschiedener Farben und Düfte durch einzelne Engel oder Gruppen zu *„Jenen, die noch höher stehen"* übermittelt werden.

Laßt uns auf unsere eigene Art Zeit finden, unsere Hingabe und Anerkennung jener anderen Entwicklungslinie auszudrücken — dem Pfad der Engelevolution, dessen Dienste untrennbar mit dem Kern der menschlichen Enwicklung verwoben sind. Sie suchen die Anbetung nicht, noch wünschen sie sie, wissend, daß sie allein der Unendlichen Schöpferkraft des Lebens zukommt.

Sie heißen unsere Erinnerung an ihre jeweiligen Interessen willkommen - die Natur, alle Geschöpfe und die sich entwickelnde Menschheit. Eine weisere Aufmerksamkeit für jene Dinge, die ihre Interessen verkörpern, wird unsere intuitive Wahrnehmung ihrer Aktivitäten verstärken. Unsere inneren und äußeren Bestrebungen erhalten jedesmal erneute Anregung, wenn wir innehalten, um über die Herrlichkeit der Engel und ihren selbstlosen Dienst nachzudenken, ausgeführt in „der Schönheit der Heiligkeit". Wenn Menschen Prüfungen oder Tragödien gegenüberstehen, sollten sie sich an die Engel erinnern, die immer bereit sind, um ihren himmlischen Beistand, Trost und Rat zu gewähren.

VII. Das Reich der Engel

Wunderbares durchdringt unsere Welt, erhabene Mysterien, fast zu rein für unser volles Verstehen. Unser Planet und seine Atmosphäre wird nicht nur von unsichtbaren radioaktiven Strahlen und anderen, aber wirksamen Feldern durchzogen, sondern auch von leuchtenden Wesen, deren unablässige Dienste uns beleben und aufrichten. Weit wunderbarer als die weitreichenden Auswirkungen des Fernsehens oder das Nutzbarmachen der einzigartigen kosmischen Strahlung, wird die Erinnerung an diese herrlichen Wesenheiten sein. Seit in die Zeit die wundervolle Schöpfung entfaltet wurde, haben die himmlischen Wesen den Fortschritt und die Entwicklung des Menschen geführt. Berichte über sie wurden allgemein mit Lächeln oder Unglauben aufgenommen. Hinter jedem zeitlosen Glauben jedoch steht eine verborgene Wirklichkeit, deren Beleuchtung voller Ernsthaftigkeit gesucht werden sollte. Unsere Unwissenheit bzgl. der Engel bringt sie nicht zur Nichtexistenz, es verschließt uns nur vor ihrem Dasein. Unser Begehren, sie zu erkennen, öffnet uns für eine Verbindung mit ihnen.

Das Reich der Engel stellt, wie das Menschenreich, einen Weg sich entwickelnden Lebens dar. Es wird von Wesen gebildet, deren Körper, verglichen mit den unseren, ätherisch sind. Der der Engelentwicklung zugrunde liegende Zweck ist Vollendung durch Fröhlichkeit und Dienst. Der menschliche Weg ist auf die Weiterentwicklung durch Liebe und Weisheit ausgerichtet. Jene, die das himmlische Reich bevölkern, sind frei von Kampf und Übel. Menschen erstarken durch die Überwindung disharmonischer Kräfte und des Bösen in ihnen. Engel sind unsterblich; Menschenwesen benötigen die Ruhepause des Todes, um sich für einen neuen Zyklus der Selbstfindung vorzubereiten. Der Pfad der Engelevolution ist anspruchsvoll und langwierig, während jener der menschlichen Wanderer, obwohl

mühsam, vergleichsweise kurz ist. Je mehr sich der Mensch mit der Natur verbindet, um so reiner wird seine Ausstrahlung, da Naturwesen keine zerstörerischen Emotionen besitzen. Alles wird bewußt von der höchsten und reinsten Ebene aus verrichtet.
Es gibt zahlreiche himmlische Stufen und von vielen wissen wir nur wenig. Die Gruppen, von denen wir Unterstützung erfahren, sind die folgenden:

1. Engel der Natur
2. Erbauer der Form
3. Engel der Inspiration
4. Engel der Liebe
   a. Schutzengel
   b. Heilungsengel
   c. Engel des Gottesdienstes
   d. Engel des Gesanges
5. Engel von Geburt und Tod

Die der Natur geweihten Engel bewirken eine beständige Wiedergeburt jenes Reiches. Sie beaufsichtigen die Elementarwesen und unsere Jahreszeiten. Das Gesetz von Ursache und Wirkung benennt die Art der Ordnung, der die Erde untersteht. Sie können Erdbeben und Fluten zwar nicht verhindern, doch Regen oder Wetterberuhigung in die geeignete Gegend bringen. Unsere sorglose Vernachlässigung der Erhaltung der Bodenkrume innerhalb der Zentralstaaten bewirkte viele Wochen enorme Sandstürme. Wenn die Menschheit in Unkenntnis oder Unbesonnenheit einen Fehler begeht, ist es den Engeln der Natur nicht erlaubt, in den Ausgleich einzuwirken, den der Mensch aufgrund der Bodenerosion anzieht. Wäre es den Großen erlaubt, solche Katastrophen zu verhindern, würden wir nicht unsere Lehren ziehen, bezüglich des richtigen Gebrauches und der Pflege jener Gaben, mit denen die Natur ausgestattet ist.

Die Erbauer der Formen befinden sich, anders als die Engel der Natur, nicht in unserer Atmosphäre. Die Gedanken dieser Architekten leiten die Planung und Konstruktion der Manifestationen dessen, was an neuen Arten von Mineralien, Gemüsen, Tieren oder Menschen erscheint. Sie arbeiten ausschließlich aus der fünften Dimension, jener Ebene, die ganz dem intellektuellem Streben gewidmet ist.

Die strahlenden Engel der Inspiration bilden eine farbenfrohe Gruppe. Ihre Aura trägt die Schattierungen eines flammenden Sonnenunterganges, was überaus mit dem kontemplativen Ernst ihrer Gesichter kontrastiert. Ihr ausgeprägtes Empfinden für Schönheit drückt sich in den vibrierenden Gedankenformen aus, die sie zur Erde schicken. Diese himmlischen Impressionen erscheinen dann in solchen musischen Gebeten wie der Ouvertüre aus Wagners „Lohengrin". Inspirierte Gedanken sind mit der Vorstellung von Künstlern und Dichtern verflochten, damit die Idee in der Schönheit der Form zum Ausdruck kommt. Göttliche Träume vermögen den Geist eines Komponisten auf ihre erhabenen Ebenen zu ziehen oder das „Heiligtum der schöpferischen Impulse" zu besuchen. Die „Engel der Inspiration" geben sich nur selten zu erkennen, da sie sich ausschließlich auf den Fluß lyrischer Ideen oder Harmonien konzentrieren, die ein strebendes Individuum erreichen sollen.

Die mystische Ankündigung des Sonnenaufganges schickt einen Segen voraus, den alle Wesen, die dem Naturreich angehören, voller Ehrfurcht erwarten. Leuchtende Farben, vermischt mit den tönenden Auswirkungen des Sonnenaufganges, verkünden die freudigen Botschaften des neuen Tages. Durch die Schönheit des Aufganges hindurch vibrieren die Gesänge der „Engel des Morgens". Sie sind Botschafter des Sonnenlogos, deren Aufgabe es ist, die geistigen Strahlungen der Sonne auf diesen Planeten zu richten, der vor ihnen seine Bahn zieht.

Die himmlischen Arbeiter, die uns direkt dienen und die uns näher als die meisten anderen aus den Reihen der Engel stehen, sind die „Engel der Liebe". Sie widmen sich ganz der Aufgabe, uns zu führen, Heilkräfte zu senden, aufzumuntern und in Harmonie zu schwingen.

Ein Schutzengel ist von großer Bedeutung für unseren Fortschritt. Er steht in Kontakt zu jenem Meister, der der Lehrer unseres Strahles ist. Seine Ratschläge empfangen wir durch unsere intuitiven Empfindungen und inneren Überzeugungen. Er führt uns auf dem langen „Pfad der Überwindung" und wird, wenn die „Halle der Prüfungen" erreicht ist, zu unserem Initiator. Wenn wir im Laufe der Zeiten voranschreiten, unterläßt es der Schutzengel mehr und mehr, uns zu beraten. Während des langen Prozesses der inneren Belehrung bleibt er bei uns; doch beim ersten Anzeichen selbständigen Denkens und Handelns, wird er seinen Einfluß zurücknehmen. Dann wacht er über uns, um unsere Schritte zu leiten. Zu Zeiten, wenn unser Bewußtsein getrübt ist, wirkt das seine als klärender Strom, der den Geist von negativen Schleiern befreit.

Schutzengel wirken wahrhaft wie geduldige ältere Geschwister, die uns stützen, Tadel oder Ermutigung geben, wann immer notwendig. Von den anderen Engeln lassen sich die Schutzengel durch die goldene Ausstrahlung um ihr Herzzentrum und die zarte, rosafarbene Aura unterscheiden.

Ein wertvoller Dienst wird uns von den „Engeln der Heilung" erwiesen. Es ist ihre Aufgabe, die verstopften Gebiete unserer ätherischen Körper zu reinigen, so daß der Fluß der kosmischen Energien sowohl den inneren als auch den äußeren Menschen beeinflussen kann. Diese Arbeiter sind in hellblaue Strahlen eingehüllt und ihre spezielle Ausstrahlung kennzeichnet ihren Dienst.

Krankenhäuser und Sanatorien sind in dieses heilende Licht, geschaffen von den Engeln, eingebettet. Die Gedankenformen, die an solch einem Ort des Leidens geboren werden, sind so schwer und dunkel, daß die feineren Kräfte kaum eindringen könnten, gäbe es

nicht die „Engel der Heilung", die durch ihren starken, reinen und beruhigenden Einfluß die umgebende Atmosphäre ausgleichen und verändern. Sie bewirken die Umwandlung von Depression in Hoffnung und führen leidende Seelen zu neuem inneren Frieden.
Drei „Engel der Heilung" befinden sich auf jeden Falle um ein Krankenhaus, doch die Gebete der Patienten oder die Bitten der besorgten Verwandten ziehen oft Wesen an, die einzelne Fälle übernehmen. Zuerst stellen sie fest, ob ein Patient von seinem Körper befreit oder geheilt werden soll. Wenn ihre Prüfungen ergeben, daß die Lebensuhr des Menschen noch nicht abgelaufen ist, bringen sie zuerst seine Krankheit zum Stillstand und bemühen sich dann, das Bewußtsein des Kranken zu erlichten. Sie geben den Ärzten die zutreffenden Diagnosen und richtigen Behandlungsmethoden ein. Ob ein Arzt etwas verschreibt oder ein Heiler betet, die Hilfe aus den höheren Ebenen steht den Leidenden bei. Die kommende neue Rasse wird mittels Telepathie fähig sein, sich genau so sicher mit den Energien der „Engel der Heilung" zu verbinden, wie wir uns durch unser Radio in eine Übertragung des Senders einschalten. Dann werden uns die Engel über die verborgenen Ursachen der Krankheiten unterrichten und durch ihre Hilfe und Heilungsanweisungen, werden wir ein unerschütterliches Vertrauen in die geistigen Heilkräfte erlangen.
Jene Wesenheiten, die eine Menschengruppe einhüllen, wann immer der Geist Gottes verehrt wird, werden die „Engel der Religionen" genannt. Diese Diener der Hingabe erscheinen in Kirchen, Kapellen, Hallen oder Häusern, in denen eine Anrufung der Kraft des Allerhöchsten vollzogen wird. Wenn die Kapelle leer ist, verweilen zumindest zwei spirituelle Arbeiter, um die stillen Einflüsse der Kirchen zu verstärken. Während des Gottesdienstes jedoch, zieht jede Gruppe drei bis zwölf Engel an, deren herrliche Aufgabe es ist, die hingebungsvollen Ausstrahlungen der Versammelten weiterzuleiten. Sie verbreiten diese Energien von der Kirche aus in die ganze

Umgebung, so daß auch Vorübergehende, die nicht am religiösen Leben interessiert sind, trotzdem inneren Frieden erfahren, wenn sie in diese aufgeladenen Energiefelder eintreten.
Während des Gottesdienstes bemühen sich die „Engel der Religion", die nur passiv Verharrenden zu einem aktiven Gebrauch spiritueller Kräfte anzuregen. Die Entmutigten werden von ihrem Selbstmitleid befreit; jene, die nach Wahrheit streben, erfahren eine besondere Inspiration durch eine Bemerkung, die der Pfarrer oder Gottesdienstleiter veranlaßt wird zu äußern. Wären sich die Betenden der strahlenden Wesen über ihnen bewußt, würden sie eine Schönheit bezeugen können, die unbeschreibbar ist. Sie würden Gesichter erkennen, aus Wogen schillernder, korallenfarbener Schleier auf sie herabschauend. Doch die Zeit wird die schweren Lider des Geistes heben, um dem Menschen zu ermöglichen, Zeugnis für die Herrlichkeit des Göttlichen Lebens über sich abzulegen.
Gelegentlich wird von Sphärenmusik gesprochen, ohne eine klare, die volle Bedeutung dieses Begriffes erfassende, Bestimmung zu geben. Im Reich der Engel existiert eine Gruppe, die sich der Musik geweiht hat. Diese besteht nicht aus einem Orchester, sondern bildet einen Chor. Ihre Gesänge ähneln den herrlichen Chorälen und sind nach menschlicher Zeit häufig im März zu vernehmen. Das Ausmaß dieses Chores ist nahezu unvorstellbar, und noch schwieriger sind die verschiedenen Oktaven und Tonarten zu erfassen, in denen die himmlische Schar singt. Engel benötigen für Sprache und Gesang keine Organe, ähnlich den menschlichen Stimmbändern. Sie sprechen aus dem Geist und singen mit dem Herzen. Für den Zuhörer sind ihre Variationen geradezu überwältigend. Ebenso bedeutsam ist der Einfluß ihrer Hymnen der Liebe und Anbetung für die Menschenwelt. Die inneren Ohren des Menschen sind beständig auf die Sphärenmusik ausgerichtet. Unser höheres Selbst ist sich immer der rhythmischen Kadenzen bewußt, die die lichten Ebenen so natürlich durchziehen, wie der Gesang der Vögel die unsere. Die Empfin-

dungen der Wesen aller Welten drücken sich in diesen nie endenden Gesängen aus. Die Komponisten des Menschenreiches nahmen diese Lieder auf, die Themen wie Wachsen durch geistiges Streben, die Seligkeit der Liebe oder den Segen der Selbstüberwindung zum Inhalt hatten. Die Gesänge werden zu jenen gesandt, die zu Unrecht im Gefängnis sitzen oder das Leiden einer schmerzhaften Krankheit ertragen. Die Stunde des Sonnenaufganges am Osterfest, läßt die triumphalen Lobgesänge eines gewaltigen Chores erschallen. Obwohl die himmlische Musik nur von wenigen bewußt aufgenommen wird, machen sich die Auswirkungen der Gesänge auf die Entwicklung eines höheren Bewußtseins belebend bemerkbar. Wären die Menschen fähig, die „Engel des Gesanges" wahrzunehmen, könnten sie Heerscharen herrlicher Sänger erblicken, deren aurische Ausstrahlungen einen in zarten Tönen verfließenden Regenbogen bilden. Wagner scheint äußerst empfindlich für die Klanggebilde der himmlischen Chöre gewesen zu sein, denn seine Partituren reflektieren ihre Gesänge nahezu in reiner Form. Caesar Frank, ein mystischer Künstler, vernahm sicherlich die himmlischen Töne, denn seine Musik birgt eine Botschaft aus transzendenten Welten.

Einen Eindruck von Musikdevas empfing ich, als ich einmal einem Sinfoniekonzert in einem der schönsten und weiträumigsten Freilichttheater Südkaliforniens beiwohnte. Während der ersten Stücke wurde eine große Anzahl der „Engel der Musik" sichtbar. Sie sammelten die den Klängen innewohnenden Energien in einem großen Kraftstrom, der die Gruppe umfloß. Als die ersten Takte von Strawinsky's „Feuervogel" ertönten, wurde das große Auditorium von einer herrlichen Wesenheit eingehüllt. In seinem Strahlenfeld erschien alles lebendiger, ausdrucksvoller und bezaubernder. Nie zuvor hatte Musik ihre wahre Bedeutung so klar für mich enthüllt wie in dieser Nacht. Der leuchtende Besucher beeindruckte offenbar auch andere aus dem Zuhörerkreis, denn die entzückten Menschen schienen außergewöhnlich aufmerksam. Nach Beendigung dieses

Stückes zog sich der himmlische Bote zurück. Allem Anschein nach beabsichtigte er, bei der Einführung neuer Musikformen zu helfen, mit dem Ziel, durch bestimmte Harmonien die intuitiven Fähigkeiten der Menschen anzuregen. Das ungewöhnliche Werk „Der Feuervogel" enthält Staccato-Klänge, die wie Pochen an die Tore zu den inneren Mysterien wirken. Auf unserem menschlichen Pfad werden wir mit den zentralen Erfahrungen von Geburt und Tod konfrontiert. Jene Geschehnisse werden von Wesen mit himmlischer Entscheidungsgewalt überwacht. An Größe, Schönheit und geistiger Entwicklung überragen sie alle zuletzt genannten Engel.

Die Bewohner aller himmlischen Ebenen werden durch das Einatmen jener Energie gestärkt, die wir Elektrizität nennen. Die Engel von Geburt und Tod verstehen es, wie die anderen Engel, jene belebenden Elemente aufzunehmen, besitzen außerdem aber noch eine weiterreichende Fähigkeit. Sie benutzen die elektrischen Ströme, um die Seele mit einem kindlichen Körper bei der Geburt zu vereinigen und sie im Tode von der physischen Hülle zu befreien. Nur in diesen entscheidenden Augenblicken sehen wir jene erhabene Gestalten, deren Weisheit, Mitgefühl und Macht wir nur erahnen können. Den letzten Eindruck, den wir vor dem Eintritt in die Materie mitnehmen, ist der eines beseeligenden Antlitzes, umrahmt von einer Aura blendenden Lichtes; und die erste Wesenheit, die uns dann auf der Schwelle des Übertrittes in die Geistige Welt begrüßt, ist wieder jener heilige Wächter. Das Mysterium von Geburt und Tod findet seinen Höhepunkt im Erblicken dieses erhabenen Führers.

Wesen aus dem himmlischen Reich treten aus vielfältigen Gründen in menschlicher Form in unser Reich ein. Gewöhnlich werden sie durch die Neugier angezogen, jene Einflüsse kennenzulernen, die uns erleuchten. Oftmals fühlen sich jene, die in unsere Welt kommen, von unseren Sitten und Gebräuchen befremdet. Infolgedessen wirken jene Gäste in unserer Welt wie am falschen Platz stehend.

Eine der hübschesten Frauen aus meinem Bekanntenkreis enthüllte mir ihre Herkunft durch einige aufschlußreiche Bemerkungen. Sie sagte z.B.: *„Obwohl ich allen Grund habe, mit meinem liebevollen Ehemann, hübschen Kindern, einem schönen Heim und wertvollen Freunden glücklich zu sein, fühle ich mich in meiner Umgebung eingesprerrt. In der Natur bin ich wie ein aus dem Käfig befreiter Vogel. In meinen Verbindungen mit anderen Menschen und meinen Reaktionen auf materielle Probleme, scheine ich Dinge wie 'von außen' zu betrachten. Mein Mann und Kollegen sehen diese Situation mehr aus einer Perspektive 'von innen'. Bin ich nicht normal? Sollte ich mich bemühen, ihren Standpunkt anzunehmen?"*
Während die Sprecherin sich noch selbst analysierte, erhellte mir ein Strahl der Intuition ihre Herkunft. Sie war eine Naturdeva, unzufrieden mit dieser Welt. Nach und nach machte ich die beunruhigte Frau vorsichtig mit meiner Entdeckung vertraut. Ihre Augen füllten sich mit dem Licht des Verstehens, als sie sagte: *„Du hast mir den Ursprung meines Wesens enthüllt. Das Wissen, daß ich hier ein Gast aufgrund einer heiligen Suche bin, wird mir Geduld, Toleranz und Verständnis für die Welt geben, die ich besuche."*
Ich bin der Meinung, daß Marie Corelli, Olive Schreiner und Vaslaw Nijinsky Wesen aus der Evolutionslinie der Naturwesen sind. Ein bezeichnender Vorfall enthüllte mir das Heimatland des größten Tänzers der Welt. In einem Abschnitt des Buches *„Nijinsky"* von Romola Nijinsky, ist der Bericht von einer Fußverletzung Nijinskys zu lesen. Eine Röntgenuntersuchung erbrachte, daß Vaslaws Füße anatomisch nicht so wie die anderer Menschen geformt waren; sie waren eine Art Kombination aus Mensch und Vogel. Der Arzt sagte: *„Dies ist das Geheimnis seiner unglaublichen Sprünge; kein Wunder, daß er fliegen kann; er ist ein menschlicher Vogel."*
Von Zeit zu Zeit kommen Wesen aus himmlischen Reichen in unsere Dimension, um einige besondere Aufgaben zu erfüllen. Ich glaube, daß dies auch bei Johanna von Orleans der Fall war. Manchmal

halten es die strahlenden Wesen für erforderlich, uns ganz konkret zu helfen. Auf meinen Reisen hatte ich zweimal die Freude, daß sie uns vor möglichem Tod bewahrten. Während meiner Kindheit fuhren meine Mutter und ich, gemeinsam mit einem Ehepaar, in einer nebligen Nacht durch die Pocono Berge von Pennsylvania. Ein blitzendes Zeichen meines Schutzengels diente dem Fahrer als Warnung, sofort anzuhalten. Kaum kamen wir zum Stehen, als ein Nachtzug vor uns vorbeisauste. Müdigkeit und der dichte Nebel hatten uns den schlecht ausgeschilderten Bahnübergang nicht sehen lassen. Keiner von uns hat diese Nacht der ernsten Gefahr und wundersamen Rettung je vergessen.

Jahre später sahen mein Mann und ich auf einem befahrenen Highway dem Tod ins Auge. Im entscheidenden Augenblick waren wir uns einer Kraft bewußt, die unseren Wagen buchstäblich in eine weiche Schneewehe schob. Eine aufgeregte Menschenmenge versammelte sich, staunend über unsere Rettung. Sie fanden uns tief erschüttert durch diese Bestätigung der unsichtbaren Hilfen.

Zwei liebe Freunde teilten ein außergewöhnliches Geschehnis mit uns, in dem Glauben, daß wir es besser verstehen würden als sie. Dieses Paar fuhr eines Nachts durch ein einsames Moorgebiet in Georgia. Zu dieser ungelegenen Zeit hatten sie eine Reifenpanne. Herr G. durchsuchte unsicher die Werkzeuge in seinem neuen Wagen. Unglücklicherweise hatte er keine Taschenlampe bei sich, was die Anstrengung der Suche in dieser sehr dunklen Nacht noch verstärkte. Schließlich kamen sie zu der Überzeugung, daß sie die Hilfe eines vorbeifahrenden Autos benötigten. Auf dem Highway befanden sich keine Fahrzeuge, als Frau G. vorschlug, um Schutz und Hilfe zu beten. Obwohl sie während der letzten Stunde kein einziges Auto gesehen hatten, schlugen sie kaum ihre Augen wieder auf, als sich ihnen ein Tourenwagen näherte. Der Fahrer des Wagens hielt an und sprang unaufgefordert aus seinem Fahrzeug. Der Mensch, der seine Hilfe anbot, erschien groß, hager, voller Vitalität und Humor. Sein vielsagender Gruß: „*Es ist unsicher für sie, an diesem einsamen Ort in Schwierigkeiten zu kommen*", gab dem Paar später zu denken. Ohne weitere Fragen machte sich der junge Helfer am Auto zu schaffen, während Frau G. die Taschenlampe aus dem anderen Wagen hielt. Nach ein paar Minuten sagte der Mann: „*Der Wagen ist jetzt in Ordnung, sie können weiterfahren.*"

Frau G. reichte dem Mann einen großzügigen Scheck, der jedoch mit der Bemerkung zurückgewiesen wurde: „*Ich habe dafür keine Verwendung*". Als unsere Freunde wieder bequem in ihren Sitzen saßen, wollten sie ihrem Retter noch ein freundliches Aufwiedersehen zurufen, als sie plötzlich bemerkten, daß weder Auto noch Fahrer irgendwo zu sehen waren. Mit weit aufgerissenen Augen suchten sie den Highway ab. „*Das ist seltsam*", meinte Frau G. „*Es scheint fast unerklärlich! Was glaubst du, ist aus unserem ritterlichen Helfer geworden? Vielleicht stellte alles eine besondere Fügung dar.... Ich wünschte, wir wüßten mehr.*" Als ich von diesem Zwischenfall hörte, erkannte ich sofort, daß die Gebete dieser selbstlosen Menschen die Aufmerksamkeit eines bereitwilligen Helfers angezogen hatten.

Tieferes Wissen um die Bewohner des Engelreiches folgt aus unserem Verlangen nach Bestätigung. Die reine Tatsache, daß ihre Existenz unsere Aufmerksamkeit erregt, zeigt an, daß wir bereit sind, die Schwelle zu ihrer Entdeckung zu betreten. Bevor wir jedoch diese kristallklaren Ebenen sehen können, muß unser Bewußtsein Schicht um Schicht geläutert werden. Ernsthaftigkeit, Sehnsucht und Zielstrebigkeit, eher als Keuschheit, zerteilen den Nebel negativer Angewohnheiten. Das notwendige Bestreben zur Erlangung der inneren Sicht hängt nicht so sehr von der Stärke oder Entschlossenheit ab, sondern von der Entwicklung des Charakters und positiver Aufnahmefähigkeit. Diese Qualitäten werden durch Meditation und die Plege der inneren Gaben im Menschen entfaltet.

Für den Höherstrebenden ist die tägliche Meditation so wichtig wie das Essen. Regelmäßige Ausführung vermittelt uns die Gewißheit eines sich ständig erweiternden Bewußtseins. Meditation ist das Labor — mit unserem höheren Selbst als Alchimisten. Nach und nach werden die niederen Elemente unserer Interessen und Wünsche umgewandelt, bis die Färbung und Tendenz unserer Energien einem höhertragenden Strom folgt. Indem wir uns die Fröhlichkeit und Selbstlosigkeit der Engel vor Augen halten, beginnt unser Wesen, etwas von ihrem Licht zurückzustrahlen, wodurch wir im Gleichklang mit ihnen schwingen. Jede Periode zielbewußten Gedankenflusses vertieft und bereichert unsere innere Wahrnehmungsfähigkeit.

Die Phasen, denen unsere Aufmerksamkeit während der Meditation zukommt, folgen allgemeinen Grundzügen:

1. Hingabe an das Bemühen um Selbstüberwindung
2. Beharrlichkeit in dem Gedanken an das Ziel unseres Strebens
3. Erweiterung unseres Bewußtseins

Die unkontrollierten und unkultivierten Bereiche unseres Wesens bedürfen der täglichen Überprüfung. Zorn, Intoleranz und Haß belasten uns schwer mit ihrem niederdrückenden Einfluß. Die Beseitigung dieser zerstörerischen Kräfte sollte von uns geplant und ausgeführt werden. Selbstzufriedenheit, Zweifel und Unwissenheit müssen durch geduldige Prüfung ihrer Wurzeln beraubt werden. Wir sollten unsere stündlichen Überwindungen aufzeichnen. Der Preis, den wir während der fruchtbringenden Selbstüberwindung zahlen, ist gering im Vergleich zu den unschätzbaren Werten, die wir auf unserer aufstrebenden Reise erzielen. Sollte die unseren launischen Gedanken und Vorstellungen auferlegte Disziplin beschwerlich sein, können unsere Bemühungen verstärkt werden. Die Gedanken an die herrliche Wirklichkeit der Engel spornen uns zu neuem Streben an. So oft wie möglich sollten wir auf abgelegenen Wegen spazierengehen. Unser Alleinsein ist wesentlich. Bevor wir einen einladenden

Pfad betreten, sollten wir uns vergegenwärtigen:
„Dieser Spaziergang ist der Gegenwart Gottes in allem, was mich umgibt, gewidmet. Ich will die Landschaft in diesem Gedanken betrachten. Gott atmet durch diese Bäume, von jenem Berg, und in allen Feldern. Er ist der Geist, der die Vögel veranlaßt zu singen und den Wind zu säuseln. Ich werde so mit Betrachtung und Zuhören angefüllt sein, daß, wenn mich eine Wesenheit umhüllen sollte, ich sie ebenfalls fühlen und sehen werde."
Wandern wir dann voll Ruhe dahin, sind wir so der Aufmerksamkeit an das Höchste hingegeben, daß unser eigenes höheres Selbst durch die offene Tür unserer Sinne die Welt betrachtet. Unser Verstand ist abgeklärt, unsere Emotionen im Einklang mit jubilierender Freude und langsam werden unsere physischen Sinne durch die geistigen intensiviert. Die Landschaft vor uns erscheint wie ein strahlendes Schauspiel unvorstellbarer Schönheit und Lebendigkeit. Silhouettenhaft gegen diesen malerischen Hintergrund heben sich große, farbenprächtige Wesen ab, deren kleinste Gaben eine vibrierende, übersprudelnde Energie beinhalten, die dem Menschen unbekannt ist.
Mit jedem Gang in die Natur erwacht eine umfassende Vorstellung und Würdigung der ewigen Wahrheiten in uns. Die Gewohnheit, bewußt zu leben, muß kultiviert werden, damit sich unser Bewußtsein an jedem geeigneten Ort, im Haus, im Garten oder in einem Tempel, in das uns umgebende höhere Reich erheben kann. Sobald der Eintritt in diese unermeßlichen Dimensionen vollzogen wurde, besteht unser Bemühen darin, diese Bewußtheit in allen Bereichen unseres Lebens aufrecht zu erhalten.
Welch unendlich kleiner Bruchteil der uns umgebenden Herrlichkeiten erkennen wir normalerweise! Anhaltendes Streben und schöpferisches Bemühen wird den Umfang unserer Wahrnehmungen erweitern. Unsere Vergegenwärtigungen werden auch die grenzenlosen Reihen beinhalten, die sich im unwandelbaren Geist ent-

falten. Wie wunderbar wird es sein, Gott in allen seinen Manifestationen zu ahnen. Ebenso schön wird unsere Vereinigung mit der gemeinsamen Prozession der Menschen und Engel sein, deren ehrfürchtige Hymnen zum Lob des Allerhöchsten durch das Universum hallen.

VIII. Die Engel der Natur

Der Mensch empfängt ständig herrliche Gaben aus der gütigen Hand der Natur. Zudem wird er indirekt beeinflußt und beschenkt durch die Einwirkung jener strahlenden Wesenheiten, die „Engel der Natur" genannt werden.

Die Arbeit dieser wichtigen Engelgruppe kann überall beobachtet werden , denn sie erhalten die Erde grün, schön und fruchtbar. Wind, Wetter und Gelände fügen sich ihren Bewegungen und Anweisungen. Selbst der Verlauf von Jahreszeiten wird von bestimmten Himmelsboten beeinflußt, die den vierteljährlichen Wechsel überwachen.

Über uns schweben in flüchtigem Reigen die „Engel der Elemente". Diese Gruppe ist in viele Untergruppen geteilt, denn im Verlauf ihres evolutiven Weges wirken alle Engel in den Erd-, Feuer-, Luft- und Wasserreichen. Die Wetterengel sind Devas des Windes, Sturmes oder der Stille. Die „Engel der Jahreszeiten" kennzeichnet eine besondere Art, das Leben, welches sie schützen, zu beleben oder zum Schlaf zu legen. Die „Engel der Ernte" schweben über jenen Gebieten, die die notwendige Nahrung für die Familie der Menschen schenken. Eine der ersten Erkenntnisse, die aus der Naturbeobachtung gewonnen werden, ist die Verwandlung bestimmter Plätze in Energiezentren. So können ein Urwald, eine Bergkuppe oder ein einsamer See ein Reservoir für geistige Kräfte bilden. Ein Wald vermag voller Heilungsenergien zu vibrieren, die speziell die ätherischen Körper kräftigen. Ein Bergmassiv kann reine Gottesverehrung als geistiges Ideal offenbaren. Seegebiete manifestieren gewöhnlich Strahlungen des Friedens. Weite Wüstenlandschaften stärken den Scharfsinn des Verstandes. — Diese unterschiedlichen Vibrationen beruhen weitgehend auf den Wesenheiten, die diese Landschaften beseelen.

Gelegentlich konnte ich mich beim Bergsteigen in Canyons oder Gebirgsgegenden auf die überschwenglichen Botschaften einstellen, die die Bergdevas einander über die Schluchten und Bergrücken hinweg zurufen. Jede Bergkette hat sowohl ihren beaufsichtigenden Hüter, als auch zahlreiche himmlische Wächter, die oftmals „Berggeister" genannt werden. Diese Wesen sorgen für die ständige Erneuerung der Wachstumskräfte des Pflanzenlebens. Sie können wahrhaft der Impuls, der die Lungen der Natur belebt, genannt werden. Die Größe dieser Gipfelwächter schwankt zwischen einer Durchschnittshöhe von drei Metern bis zu dreißig Metern oder mehr. Die „Hüter der Natur" (z.B. ein Herr der Berge, d. Übers.) sind so groß wie der Berg, den sie umhüllen.

Betritt ein Mensch mit spiritueller Wahrnehmungsfähigkeit den Mt. Rainier Nationalpark, vermag er ein widerhallendes Glockenspiel zu hören, das allmählich schwächer wird, wenn man tiefer in den berühmten Park eindringt. Zuerst unmerklich, dann aber mit zunehmender Klarheit, läßt sich eine Vibration tiefster Verehrung ausmachen. Allmählich werden Waldgeister sichtbar, die sich alle in eine Richtung bewegen. Eine Atmosphäre tiefer Hingabe und Ehrfurcht erfüllt die sich vollziehende Prozession. In den höheren Bereichen können drei Reihen von Wesen beobachtet werden, die sich langsam nach oben bewegen, indem sie Lobeshymnen singen, die in einem großen Crescendo himmlischer Harmonien gipfeln.

An einem Punkt, nahe der Bergspitze, versammeln sich die Naturgeister, um in lautloser Andacht vor dem Altar ihres Meisters zu verweilen. Wenn die vorderen Reihen ihre Anbetung vollendet haben, rücken die hinter ihnen stehenden nach. So setzt sich die Prozession ohne Unterbrechung fort.

Die schneebedeckte Kuppel wird vom eigentlichen Kopf und Gesicht des Herrn vom Mt. Rainier überschattet. Er dreht sich langsam, so daß er alle Gebiete, die seiner Verantwortung unterliegen, gleichermaßen segnet. Wenn der Morgen anbricht, ist sein Antlitz gegen den Sonnenaufgang gerichtet. Am Nachmittag sieht er auf das Gebiet um Paradise Valley. Eine Beschreibung mit Hilfe der menschlichen Sprache kann ihm nicht gerecht werden. Wer ihn jedoch hellsichtig wahrzunehmen vermag, wird seinen Ausdruck voller Heiterkeit und Mitgefühl nie vergessen. Der „Herr des Berges" hat für die Menschen ebenso viel Verständnis wie für die Devas seines eigenen Reiches. Der Grund dafür findet sich darin, daß er selbst in menschlicher Form inkarniert war.

Vor Äonen, als die menschliche Zivilisation noch sehr jung war, wünschte dieser Engel der Natur, sich in der menschlichen Evolutionslinie zu verkörpern. Er schätzte den Wert der menschlichen Schule sehr hoch ein, denn er nahm in sechs aufeinanderfolgenden Inkarnationen einen menschlichen Körper an. Der Ausgangspunkt, der diesen Engel faszinierte, war jenes wunderbare Geschehen, das wir Liebe nennen. Naturdevas entwickeln Fröhlichkeit auf ähnliche Weise, wie die Liebe von der Menschheit entfaltet wird. Als die Jahrtausende vorüberzogen, durchlief der Engel, der diesen Erdenweg gewählt hatte, die Einweihungen zum „Herrn der Engel", die ihn zu einem spirituellen Führer seines eigenen Reiches werden ließen. Da der Herr vom Mt. Rainier die menschlichen Gefühle versteht, grüßt er heutzutage jeden Sterblichen, der in den Bereich seiner Aura tritt, mit einem Willkommensstrahl. Der gesamte Wald um den Mt. Rainier bildet eine natürliche Kathedrale, deren Altar durch die Anwesenheit jenes herrlichen Engels geschmückt wird, der sein Ziel durch Treue und Dienst am Höchsten erreicht hat. Die geweihten Schwingungen strahlen in jeder Richtung in die nahe gelegenen Gemeinden und Städte.

Der „Herr von Mt. Hood" wirkt unter dem „Herrn von Mt. Rainier" und ist einer der großen Naturdevas an der Pazifikküste. Sein grosses, liebevolles Antlitz befand sich an dem Tag, als wir in dieser Gegend weilten, im Berg und nicht darüber. Er übersandte uns seinen Willkommensgruß in Form einer funkelnden weißen Kugel, gleich einem Diamanten, die auf die rechte Seite unseres Wagens gerichtet war.

Die Botschaft dieser heiligen Zentren lautet, daß die Anbetung Gottes in allen Reichen vollzogen werden kann.

Selbst die Schöpfer der Naturformen streben nach jener Kraft des Bewußtseins, wie sie den „Herrn von Mt. Rainier" kennzeichnet. Mit geistig erwachten Sinnen läßt sich erkennen, wie alles Gedeihen auf Erden auf dem Wirken kleiner zierlicher Wesen beruht, die sich in Harmonie mit der zarten, verfließenden Sphärenmusik bewegen. Wälder und Berge, obwohl einsam und unbewohnt, zeigen sich von vielen großen, gütigen Wesen bevölkert, die über Bäume, Seen und Berge wachen. Zu allen Tageszeiten können die glücklichen Sylphen wahrgenommen werden, geschäftig in ihren lyrischen Aktivitäten in den Lüften. Während der wichtigsten Tageszeiten — Morgendämmerung, Mittag und Sonnenuntergang — werden die glühenden Sonnenengel am Horizont sichtbar.

Ein Baumdeva ist nach unseren klassischen Schönheitsidealen nicht als ‘schön’ zu bezeichnen, da seine Gestalt zu lang gezogen und eng erscheint, sein Gesicht ist dreieckig. Doch die Engel, die diese Waldungen hüten, besitzen dafür etwas äußerst Kostbares — grenzenlose und ewige Energie. Sie erscheinen als hellgrüne Geschöpfe, mit blitzenden Augen, die mit ihrer Vitalität und durchdringenden Strahlkraft auf uns einwirken. Häufig sind diese Devas so groß wie der Baum, den sie überschatten, obwohl sie meist viel schlanker als der Stamm geformt sind. Ich habe zu verschiedenen Zeiten einige Stunden damit verbracht, einen Baumdeva zu beobachten, wie er von Baum zu Baum wanderte, seine lebenspendende Energie verteilend. Jene Menschen, die die Natur lieben, ziehen die Aufmerksamkeit eines Baumdevas an und erhalten vielleicht durch ihn eine Taufe mit erneuernden Lebenskräften. Mit Freunden unternehme ich oft eine Wallfahrt zu einem bestimmten Baum auf einem unserer geliebten Berge. Es ist unser „Baum voller Gaben" (The Giving Tree)

oder der Baum mit dem Willkommen schenkenden Deva.
Indem wir von den quicklebendigen Wesenheiten wissen, die durch die Natur schweben, wird uns auch die Freude zuteil, sie in unsere Gärten zu bitten. Dort, wo man sie anerkennt und schätzt, entfalten sich die Gärten in Gesundheit und Pracht.
Normalerweise finden sich die Devas nicht in den geschäftigen Städten, da das Prana an solchen Orten sehr dünn ist. Doch dürfen wir immer, wenn wir es benötigen, um ihren Schutz und Segen bitten.
In der Vergangenheit unternahmen mein Mann und ich alljährlich Fahrten in die Pinienwälder, um unsere Gemeinschaft mit den Göttlichen Wesen zu vertiefen. Während dieser Touren spielte das Wetter eine große Rolle für uns. Vor mehreren Jahren hingen eines Abends dunkle Wolken über unserem Lager, als wir den Wald betraten. Die Postvorsteherin, die uns kannte, sorgte sich um die Wetterfestigkeit unseres Zeltes, während sie uns eine Campingerlaubnis ausstellte.
Bevor ich schlafen ging, trat ich noch vor das Zelt und bat die „Engel des Regens", unseren Platz zu verschonen. Die ganze Nacht über hörten wir in der Nähe heftigen Regen fallen, doch unser Zeltplatz blieb verschont. Auf unserer Erkundigungstour am nächsten Morgen stellten wir fest, daß das ganze Lager ausgelassen worden war, doch die umliegende Gegend, fast wie ein Ring, war vom Regen aufgeweicht. Die Postvorsteherin, die uns die Post brachte, wollte kaum glauben, daß uns der Sturm nicht erreicht hatte. Ich glaube, die „Engel des Sturmes" durften uns aufgrund unserer Bitte versprechen: *„Der Sturm wird sich euch nicht nähern."*
Ruhetage sind uns heilig, denn meistens benötigen wir die Erholung dringend. Auf einer langen Vortragsreise ergibt sich meistens nur ein freier Tag im Monat. Eines Sonnabends drängten uns Freunde, unseren „Tag" mit ihnen in ihrem Häuschen am See zu verbringen. Als unsere Fünfergruppe die lange verschlossen gewesene Hütte betrat, sahen wir, welches Aufwandes es bedurft hätte, um das Stüb-

chen aufzuräumen und zu entstauben. So schien uns die Veranda der beste Platz zu sein, um unsere Zeit zu verbringen. Während wir unser Picknick aus den Körben holten und auf den Tisch stellten, kam ein starker, böiger Wind auf. Servietten und Papierteller mußten beschwert werden, damit sie nicht davonflogen. Nachdem wir uns gesetzt hatten, wurde der Wind so ausgelassen, daß unsere Haare nahezu die Gesichter verbargen. Eine Weile ertrugen wir dies, bis ich sagte: *„Sicherlich kann dieser Wind besänftigt werden, um diesen Tag harmonisch zu beenden. Laßt uns gemeinsam die „Engel der Stille" anrufen, damit sie die „Engel des Windes" ablösen."*

Wir schlossen die Augen und sandten gedanklich eine dringende Bitte um Hilfe aus. Sobald der letzte seine Augen geöffnet hatte, umgab uns eine tiefe Stille. Rechts und links von uns wirbelten Blätter umher. Der See vor uns war aufgewühlt, doch wir aßen unser Mittagessen ungestört und verbrachten einen inspirierenden Nachmittag zusammen. Als wir uns auf eine Wanderung begaben, bemerkten wir, daß die „Engel der Stille" uns folgten, denn wohin wir auch gingen, hielt der Wind unvermutet ein. Unsere Freunde verstanden und freuten sich mit uns über diesen himmlischen Schutz.

Mittlerweile befindet sich unsere Heimat in einem von niedrigem Gehölz bewachsenen Tal. Das Gebiet von Questhaven*) liegt zehn Kilometer vom nächsten Ort entfernt. Die Ruhe und unberührte Atmosphäre dieses zweihundertsechzig Hektar großen Landstückes bietet hervorragende Gelegenheiten zur Beobachtung der Angewohnheiten und Pflichten der Naturdevas dieser Gegend. Eine erweiterte Wahrnehmungsfähigkeit öffnet die Tür zum 'Märchenland der Wirklichkeit' für all jene, die sich ländliche oder wilde Gebiete zur Heimat wählen.

*) Questhaven ist das von Flower und ihrem Ehemann Lawrence Newhouse gegründete Zentrum im Süden Kaliforniens; d. Übers..

Während wir die Aktivitäten der vielen Devas in Questhaven beobachteten, erfuhren wir auch von Königlichen Baumdevas. In der ältesten und größten Eiche dort lebt ein hoch entwickelter Baumgeist, der königliche Führer all der zahlreichen Devas des Gehölzes. Eine majestätische Würde zeichnet ihn aus, und die Lebenskräfte, die von ihm ausstrahlen, haben eine anregende Wirkung auf die in seiner Umgebung wachsenden Bäume. Ein Königlicher Baumdeva stärkt die ätherischen Körper der höchsten und ältesten Bäume in seiner direkten Nachbarschaft. Weniger entwickelte Baumgeister arbeiten an jüngeren Bäumen. Einige Male waren die Anweisungen des Königlichen Devas zu vernehmen. Sie wurden mit solch tiefem, vibrierendem Ton gegeben, daß ihr Hall wie ein schweigendes Echo durch das Land zog.

Bis wir in Questhaven lebten, wußten wir nicht, daß auch Naturgeister ihr Dual besitzen, mit dem zusammen sie sich in liebender Harmonie entwickeln. Die Ergänzung dieses Königlichen Baumdevas, den wir ständig mehr lieben, ist der geistige Hüter des Anwesens. Jene Wesen, die Hilfe, Schutz und Frieden zu den Wohnstätten bringen, sind weibliche Naturdevas. Sie segnen jedes Haus, seine Bewohner und alles was dazugehört mit geistiger Erneuerung und physischem Schutz.

Der Engel des Anwesens besitzt sein Hauptzentrum über einem hochgewachsenen Baum in der Nähe der „Kapelle der Heiligen Suche" (die Kirche in Questhaven, d. Übers.). Hier kann er in der Regel gesehen werden. Da diese Wesenheit jedoch für den ganzen Wohnbezirk sorgt, kann man diese gütige Devagestalt dabei beobachten, wie sie sich von Grenze zu Grenze oder vom Blumengarten zum nächsten Bienenstöckchen fortbewegt. Diese treue Schutzpatronin behütet die Häuser und das Land vor zerstörenden Wettereinflüssen oder unfreundlichen Menschen. Sie arbeitet außerdem an den Mentalkörpern all jener, deren Gedanken einer Läuterung und Erneuerung bedürfen, sobald diese ihr Gebiet betreten.

Der höchste Berg von Questhaven wird Inspiration Point genannt. Über seinem Gipfel kann man den edlen „Wächter des Berges" bemerken. Seine Aufgabe ist es, all jene Wesen in seinem Gebiet, die auf jüngeren Evolutionsstufen stehen, zu führen, zu segnen und anzuleiten. Der Königliche Baumdeva ist sein Helfer. Die Kraft, die von einem „Wächter des Berges" ausgeht, wechselt. Zu bestimmten Tageszeiten bemerkt man friedvolle Strömungen; deren Einfluß zur Mittagsstunde elektrisch wird. Doch wenn sich auch seine Energiestrahlungen ändern, sein Standort bleibt der gleiche. Sein Gesicht ist immer auf die Sonne gerichtet, deshalb ist es im Zwielicht nicht zu erkennen. Bei einem andächtigen Spaziergang durch den kleinen Wald vernahmen drei aus unserer Gruppe seinen Segen: *„Die ganze Erde findet Ruhe — Friede mit allen Wesen."* An einem anderen Abend bat er deutlich: *„Friede und tiefe Ruhe sei mit der Erde."*

Drei Kilometer südlich von Questhaven liegt ein lieblicher Berg. Ein Mantel des Friedens scheint jenen Bereich zu umgeben. Wir nennen diese Erhebung, die beständig von einem lavendel-blauen Schein umhüllt ist — den „mystischen Berg". Tagsüber empfinden alle unsere aufmerksamen Gäste den lichten, magnetischen Einfluß. Bei Einbruch der Nacht verstärkt sich der Glanz des „mystischen Berges" auf den höheren Ebenen. Sein inneres Licht zieht Naturgeister von nah und fern an. Am Nordabhang des Gebietes stehen drei Wächter vor dem Tor zu einem lichtdurchfluteten Gang. Sie gewähren nur jenen Einlaß durch diese Tür, die reif dafür sind, um an den Zeremonien der Naturgeister teilzunehmen. Diese Feierlichkeiten werden zu Ehren der Sonne vollzogen — Danksagungen für das tagsüber erhaltene Licht des Lebens.

Ganz unerwartet fließen die kristallklaren Töne des himmlischen Chores in unser Bewußtsein; und genauso unvermutet können wir erwachen, um die Tore zu den inneren Welten an einem herrlichen, strahlend klaren Tag weit offen stehend zu sehen. Der größte Segen, der sich aus dem Wissen um die Lebensformen des Engelreiches ergibt, ist die Inspiration, die sie in uns durch ihre Selbstlosigkeit, Unpersönlichkeit, Schönheit und Hingabe erwecken; denn die Menschen stellen nicht die einzige Schöpfung Gottes dar. Das Wissen um Seine anderen Reiche erweitert unser geistiges Weltbild. Voller Ehrfurcht und Erstaunen vor dem Höchsten Geist, der die Menschen schuf und die Engel ihnen zu Wächtern bestimmte, durchschreiten wir unser Erdenleben. Die Offenbarungen des Lebens sind vielfältig, und jede von ihnen ist bemüht, das Licht, die Schönheit und die Harmonie zurückzubringen, die wir einst in unserem Innersten kannten.

IX. Vollendete Wesen und ihre Aufgaben

Leben ist das Streben nach der Meisterschaft. Ein Evolutionsplan treibt uns zu Fortschritt, Verbesserung und Meisterung unserer selbst und unserer Talente an. Das höchste Bestreben der Entwicklung ist es, jeden Mann und jede Frau zu Adepten in der Kunst des spirituellen Fortschreitens und des richtigen Gebrauches der geistigen Kraft werden zu lassen. Obwohl sich der Prozeß nur langsam und allmählich vollzieht, gehen doch aus dem Samenkorn der Vorbereitung, nach unermüdlichen Anstrengungen, vollendete Männer oder Frauen hervor.

Die Schätze der Weisheit, die diese Meister durch ihre verschlungenen Erfahrungen und Mühen gesammelt haben, stellen das Erbteil für die jüngeren Seelen dar, die noch nach Wissen und Selbstkontrolle streben.Die Wohltäter selbst verteilen ihre Schätze; und ihre Gaben durchziehen einen Zeitraum von mehreren Jahrhunderten. Indem sie das Zusammengetragene verschenken, das sie durch endlose Anstrengung verdient haben, bereichern sie alle Felder menschlichen Strebens. Gleichzeitig wachsen in ihnen Qualitäten, die sie dazu berechtigen, im Namen der Ewigen Kraft zu arbeiten.

Die Gruppe jener Adepten, die ihre Ernte wieder in die Menschheit einbringen, ist als „Bruderschaft" bekannt. Sie verharren in innerer Verbindung mit der Erde und leiten ihre Entwicklung der Regierung, Erziehung, Wissenschaft, Kunst und Religion. Menschen, die aufgrund ihrer spirituellen Reife, ihrer Hingabe für den Fortschritt der Welt oder ihres speziellen Genius die Anleitung und Hilfe der Meister verdient haben, bilden Kanäle für die hohe Weisheit. Wie wesentlich ist daher unser Streben, welches uns befähigt, unter ihrer Obhut zu arbeiten und zu wachsen.

Die Gruppe der Meister erscheint zahlenmäßig gering, bis wir uns die Kraft vor Augen halten, die jeder Adept verkörpert. Nach Erlangung der Meisterschaft tritt der Großteil dieser Vollendeten Wesen in die sechste Dimension ein. Aus dieser Region wird dem Kosmos ein Dienst erwiesen, der unermeßlicher und tiefgreifender ist, als der menschliche Geist zu fassen vermag. Es soll genügen, zu betonen, daß die Ordnung und Harmonie des Universums zum Teil auf ihrer vereinten Lenkung beruht.

Die Großen, die sich weiterhin um die Angelegenheiten der Erde kümmern, bilden eine Bruderschaft. Diese Wesen verweilen in der fünften Dimension, welche bisweilen als Mentalebene bezeichnet wird. In diesem Bereich werden Pläne ausgearbeitet und deren Ausführung vorbereitet. Von hier aus erhalten sensitive Komponisten Inspirationen zu ihrer Partitur, während Künstler Einblicke in wahre Schönheit erhaschen, um sie auf die Leinwand zu bannen.

Von den Mystikern wird berichtet, daß sich Planeten, Sterne und Galaxien im Rhythmus der Sphärenmusik bewegen. Dies ist wahr! Das Universum pulsiert voll Musik und voller Leben. In der äußeren Welt können sich zahlreiche Lebewesen verständlich machen, doch insgesamt bilden ihre Töne nur unvollkommene Klänge. In den höheren Dimensionen ist die Qualität jedes Tones melodisch und aufstrebend. Wellen aus Musik ergießen sich über alle Wesen auf den höheren Ebenen. Ihre Vielfalt kennt kein Ende. Zu Zeiten haben sie einen silbrigen Klang und scheinen weiter als der Horizont entfernt zu sein. Die Engel und die Menschen bilden gemeinsam den unsichtbaren Chor dieses sich ausbreitenden Geistes der Musik. Sie versammeln sich nicht an einem Ort, um ihre Harmonie auszustrahlen, sondern jeder sendet seinen Ton oder Gesang von seiner eigenen Sphäre aus, um seinen Beitrag zu dem mächtigen Choral zu leisten. Es gibt jedoch auch Wesenheiten, deren Aufgabe es ist, harmonisch sich eingliedernde Klänge zu erschaffen. Dies sind die Musiker und Solisten, deren Anbetung, durch ihren speziellen Ausdruck, die eigentliche Seele der Musik bilden. Aus der Silhouette ihrer musi-

schen Darbietungen haben die besten Werke der Welt ihre Struktur erhalten.
Sobald wir die Erkenntnis der Unendlichen Quelle des Lebens erlangen, treten wir in eine Schulung, die uns zur Adeptenschaft vorbereitet. Von dem Zeitpunkt an stehen wir unter der Aufsicht der Eingeweihten, die ihren hohen Einfluß auf uns geltend machen. Unter ihrer Beobachtung werden wir zu Idealen und edlen Zielen inspiriert. Ihre Anweisungen lehren uns, ein nützliches und vorwärtsschreitendes Leben zu führen, doch übernehmen sie weder unsere Verantwortungen, noch lösen sie unsere Probleme. Allein durch das vertrauensvolle Einlösen unserer Verpflichtungen und die Vervollkommnung unserer körperlichen und geistigen Fähigkeiten sind wir in der Lage, ihre ermutigende Nähe zu fühlen.
Es können sieben Hauptphasen und Abstufungen der Initiationen zur individuellen Entfaltung der eingeborenen Göttlichkeit unterschieden werden. Die ersten fünf Stufen werden gewöhnlich im physischen Körper durchschritten; die beiden letzten erfolgen immer in den höheren Seinsebenen. Die Bezeichnung „Eingeweihter" wird auf denjenigen angewandt, der direktes Wissen und Bewußtsein vom Geist Gottes erlangt hat. Die Tiefe dieser inneren Erkenntnis bestimmt den Grad der Einweihung, von dem aus der Dienst für den Göttlichen Plan vollzogen wird. Ein „Meister" hat seine fünfte Initiation erlangt; ein „Herr" (Lord) seine sechste, während ein „Gott" die sieben großen Offenbarungen der Göttlichkeit vollzogen hat. Die gelehrten und spirituellen Männer Phythagoras und Lao Tse waren Meister, Jesus Christus und Gautama Buddha Herren. Die Bibel verweist auf den „Gott" Jehovah, der, obwohl überaus vollendet, nicht der Geist GOTTES ist, zu dem wir beten.
Die Meister lehren, daß „Götter" noch viele Initiationen durchschreiten müssen, bevor ihr Geist vereint ist mit der Ewigen Quelle. Meister werden von Herren angeleitet und diese wiederum von dem „Gott" eines speziellen Entwicklungsweges überschattet. Ein Einge-

weihter sechsten Grades hat die Aufgabe, Kraft, Liebe und reine Gedanken auszusenden. Seine Aufmerksamkeit gilt dem Kosmos, seine Hilfe der Welt. Große Logoi sind so mit dem Geist Gottes verbunden, daß sie Kanäle für Seine Gedanken, Seine Güte und Seine Gesetze sind, die die Welt lenken und bilden. Obwohl die Reise von der Unbewußtheit zur bewußten Göttlichkeit schwierig und kompliziert erscheint, sei daran erinnert, daß der Geist Gottes alle seine Bereiche durchweht und sein Leben sowohl in den Blättern der Bäume als auch in den Herzen der Menschen und der Gott-bewußten Adepten wohnt. Er ist uns näher als unser Körper, und doch durchzieht Er das ganze Universum. Nur eine Höchste Absolute Gottheit konnte einen Plan entwerfen, bei dem sich alles Leben stufenweise entwickelte, bis aus dem Zustand des Schlafes, ewige Bewußtheit in Seine Schöpfung einzieht. Um diese Schöpfung zu erfüllen, sind Werkzeuge und Handwerker von Nöten. Über lange Zeiten hinweg bildeten die am höchsten entwickelten Seelen aller Rassen die Wächter der Absicht GOTTES. Da diese Adepten wesentlich für das Ziel des Schöpfers sind, sollten wir danach streben, soviel als möglich über sie zu erfahren.

Die Erde wird von den edlen Wesen gelenkt, die entweder ihre Meisterschaft hier erlangten oder die Verantwortung für diesen Planeten tragen. Die Obhut über die Erde wird von den Meistern geteilt, die in jenen Bereichen dienen, die ihren Fähigkeiten am meisten entsprechen. Die Adepten geben sich nicht oft zu erkennen, denn nur wenige von ihnen sind bekannt.

Die Mächtigen Herren senden uns Energie, Inspiration und Ermutigung aus ihren hohen Ebenen. Nur selten betreten sie unsere Dimensionen, da die Meister ihren Willen zu unserem Wohle ausführen. Unter den Erhöhten Wesen befinden sich der Herr Jesus, der Herr Maitreya, der Maha Chohan, der Sanat Kumara und der Logos Osiris (Sonnenlogos). Die Strahlen dieser Großen können besonders stark zur Weihnachts- und Osterzeit, wie auch während des

Maivollmondes gespürt werden. Zur Mittagszeit umhüllt uns nicht nur das Licht sondern auch die stille Segnung des Sonnenlogos.
Die unseren Globus regierenden Meister sind, soweit bekannt, Wächter der Nationen, Begründer neuer Systeme oder Zentren der Kraft. Der Meister Rakoczi betreut Europa, mit Unterstützung verschiedener Adepten der einzelnen Rassen. Der Meister Morya hilft bei der Lenkung der Angelegenheiten Asiens. Der geistige Führer der Vereinigten Staaten wird (nach dem Land) „Meister Americus" genannt. Seltsamerweise befindet sich sein unsichtbares Kraftzentrum über dem Lincoln Denkmal in Washington.
Jener „Der Eroberer" genannte Adept besitzt die am stärksten entwickelte Willensstärke all der Großen Wesenheiten, die an Regierungsangelegenheiten interessiert sind. Wenn eine Nation alle ihre vorhandenen Möglichkeiten zur Selbstverteidigung oder Selbsterhaltung aufbringen muß, wird dieser Adept während einer Übergangsperiode zur verborgenen Kraft in diesem Land. Zur Zeit überschattet „der Eroberer" China, aufgrund der Notwendigkeit für dieses Land, seine Lethargie zu überwinden. Indien wird durch denselben Führer von seiner Trägheit aufgeweckt werden.
Eine eigentümliche Aufgabe führt der Meister Azabar durch, der über das Geld- und Kreditsystem der ganzen Welt wacht. Bisher befindet sich das gesamte Weltwirtschaftssystem in einem Stadium des Experimentes. Dieser Adept plant eine Wirtschaftsordnung ins Leben zu rufen, die nicht die Gefahr von Egoismus und Monopolismus wie frühere Systeme birgt. Sein Plan kann nicht eher ausgeführt werden, bis eine Rasse die Notwendigkeit für ein neues Wirtschaftssystem einsieht.
Die bekanntesten Meister im Felde der Erziehung sind der Meister Djwal Khul (auch der Tibeter genannt), der Meister Kuthumi und der Meister Elision. Der Tibeter wacht über „strukturierte Gedanken" oder alte Weisheiten und Bräuche, die tiefer von den Massen verstanden werden sollen. Der Meister Kuthumi widmet sich der

Aufnahme und geistigen Ausstrahlung höheren Wissens, welches als Gedankenform überall auf unserem Globus für sensitive Geister zu erkennen und anzuwenden ist. Der Meister Elision ist eine Frau mit ungewöhnlichen Fähigkeiten. Sie leitet Menschen an, die als Gesandte mit einer bestimmten Botschaft ins physische Leben geschickt werden. Aufgrund ihrer geduldigen, klaren Anweisungen, werden neue Weltbewegungen oder veränderte Lebensformen in das aufnahmefähige Bewußtsein der Seelen eingepflanzt, die sich zur Inkarnation vorbereiten. Diese eindrucksvolle, schöne Adeptenseele wird manchmal von ihren Schülern in der fünften Dimension aufgesucht. Sollten diese Botschafter ihre Aufgabe vergessen, verursacht sie einen Traum oder geistige Vision, welche jene erneut zur Erkenntnis ihrer Missionen erweckt. Obwohl es viele Adepten gibt, die die Erfindungen und Fortschritte der Wissenschaften leiten, ist den Schülern, die mit Meistern in Kontakt stehen, der Meister Hilarion der bekannteste. Er bleibt in enger Verbindung mit unserer Welt, um jene Individuen, die für die Schöpfung neuer Werkzeuge des Fortschrittes arbeiten, durch Gedanken zu ermutigen und zu inspirieren. Zwei der Bereiche, die die Konzentration und Anstrengungen des Meisters Hilarion zur Zeit in Anspruch nehmen, sind die Krebsheilung und eine Ausweitung des Gebrauches von Radio und Fernsehen.

Auf dem Pfad der Religion wandern der Herr Jesus Christus, der Meister Johannes und Kwan-Yin. Meister Jesus erhielt seine sechste Einweihung durch „die Himmelfahrt". Nun ist Er, als Herr Jesus Christus, Herrscher über die spirituellen Energien, die das innere Erwachen unserer Menschheit zur Anerkennung ewiger Werte bewirken. Wir sind bisher nur vom Rand seines Einflusses berührt worden, doch allein in diesem Jahrhundert hat die Mehrzahl derjenigen, die Gott lieben, Fanatismus und Intoleranz zugunsten von Wahrhaftigkeit und Toleranz aufgegeben. Unter der Führung Christi werden die Menschen viele Änderungen durchleben, im Verlauf derer eine Offenheit zutage treten wird, die notwendig ist für das Erwachen der geistigen Kraft in jedem einzelnen. Unser Wohlergehen liegt ganz in den Händen des Christus. Unter der Mithilfe der Meister ist er, der zuvor Jesus von Galiläa war, bemüht, die gegenwärtige Menschheit zu erleuchten und verkörperte Schüler zur Hilfe in Seinem Plan anzuleiten. Neben diesem Wirken durchflutet sein strahlendes Licht die inneren Welten in einem immerwährenden Strom der Erleuchtung und Liebe.

Wenn die Adepten Kriege, Seuchen oder Gewalt, die durch überwältigende zerstörerische Gedanken der Menschen bedingt sind, nicht verhindern dürfen, beeinflussen sie die Menschen während der Wiederherstellung der Ordnung, die dem Chaos folgt. Der „Verheißene Prinz" (Promised Prince) schenkt all jenen Mut, Frieden und Dankbarkeit, die Seine Aura berühren. In seiner Anwesenheit werden Kinder glücklicher, netter und liebevoller. Man könnte sich darüber wundern, was diesen Adepten veranlaßt „Seinen Himmel hier auf Erden zu verbringen, indem Er gute Werke tut". Unsere Welt scheint günstiger für sein Wirken und außerdem spirituell erfüllender zu sein.

Die Ähnlichkeit zwischen Christus und Seinem geliebten Schüler, dem Meister Johannes, nun ein Adept, ist sehr groß. Es ist mehr eine innere als eine äußere Gleichheit. Christus besitzt dunkles, bronzefarbenes Haar, tief braune Augen und ist erkennbar an seiner würdevollen Haltung. Der Meister Johannes hat honigfarbenes Haar, blaue Augen und scheint, trotz des Erreichten, knabenhaft. Doch Künstler verwechselten diese großen Männer und benannten das Werk auf ihrer Leinwand mit Christus zustehenden Titeln, obwohl es den Meister Johannes darstellte. Das tiefe Band ewiger Freundschaft hat in den Charakter des jüngeren Meisters etwas von der transzendenten Schönheit des Christus eingemeißelt.

Der Meister Johannes nimmt ernste Sucher der Wahrheit als Kandidaten zur Vorbereitung für den Weltendienst an. Der Fortschritt des

Neophyten führt diesen vom Novizen über den Schüler zum Meisterschüler. Während dieser Stufen innerer Entwicklung kann der Emporstrebende auch die Erfahrung einer oder mehrerer Bewußtseinserweiterungen machen, wonach er nicht nur ein bewußter Helfer der Adepten, sondern auch ein Eingeweihter auf dem Wege zur Meisterschaft ist. „Der Heilige", wie der Meister Johannes manchmal genannt wird, unterweist jeden echten Sucher in der Wissenschaft geistiger Selbstüberwindung. Dieser Adept betont, daß Charakterschulung die Voraussetzung zur geistigen und spirituellen Vollendung darstellt. Nachdem der Schüler Selbsterkenntnis und eine ehrliche Einstellung zum Leben erlangt hat, wird er belehrt, wie er das „Glauben" genannte Prinzip anwenden kann, um sich selbst von Begrenzungen in allen Erfahrungsebenen zu befreien. So entwickelt er die menschlichen Heilungskräfte, und erwirbt jene Qualitäten, die Liebe, Vertrauen, Freude, Reichtum und Erfolg anziehen. Diese Kräfte bleiben nur für jene segensreich, die sie mit so vielen Menschen wie möglich teilen.

Der Schüler hält sich beständig vor Augen: „Beendigung des Teilens bedeutet das Ende des Besitzens", denn so lautet das Gesetz der Liebe.

Die verstärkten Anstrengungen, gewonnenen Erkenntnisse und Erfolge des Strebenden bereiten ihn für die schwierigeren Abschnitte der inneren Entwicklung vor, die der Meister Johannes jenen offenbart, die sich einer weiteren Führung würdig erweisen. Er lehrt, daß wir uns nicht im vollen Besitz all unserer gottgegebenen Sinne befinden. Im richtigen Moment werden wir geführt, nun den Gebrauch des sechsten und siebenten Sinnes zu lernen, die im Bereich der geistigen Wesenheit des Menschen verankert sind. Der sechste Sinn hält Eindrücke fest, die zu Oktaven des Lichtes, Klanges und Seins jenseits der dritten Dimension gehören. Die „Großen Wesen" glauben, daß „Intuition", „Hellsichtigkeit" und „Hellhörigkeit" Begriffe sind, die durch unrichtigen Gebrauch entwürdigt wurden, die jedoch, wenn wahrhaft verstanden, Funktionen des eingeborenen sechsten Sinnes im Menschen darstellen. Der siebente Sinn bezeichnet jene Fähigkeit, die es der Seele erlaubt, den physischen Körper während des Schlafes zu verlassen. Dies geschieht immer dann, wenn der Meister es als ratsam für bewußte Schüler erachtet, einer inneren Versammlung beizuwohnen oder eine innere initiatorische Arbeit anzunehmen.

Der Meister Johannes ist nur einer von zahllosen Adepten, die Schüler annehmen. Andere, die religiöse Sucher führen, sind die Meister Lao-Tse, Amiel, Dratzel, Athene, Mohammed und Ramakrishna. Die Adepten lehren Mitgliedern ihrer Rasse die Prinzipien, die alle Meister an jene weiterreichen, die Verehrer des Christus sind. Doch es muß auch daran erinnnert werden, daß alle diese, die überwunden haben, durch ein Bemühen vereint sind — jenes, das Licht und die Prinzipien des Christusgeistes zu verbreiten. Dies bezieht sich nicht auf die Lehren, die Jesus Christus in Palästina verkündete. Die Prinzipien des Herrn Christus sind weit größer, bedeutender und tiefer als jene, die in der Bibel wiedergegeben werden. Vor dem Reichtum der Christusbotschaft beugen sich auch diese gelehrten Meister.

Im Osten erhält die Göttin Kwan-Yin, aufgrund ihrer Güte den Bedürftigen gegenüber, liebende Huldigungen. Dieses Wesen ist wahrhaft ein Meister, der uns von ihrem Zentrum in höheren Ebenen aus dient. Ihre Gedanken bringen Trost und Ermutigung zu den Bedrückten, in welchem Zustand sie sich auch manifestieren. Gelassen, bescheiden und mitfühlend tritt Kwan-Yin oftmals in unsere Atmosphäre ein, um die Rufe der Notleidenden zu beantworten. Gewöhnlich richten diese Leuchtenden Wesen ihre Aufmerksamkeit nicht auf die Fröhlichen oder Glücklichen, sondern auf jene, die ihr Vertrauen und ihre Selbstachtung verloren haben. Es gibt keine geistig Aussätzigen oder von Gott ungeliebten Seelen. Die Anwesenheit solcher Botschafter wie Kwan-Yin beweist, wie unermeßlich die Unendliche Liebe ist, die Gottes Schöpfung umschließt. Wie

schlimm auch immer die Verbrechen oder wie tragisch die Folgen, so findet man die Sünder doch von derselben gütigen Hand geleitet wie die Heiligen.
Im „Rat der Vollendeten Männer und Frauen" ist eine Gruppe der Heilung gewidmet. Seit der Zeit Jesu Christi wurde die Menschheit gedrängt, die Heilung des Körpers durch Schulung des Verstandes und Kräftigung des Geistes zu studieren und zu praktizieren. Die medizinische Wissenschaft wird, unter Leitung des Meisters Hilarion und Seiner Helfer, ihre notwendige Arbeit zur Wiederherstellung der gebrochenen Körper fortsetzen. Obwohl wir uns dessen bewußt sind, daß Heilung an Seele und Geist erfolgen kann, scheint unser Zugang zum Quell der Heilung etwas befremdlich. Die Adepten, die die Lichtbringer für unsere Aufklärung, die innere Heilung betreffend, sein werden, sind Meister Dratzel, Meister Amiel und Meister Maria. Die Letztgenannte vollzieht einen großen Dienst durch Ihre Arbeit in Lourdes.
Derjenige, der Schülern die Technik der geistigen Heilung lehrt, ist der Meister Dratzel. Er glaubt, daß unsere Krankheiten aus dem Gegensatz unserer Lebensführung zu den Göttlichen Gesetzen von Ruhe und Aktivität entspringen. Aktivität muß im richtigen Maß erfolgen, sonst entstehen Spannung und Chaos. Perioden der Ruhe, zur Aufnahme geistiger Energien, bilden einen notwendigen Ausgleich. Wenn sich eine zu starke Aktivität unserem Bedürfnis nach Ruhe entgegenstellt, wird die innere Aufnahme notwendiger Energien verhindert. Die Göttliche Führung des Körpers geht verloren, dann arbeitet der Verstand ungeordnet und die Emotionen werden sprunghaft. Letztendlich findet man, auf der physischen Ebene, einen unbrauchbaren Körper vor. Der Meister Dratzel lehrt nun jene Schüler, die Ihn bewußt wahrnehmen, daß durch Vereinigung mit der Quelle der Energie — indem man lernt, die Heilungsströme der Natur aufzunehmen — durch gesundes Leben und vernünftige Ernährung, physisches Wohlsein gewährleistet ist.

Die Zeit des Meisters Dratzel ist jenen gewidmet, die mehr den esoterischen Aspekt der Heilung verstehen möchten. Die Schulung lehrt, wie der Mensch zu einem Kanal schöpferischer Kraft werden kann, um das Wissen und die Heilströme jenen zuzuleiten, die darum bitten.

Der Meister Amiel ist ein wahrhaft weiser und gütiger Adept. Seine Aufgabe besteht darin, spirituell gesinnte Menschen mit den Geheimnissen der Schwingungsgesetze und ihrem konstruktiven Gebrauch für die Heilung vertraut zu machen. Diese Kunst steht den Priestern näher als den Medizinern. Die vollständige Erkenntnis dieser Botschaft kann nicht in diesem Jahrhundert erlangt werden, denn die volle Offenbarung liegt für noch ungeborene Rassen bereit.

Maria, die Mutter Jesu, zählt ebenfalls zu den Adepten. Ihre Bemühungen gelten in der Hauptsache der Befreiung der Frau von unnötigen körperlichen Leiden. Mit ihrer Hilfe wird sich die Weisheit der Geburtenkontrolle weiter verbreiten, sowie die Möglichkeit, die Geburt zu einer Freude, und nicht, wie bisher, zu einem Delirium der Schmerzen werden zu lassen. Der Meister Maria verkörpert das Göttliche Element der Liebe, und als solche ist sie der Meister all jener Probleme, mit denen Frauen konfrontiert werden, die vertrauensvoll die Aufgabe selbstloser Weiblichkeit erfüllen. Sollte irgendwann Hilfe für die Sicherheit oder das Wohlergehen der Familie notwendig sein, so wird Maria sich für die Erfüllung des Gebetes einsetzen.

Die Träume und Visionen, die sich in Gedichte, Gemälde und Symphonien einweben, stammen aus den Sphären der Seligkeit, in denen Freude, Schönheit und Gesang so natürlich erscheinen, wie Berge, Täler und Meere für die Erde. Der Meister Serapis, umgeben von Heerscharen himmlischer Helfer, rüttelt auf, kräftigt und erhebt unsere Welt, indem er sie mit Gedankenformen auflädt, die sensitive Individuen als Inspirationen aufnehmen. Wir öffnen uns, um durch etwas aufgerichtet zu werden, was wahrhaftig in Gedanken, Form oder Ton ausgedrückt ist. Das Bestreben des Meister Serapis und seiner zahlreichen strahlenden Mitarbeiter ist auf die Verehrung der Schönheit und Vollendung in den Künsten gerichtet. Menschen, die Strebende auf diesem Pfad sind, sollten zur Ewigen Quelle schöpferischer Energie beten. Der Meister Serapis kann durch die Worte angerufen werden: *„Möge die Unendliche Inspiration zum Ausdruck der Schönheit, der Harmonie und der Wahrheit mein Bewußtsein durchwehen und erleuchten"*.

Die Avatare, die Leiter des geistigen Universums, stehen mit ihren Schülern auf Erden vorwiegend durch Telepathie in Kontakt. Wenn ihre Anwesenheit auf Erden erforderlich ist, kommen sie auf unerkannte Weise. Sie können auf einer diplomatischen Konferenz auftauchen, verborgen in einem normalen Körper und hinter alltäglicher Verhaltensweise. So mischte sich auch der Meister Americus unter jene Gruppe, die die Unabhängigkeitserklärung aufsetzte und unterzeichnete.

Ihr Ziel bei diesen Missionen ist es, als stiller, doch starker Magnet zu wirken, dessen Kraft auf die Erfüllung der entstehenden Angelegenheit gerichtet ist.

Die Schüler der Erleuchteten finden zahlreiche Situationen materieller oder geistiger Zerrüttung vor, die ihrer Kontrolle bedürfen. In Momenten wie diesen, erscheinen bestimmte Adepten ihren Schülern, denn die Aufnahmefähigkeit jener ist bereits zu erschüttert zum fehlerlosen Empfang einer telepathischen Anweisung. Ein beliebter Pfarrer, Robert Norwood, hatte zu einer Zeit innerer Entmutigung 'Besuch' von Jesus Christus. Der Rat des Herrn Christus, wie auch die ungewöhnliche Inspiration seiner plötzlichen Manifestation und des darauffolgenden Verschwindens, gaben diesem Geistlichen die Kraft und die Weisheit, die ihn zu einem großen und gelehrten Mann werden ließen.

Es liegen zahlreiche Berichte über Visionen des strahlenden Christus von Personen vor, die vom Tode zurückgeholt oder auf wundersame Weise vor Unfällen und falschen Entscheidungen bewahrt wurden. Die Visionen anderer lassen das wirkliche Erscheinen eines Eingeweihten, wie es Robert Norwood erlebte, umso wunderbarer wirken.

Ich, die ich diese Worte niederschreibe, handele so in Gedanken einer Begegnung mit Jesus Christus, die in den Bergen erfolgte. Eines Sommermorgens, während ich mich an der Schönheit der Natur erfreute, hörte ich menschliche Schritte auf mich zukommen. Indem ich mich wunderte, wer wohl käme, erhob ich mich halb, um den Besucher zu ermitteln. Die Person, die ich sah, machte mich sprachlos, verwirrt und zugleich unerwartet furchtsam. Der Mann, der sich mir näherte, war zeitweise von Bäumen oder niedrigen Ästen verdeckt. Obwohl ich Ihn häufig in Seiner geistigen Gestalt gesehen hatte, überwältigte mich diese Manifestation fast. Während der Minuten, in denen er sprach, verharrte ich still, zu ehrfürchtig und beglückt für äußere Sprache. Es ist nun schon viele Jahre her, daß ich diese tiefe, wohlklingende Stimme hörte. Doch wäre ich auch blind, ich würde Ihn dennoch überall im weiten Universum erkennen. Der Herr, der mich über die Botschaft belehrte, die ich in seinem Dienst weitergeben sollte, war außerordenlich groß und kräftig. Sein Haar und der kurze Bart zeigten einen bronzefarbenen Ton. Seine großen Augen waren dunkelbraun und, als Er gegangen war, erinnerte ich mich Seines liebenden und doch bestimmten Ausdruckes, wie auch Seiner Schwingung der Freude und Kraft, die Er ausstrahlte. Das reine, lose Gewand, welches er trug, das sich um Seinen Oberkörper bewegte, während er sprach und atmete, ließ mich erkennen, daß ich ihn nicht in einer Vision sah. Nach Beendigung Seiner Botschaft entfernte er sich so natürlich, wie Er gekommen war. Ich lehnte mich nach rechts, um ihn zu beobachten, wie Er in die Straße einbog, die Ihn meinen Blicken entführte. Zur Zeit Seines Kommens hatte ich die Kraft und die Zuversicht Seiner Worte dringend nötig. Diese wundersame Erscheinung verstärkte mein Verlangen, anderen die Erkenntnis jener

Großen Wesen nahe zu bringen. Worte erscheinen tönern, wenn ich versuche, die transzendente Herrlichkeit einer solchen Begegnung zu beschreiben.
Die Meister unterscheiden sich im Aussehen und in der Persönlichkeit wie die Bewohner dieses Globus. Der „Verheißene Prinz" ist ein ostindischer Jüngling, dessen fröhlicher, liebevoller Geist anstekkend wirkt. Die Meister Elision und Hilarion wirken wie vibrierende Modelle der Vollendung der Form. Beide tragen welliges, kastanienbraunes Haar, helle Haut und blaue Augen. Der Meister Azabar erscheint eher wie ein Abendländer als ein Chaldäer, der er in seiner letzten Inkarnation war. Meister Dratzel sieht sehr ägyptisch aus, denn er erreichte die Meisterschaft als Hohepriester der ägyptischen Weisheit. Die Augen des Adepten schimmern schwarz; es sind durchdringende, prüfende Augen, deren Eindruck durch die zurückhaltende unpersönliche Art ihres Besitzers gemildert wird. Die Avatare sehen aus und sprechen wie Personen, die einst Menschen waren, doch deren Geist stark genug war, um das Licht des Segens Gottes in ihrem Wirken erstrahlen zu lassen.
Für jemanden, der sich der Existenz der Meister bewußt ist, erfüllt jeder Tag einen Zweck. Er mag Zeuge vieler Ereignisse sein, die seine unsichtbare Führung oder einen unsichtbaren Wächter über seine Angelegenheiten offenbaren. Geistiger Fortschritt und seine Begleitumstände vereinigen ihr Bestreben zur Enthüllung des gütigen Lehrers, der stündlich deutlicher sichtbar wird. Wenn sich ein Meister Seinem Schüler zu erkennen gibt, beginnt eine Freundschaft, die jeden Tag des Strebenden durchlichten wird.
Jene, die bereits von den Meistern, denen sie folgen, wissen, erhalten im Verlaufe der Schulung von den Adepten Ratschläge, die schwierig auszuführen sind. Zum Beispiel weisen die Großen unsere Anbetung zurück, begrüßen aber Achtung und Vertrauen ihnen gegenüber. In allen Beziehungen mit geistig Strebenden betonen sie, daß der Schüler nicht vom Meister abhängen, sondern nur auf sich allein

vertrauen soll. Diese Strahlenden Wesen sollten als weise und gütige Brüder und Schwestern angesehen werden. Unsere Haltung ihnen gegenüber sollte nicht unterwürfig und anbetend sein, sondern vertrauens- und achtungsvoll.

Die Anbetung des Schülers gebührt GOTT; seine Hochachtung und Hingabe dem Meister; sein Streben der Entfaltung des Christusgeistes in ihm. Für einen solchen Schüler beginnt der Tag mit der Vergegenwärtigung der Göttlichen Allgegenwart; er wird motiviert durch den Dienst für den Meister, und geführt durch die Weisheit der Lehren des Adepten. Diese Schulung befähigt den Menschen, die wachsenden Kräfte der Meister- und Gotteskindschaft zu entwickeln, die sonst ungenutzt in ihm schlummern würden.

Ernsthaft Suchende, die sich nach eigener Bestätigung von der Wirklichkeit der Meister sehnen, können nur ihre geistige Bewußtheit verbessern. Es ist erstaunlich, wie viel man durch die einfache Übung gewinnt, als Erstes am Morgen und als Letztes am Abend an die Großen Wesen zu denken. Wir müssen uns daran gewöhnen, ein „Meisterbewußtsein" zu entwickeln. Zur Mittagszeit durchzieht der Einfluß des Sonnenlogos, des Herren der Sonne, unsere Atmosphäre und beeinflußt in starkem Maße sowohl die materiellen als auch die geistigen Ebenen. Ein liebender, respektvoller Gruß an diesen „Herrn der Natur" (Nature Lord) intensiviert die Aufnahme Seiner Energie stark. Tatsächlich führt uns jedes Gebet, jede Meditation oder Stunde der Stille zu einem engeren geistigen Einklang mit den Meistern.

Weder ist der genaue Zeitpunkt, zu dem ein 'Pilger der Wahrheit' mit seinen lichten Führer in Kontakt treten darf, voraussagbar, noch, ob er den Geliebten Lehrer sehen oder nur Seine Anwesenheit spüren wird. Könnte die Zeit des Zusammentreffens vorausgesehen werden, fiele sie in die Periode, in der das Bemühen des Strebenden vollständig und selbstlos der Erkenntnis Gottes in Seinem Universum gewidmet ist.

Es ist nicht ratsam, alle Tätigkeiten der Meister zu verfolgen, um von ihnen zu lernen. Der Same, der in die aufnehmende Erde gelegt wird, reift zur Frucht, auch ohne volles Verständnis der Naturgesetze, die diesen Wechsel verursachen. Gravitation versieht ihren Dienst, auch wenn nur selten über diesen Effekt nachgedacht wird. Die vollendeten Männer und Frauen, deren liebende Bemühungen unseren Planeten und alles Leben auf ihm segnen, fordern unsere Anerkennung nicht. Wir müssen uns die Tatsache vor Augen halten, daß selbstlose Wohltäter unsichtbar und still damit beschäftigt sind, den Willen und Plan Gottes auszuführen. Es ist ein Privileg, von ihnen lernen zu dürfen, zuerst durch die Erfahrung anderer, die sie kennen, später aufgrund eigener Einsicht in ihr Wirken. Obwohl sie uns weder bitten noch drängen, den Reihen ihres Dienstes beizutreten, haben wir das Recht, uns selbst als Diener des Göttlichen Planes anzubieten. Das größte innere Glück, das erreicht werden kann, ist die Erkenntnis, daß wir einen Lichtpunkt in dem großen Netz ihrer Helfer darstellen.
Möge unsere Freude, wenn wir von der Existenz der Meister erfahren, die Glocke der spirituellen Erleuchtung zum Klingen bringen, daß sie bis ans Ende der Welt in der Erleuchtung und dem Glück junger Brüder und Schwestern widerhallt.

Die Toskana ist eine der vielfältigsten Kulturlandschaften der italienischen Halbinsel, hinter der sich eine Vielzahl unterschiedlichster Gebiete verbirgt. Die rauhen Apuanischen Alpen schließen sich an das weiche Arnotal an, das Casentino, das Chianti oder die Etruskische Erde, die Crete im Süden bezeichnen berühmte Landstriche, deren eigentümlicher Reiz sich bis heute erhalten hat.

Aber auch durch bedeutende Städte, mit deren Namen Kunst und Geschichte eng verbunden sind, gerät die Toskana zu einer der reichsten Kulturlandschaften Europas: das gotische Siena, die alte Seemachtsmetropole Pisa, das Handelszentrum Lucca, Arezzo, Livorno und zahlreiche kleinere Städte mit ihrem mittelalterlichen Charakter sind eindrucksvolle Zeugen einer Zeit, die zur Blüte dieser Landschaft wurde.

Die hier vorliegende Sammlung von Texten und Bildern versucht ein literarisches Porträt der Toskana zu zeichnen. Dabei wurde das Augenmerk auf solche Texte gerichtet, die nicht nur das Land beschreiben, sondern in denen sich auch etwas von dem entfaltet, was die Wirkung dieser Landschaft bezeichnet, die Sensibilisierung und enge Verbindung von Natur und Kunst.

Die Sammlung ergänzt das von Andreas Beyer herausgegebene Städtelesebuch Florenz *(insel taschenbuch 633)*.

insel taschenbuch 926

Toskana

TOSKANA

Ein literarisches Landschaftsbild

Herausgegeben von Andreas Beyer

Mit Fotografien von Loretto Buti

Insel Verlag

Umschlagfoto: Harald Pieta

insel taschenbuch 926
Erste Auflage 1986
Originalausgabe

Quellenhinweise am Schluß des Bandes
Vertrieb durch den Suhrkamp Taschenbuch Verlag
Umschlag nach Entwürfen von Willy Fleckhaus
Satz: LibroSatz, Kriftel
Druck: Nomos Verlagsgesellschaft, Baden-Baden
Printed in Germany

5 6 7 8 9 10 – 02 01 00 99 98 97

TOSKANA

E T R U S K I
Cisa-Paß
Pontremoli
Lunigiana
Magra
M. Cusna 2130
M. Cimone 2165
Apuanische Alpen
Sarzana
LA SPEZIA
Carrara
Luni
Massa
Barga
Serchio
Camaiore
Pescia
Viaréggio
Lucca
M. Pisano
Arno
PISA
Fucécch
S. Mini
LIVORNO
VIA AURELIA
Maremma
de Balze
Vada
Cécina
Massa M
Populónia
Piombino
Elba
Gorgona
Capraia
TYRRHENISCHES MEER
Toskan. Inseln
N
W
O
S
0
10
20
30
40
50 km
Maßstab

Ímola
n. Ravenna
Faenza
Forli
VIA EMILIA
Futa Paß
903
Paß v. Casa d'Alpe
il Giogo
882
913
A P E N N I N
Mugel
Vicchio
Borgo S. Lorenzo
Sieve
Castagno
Muraglione
907
M. Falterona
1654
Dicomano
Prato
Fiesole
FLORENZ
Pontassieve
Camaldoli
Casentino
La Verna
Poppi
Bibbiena
Pratomagno
Incisa
Arnotal
Borgo Sansepolcro
Greve
S. Giovanni Valdarno
Anghiari
Chianti
Radda
Castellina
Brolio
Arezzo
Città di Castello
Siena
Monte S. Savino
VIA CASSIA
Chiani-Tal
Cortona
Mte Oliveto Maggiore
PERUGIA
Trasimenischer See
San Galgano
Montepulciano
Pienza
VIA FRANCIGENA
S. Quirico
Chiusi
Sant'Antimo
Arbia
Radicofani
M. Amiata
1734
Chiani
Rusellae
Orvieto
Sorano
Pitigliano
Bolsena
Bolsener See
Tiber
Viterbo
M. Cimini
843
Cimin. Wald
Faleri
Civita Castellana
Sutri
Tarquini
Volci
LATIUM
Orbetello
Ansedonia

PIER PAOLO PASOLINI
DER APENNIN

1957

I

Trunkene, kalkige Rücken der Berge,
stumme Szenerie, die du gelebt wirst vom stummen Mond,
lau über den Wiesen um Lucca,

den allzu menschlichen, dörrend über Versilias Küsten,
ungebrochen über der Leere
des Meeres – staunend über die Ballaste,

über die Kiele und schlaffen Segel, nach den alten Fahrten
des Volkes auf Fischfang
zwischen dem Argentario-Berge und Elba . . .

Der Mond – kein anderes Leben als dieses.
Und bleich liegt Italien: von Pisa
das hingestreut ist am Arno in totem

Lichterfest, bis nach Lucca, dem scheuen,
im grauen Licht seiner überlebenden
katholischen Ganzheit . . .

Menschlich saugt auch der Mond
aus den erstarrten Steinen die Wärme
der hohen Passionen . . . Ist doch

hinter ihrem Schweigen die tote Inbrunst,
lebender Atem des stummen Ursprungs:
der Marmor ist's, in Lucca oder in Pisa, der Tuff

in Orvieto . . .

II

Nichts entzündet der Mond
dort als Grau, wo azurblau
die Etrusker schlummern, hört, hängend

dort über den Pflastern von Pienza, Tarquinia,
nichts als Stimmen von Kindern . . .
Über den hallenden Hügeln, den kahlen,

findet inmitten des Apennin er
Orvieto, hoch auf den Felsen gedrängt,
zwischen Äckern, gepflügt in Filigran, Miniatur,

und dem Himmel. Orvieto unversehrt
in Jahrhunderten, gemörsert aus Mauern und Dächern
über festgetretenen Gassen,

der Maultiere Auszug zwischen gemörserten Burschen,
geknetet im Tuff.

Im Sehnenpanzer, mit sicherem Schritt
zwischen schütteren Mauern und rissigen
Häusern, steigt das Tier aus dem Tal,

auf den Flanken die Blüten glühender
Traube, unter des Bonifaz Büste,
die zu Staub fällt, geschützt
nur durch barocke Erhöhung in
mittelalterlicher Nische der Wand.

III

Entfremdet seiner Geste ist Bonifaz,
und David der seinen, daß die Schleuder er hält
in großer Hand, und Ilaria, einzig Ilaria . . .

Drin im Kirchschiff, verschlossen
wie ins Aquarium, sind marmorn
ihre ergebenen Lider, ihre Brust,

auf der die Hände sie kreuzt in ferner
Gelassenheit. Dort wohnen Italiens Morgengrauen
und der Abend Italiens, seine trübe

Geburt, der farblose Tod.
Schlaf, die leeren Jahrhunderte: kein Meißel
könnte sie löschen, die Wucht

dieser zarten Lider.

Jacopo hat Italien gemeißelt
in Ilariens Grabbild, als Italiens Jahre
reiner noch waren, not-wendiger.

IV

Unter den geschlossenen Lidern lacht
unter Läusen das Bamms von Cassino,
von den Eltern verkauft; an den bösen

Ufern des Aniene nähren es ein Mörder und eine Hure,
in den kolonialen Nächten, wenn Ciampino,
geblendet unter verblichenen Sternen,

bebt vom Fluglärm der Herrschenden;
wenn an den Tiberquais die Wachtposten
käuflicher Liebe, bis zur Erschöpfung

wartend, um finstre Latrinen
streichen, von San Paolo und San Giovanni,
an den heißesten Ecken von Rom,

dann hört man träge
schlagen die Stunden des Jahres neunzehnhundert-
einundfünfzig, und es zerbirst

die Stille zwischen Basiliken und Baracken.

In den geschlossenen Lidern Ilarias
bebt die verseuchte Membrane
der italienischen Nächte . . . weich im Wind,

hell in den Lichtern . . . Rufe
von hitzigen Burschen, ironisch und grausam . . .
Dünste von feuchtwarmen Lumpen – Sprüche

von alten südlichen Stimmen . . . heitre emilianische
Chöre in Dörfern und Trümmern . . .
Aus der verderbten Provinz zu den weißen

Herzen der Ampeln geiler Stehbars
in den Außenbezirken der Städte:
die Lust und das Elend besitzen

friedliche, luftige Klänge.
Doch in den hauchdünnen und massigen Lidern
Ilarias ist alles nur Schlaf. Frühmorgendliche Gestalt,

vor der Zeit hat der Tod das Mädchen
in Marmor gefesselt. Italien verbleibt nur
ihr marmorner Tod, ihre leere,

abgebrochene Jugend . . .

Unter ihren Lidern, Fleisch geworden
in ihrem Schlaf, gießt die Erde dem Mond
einen jungfräulichen Orgasmus entgegen, ins silberne Dunkel,

der über dem Schutt des Apennin sich verstäubt,
steil hinab zu den Küsten, wo das Tyrrhenische Meer
sie umperlt, und die Adria die Erde beschäumt.

Drin im Pferche von Fellen
und von Metall, im Kreisrund, umstanden
von Büschen in grellgrüner Lichtung

auf dem Berg des Soracte,
schläft eine feuchte, schmutzige Herde
mit ihrem Hirten, verkrampft sind die Glieder

im Kalkstein.

V

Unter ihren geschlossenen Lidern liegt Luni
in seiner Hürde, liegen die lebenden
Städte, wo der Apennin menschlicher

duftet aus gestutzten Hecken,
zwischen den warmen toskanischen Feldern,
oder wo wilder er die alten Abteien

im Etrurischen an sich reißt – dort verwehen
auf der Schwinge der Jungfraun helle
Klänge des Abends. Und sie entwirrt sich,

die Kette, in den uralten Furchen,
in den Rinnen der Flüsse, des Serchio und des Ombrone,
und hinter rauhen Trichtern und irdenen

Türmen der Frühe: der Tiber, im Staubsturm
des Apennin, heidnisch noch immer . . .
erscheint – nach Päonienwiesen,

alexandrinischen und barocken Ruinen –
Rom, vergoldet im Mond,
und zerschundene Vorstadt, religionslos, unwissend

von allem, was nicht Trieb ist, Grotten,
bewohnt von Kindern und Kot; die Säume des
Flusses vom Pincio zum Aventinshügel, Steilufer

des kahlen San Paolo, wo Laternen gelblich
den warmen Dunstkreis erhellen
und hallende Schritte die feuchten

Steine beflecken; und der romische Abend
gibt Echo wie eine Membrane;
vom Lasterfinger gezupft, enthüllt er

nun schärfer den Geruch von Urin.

VI

Ein Heer harrt im Lager, um christlich
zu werden in der Christenheit Stadt,
besetzt eine Koppel, gebreitet

aus dreckigem Gras in entzundner Campagna:
will hinein wie die andern ins zivilere Licht,
hoffend auf eine menschliche Wohnstadt:

es warten der Sarde und der Apulier
im Schweinekoben am schmutzigen Tisch,
in blinden Dörfern zwischen gleißenden Kirchen

im neuen Baustil und Wolkenkratzern.

Unter ihren geschlossenen Lidern
diese Belagerung: Millionen Seelen
hinter einfältigen Schädeln,

mit flinkem Auge zwinkernd, an den verseuchten
Tümpeln der Vorstadt.

VII

Er verliert sich zum weißen Süden,
in Azur und Rot, der Apennin, stumm
unter den geschlossenen Lidern, zur Gloriole

des Meers von Gaeta und von Sperlonga . . .

Hinter dem Massico spannt Sparanise
zwischen Kandelabern des Ölbaums seine Girlanden
aus Reben über elysische

Wiesen, wo Lampione glimmen für San Nicola ...
Es öffnet sich weit, afrikanisch,
der Golf von Neapel,

Nation im Bauch der Nation ...

Und nicht mehr Jacopo (denn Ilarias Schlaf
ist jünger) unter den Lidern gestaltet
zu sittlicher Form die Volkswelt Italiens,

nicht länger schabt, vor der Landschaften Grund,
zum Lichte des Intellekts – das nicht verbirgt
die dunkle Materie – eine Hand,

die mit Gott die elende Gasse verbände.
Hier unten ist alles vormenschlich, und menschlich
genießt es; gegen das Lachen der Plebs war,

und es bleibt, nutzlos jedes Wort der Erlösung:
brünstiger strahlt es ohne Bedenken
aus den barocken Farben der Maler,

als wäre der Sonne oder dem Schatten
nicht Genüge getan, wenn zur Schau
sie sich stellen, die Lumpen,

der Goldschmuck, mit dem Lachen im Aug,
dem harten Lachen der Kammern
zur Gasse, wo nichts von Liebe bekannt ist.

Romanische Knaben, unter den geschlossenen Lidern,
singen im Herzen der Spezies der Armen, die immer
barbarisch geblieben, wie zu Zeiten der Frühe, ausgeschlossen

aus den geheimen Geschäften des christlichen Lichts,
aus der Jahrhundertwende notwendiger Folge:
und sie ergreifen Besitz von Italien,

ironisch, und mit Gelächter aus Volksmund,
Dialekt, der nicht geprägt ist
von Stadt, von Provinz, sondern

geprägt vom besessnen Gelände und Quartier,
mit dem einzigen Maß, das jeder nur findet im heißen
eigenen Trieb, wenn er lebt zwischen Leuten,

die der echteren Zynik ergeben
und der viel echtern Passion;
gewaltsam verweigert und gewaltsam ergeben;

klar im Mysterium, weil sie rein und verderbt . . .

Wenn jeder ihrer kundig, der einfältigen Sprache
des Unglaubens, der Frechheit,
des Spottes, in weisester und verderbtester

Mundart, schließt er in Unbewußtheit
die Lider, verliert sich im Volk,
dessen Rufe nichts sind als ein Schweigen.

THÉOPHILE GAUTIER
FAHRT IN DIE EBENE

1850

Die Straße von Bologna nach Florenz führt über den Apennin, dessen kahle Berge wie aneinandergereihte Wirbel das Rückgrat Italiens bilden. Selbst für den Reisenden, der Enttäuschungen gewohnt ist, gehört der Apennin zu jenen Namen, die eine magische Ausstrahlung besitzen. Horaz und die antiken Dichter schufen ein Bild von ihm, so daß die Kenntnis der Klassiker sich mit unseren ersten Eindrücken vermischt und wir uns schwerlich von unserer festen Vorstellung lösen können, die dem tatsächlichen Anblick nicht standhält und auf ganz besondere Weise ungültig wird.

Die Gebirgskette des Apennin besteht aus einer Folge von dürren, verwitterten und stark abgeschürften Hügeln, rauhen Bergkuppen und räudigen Anhöhen, die an Kies- und Schotterhaufen erinnern; vergeblich halten wir Ausschau nach den riesigen Felsen, steilen bewaldeten Gipfeln und wolkenumsäumten Bergspitzen, die silbern im Schnee glänzen; nicht ein kristallen schimmernder Gletscher, kein Wasserfall, in dem der Regenbogen spielt, nicht ein türkisblauer See, aus dem Gemsen trinken, keine Adler, die ihre Kreise am Himmel ziehen; – der Apennin ist nichts als ein Stück armer, karger, unfruchtbarer Natur, deren Schäbigkeit besonders ins Auge sticht, nachdem man die majestätische Bergwelt der Schweizer Alpen und die romantischen Schrecken des Gondo-Tals erlebt hat, das von solch grandioser und furchteinflößender Schönheit ist.

Gewiß ist die Manie des Vergleichens eine Schwäche des Geistes und es ist ungerecht, einem Ort die Merkmale eines anderen abverlangen zu wollen; von der oberen Sitzbank aus, gegen die wir unvorsichtigerweise unseren Platz in der Kutsche eingetauscht hatten, um die Landschaft besser zu überschauen, konnten wir nicht umhin, an die schönen spanischen Sierras zu denken, von denen keiner spricht und deren unerkannte Schönheit die vielleicht zu berühmten italienischen Landschaften weit übertrifft; wir erinnerten uns an einen Weg durch die Berge von Granada nach Velez-Malaga; er führte uns über einen einsamen Pfad, den wohl kaum zwei Reisende im Jahr begehen und dessen Zusammenklang von Formen, Licht und Farben keinesgleichen kennt.

Wir erinnerten uns auch an unsere Reise in die Kabylei, an die von der afrikanischen Sonne vergoldeten Berge, an die Täler mit Oleandern, Mimosen, Erdbeerbäumen und Pistazien, wo in Bächen kleine Schildkröten leben; in Gedenken an die kakteenumzäunten Kabylendörfer und an die riesige allgegenwärtige Silhouette des Dschurdschura, die den immer anders gezackten Horizont beherrscht, erschien uns der Apennin trotz seiner Berühmtheit durch die Klassiker wahrhaft mittelmäßig.

Wir möchten keinesfalls jenem berühmten Marseiller Paradoxon huldigen, das da heißt: »In Afrika ist's eisekalt, in Rußland glühend heiß«. Dennoch müssen wir zugeben, daß wir auf unserem luftigen Posten vor Kälte zitterten, obwohl wir uns in so viele Mäntel und Jacken eingehüllt haben, daß der verfrorene Dichter Méry höchsten Gefallen daran gefunden hätte. Nicht im strengsten Pariser Winter haben wir uns auf einmal mit solch einer Menge von Kleidungsstücken bedeckt, und dennoch war es erst Mitte September, eine Jahreszeit, in der man die Toskana lau und mild unter einem sanften Himmel wähnt; allerdings kühlt die Luft mit zunehmender Höhe ab und die Kälte in warmen Ländern wirkt durch den plötzlichen Gegensatz besonders unangenehm.

Diese Anmerkung soll mitnichten unseren erstarrten Fingerspitzen und unserem Zähneklappern ein Denkmal setzen. Wen interessiert es schon, ob uns hoch oben auf unserer Kutsche heiß oder kalt gewesen ist; doch könnte diese Beobach-

tung manchen unwissenden und leichtgläubigen Pariser davon abhalten, im August von Tortona nach Florenz aufzubrechen und lediglich eine Nankinghose und eine Drillichweste mitzunehmen; an dieser Stelle könnte ihm empfohlen werden, sein Gepäck um eine schottische Wolldecke, einen Überrock und einen dicken Schal zu ergänzen; auf diese Weise wird er einigen Erkältungen vorbeugen. Wir beschreiben also unsere Leiden nicht aus Eigennutz, sondern um der Menschheit zu dienen.

Der Wind hat eine solche Gewalt über die kahlen Berge, über die abwechselnd die abgekühlten Seewinde vom Mittelmeer und von der Adria blasen, daß der Großherzog am höchsten Punkt der Straße eine Steinmauer errichten ließ, um die Reisenden vor den eisigen Böen zu schützen, die sie vor Kälte erstarren lassen und zu Boden drücken. – Diejenigen, die den Mistral über die Terrasse des Papstpalastes in Avignon wehen sahen, werden den Nutzen einer derartigen Mauer verstehen. Eine Inschrift erinnert an das aufmerksame Wohlwollen des Großherzogs Leopold, für das wir ihm aus tiefstem Herzen dankten.

An dieser Stelle verlassen wir die Romagna und kommen in die Toskana; eine weitere Zollkontrolle, eine Unannehmlichkeit dieses in kleine Fürstentümer zersplitterten Staates. Man verbringt sein Leben damit, den Reisekoffer zu öffnen und wieder zu verschließen, eine langweilige Beschäftigung, die den geduldigsten Menschen in Rage versetzt. Welch' glücklicher Umstand, daß wir diesbezüglich bereits an der Grenze der Romagna eine philosophische Theorie entwickelt haben. Wer ihn will, bekommt unseren Schlüssel zugeworfen, oder aber wir lassen ihn im Schloß stecken, um uns der friedlichen Betrachtung der Landschaft hinzugeben, eine Annehmlichkeit, die die erbarmungslos ihrem Fahrplan folgende Postkutsche nicht immer gewährt. Von diesem Standpunkt betrachtet ist es vielleicht bedauerlich, daß es nicht mehr Zollstellen gibt.

Obwohl die Straße niemals so steil und unpassierbar ist wie in Salinas und der Descarga in Spanien, deren Auf und Ab an eine Berg- und Talbahn erinnert, sind die Steigungen oft nur mit der Hilfe zugkräftiger Ochsen zu bewältigen. – Die Ankunft des schweren Gespanns beobachten wir jedesmal mit Wohlgefallen – die Ochsen gesenkten Kopfes, mit feuchten Mäulern und großen friedvollen Augen, die mächtigen Beine nach außen gestemmt. Dieses an sich schon malerische Gespann wird von einem derben verwilderten Ochsentreiber geführt, oft ein kräftiger Bursche mit wirrem Haar, spitzer Mütze und brauner Jacke, den Treibstecken wie ein antikes Zepter in der Hand haltend; darüberhinaus gibt es noch einen weiteren Grund.

Eines Tages fragten wir Cabat, den Meister unserer jungen und ruhmreichen Schule der Landschaftsmalerei, nach welchen Gesichtspunkten er bei seinen Exkursionen die Wahl der zu malenden Ansicht treffe.

– Ich gehe aufs Gratewohl, antwortete er, bis ich die Frösche quaken höre. Wo es Frösche gibt, ist die Landschaft immer anmutig; wo Frösche sind, dort sind ein Teich, frisches Gras, grünes Schilf, Gebüsch und Weiden.

Unsere Frösche, das sind die Ochsen. Ihr Erscheinen kündigt einen rauhen Gipfel an, eine Hochebene, von der aus man unvermutet einen Blick in die endlose Weite hat; ein azurblaues Panorama von Ebenen, Bergen, Tälern; am Horizont verstreute Städte und Landhäuser schimmern im Spiel von Licht und Schatten. – Unsere Ochsen führen uns nicht schlechter als Cabats Frösche.

Wenn die Hügel des Apennin sich Florenz zuneigen, gewinnt die Landschaft an Schönheit. Die aufgerissenen und höckerigen Hügel verschwinden oder werden von Pflanzen überwachsen.

Landhäuser zeigen sich am Straßenrand, Zypressen ragen schwarz und steil in die Höhe, Pinien breiten ihren grünen Schirm aus; der Wind ist lauer und milder und erlaubt dem Reisenden, den Mantel aufzuknöpfen; der empfindliche Olivenbaum zeigt sein traurig graugrünes Blattwerk; man spürt die Bewegung von Fußgängern, Pferden und Wagen, die Nähe einer großen atmenden Stadt, eine Seltenheit in Italien, diesem Beinhaus der toten Städte.

CURZIO MALAPARTE
VERDAMMTE TOSKANER

1957

Wieviel wäre gewonnen, wenn es in Italien mehr Toskaner gäbe und weniger Italiener.

Ist es schwierig, Italiener zu sein, so ist es besonders schwierig, Toskaner zu sein: viel schwieriger als Lombarde, Piemonteser, Abruzzeser, Römer, Neapolitaner oder Franzose, Deutscher, Spanier, Engländer. Nicht etwa, weil wir Toskaner besser oder schlechter als die anderen, Italiener oder Fremde, sind, sondern weil wir Gott sei Dank anders sind als die anderen Völker: etwas ist in uns, ist tief in unserem Wesen, in unserer Natur, etwas, das verschieden ist von dem, was die anderen in sich haben. Vielleicht auch deshalb, weil bei der Frage, ob besser oder schlechter als die anderen, es uns genügt, nicht wie die anderen zu sein, denn sehr wohl wissen wir, wie leicht und unrühmlich es ist, besser oder schlechter zu sein als ein anderer.

Niemand mag uns, und unter uns gesagt: das berührt uns nicht. Und wenn es zutrifft, daß niemand uns verachtet, da ja der Mensch, der die Toskaner verachten könnte, noch nicht geboren ist und wohl nie geboren werden wird, so trifft es doch auch zu, daß alle voll Argwohn gegen uns sind. Vielleicht weil sie sich nicht als unsere »compagni«, unsere Weggenossen, empfinden: »compagno«, als toskanisches Wort, bedeutet wesensgleich. Oder vielleicht weil wir lachen, wo und wenn die anderen weinen, und wo die anderen lachen, schauen wir, ohne die Wimper zu zucken, ihnen still beim Lachen zu, bis das Lachen ihnen auf den Lippen erstarrt.

Einem Toskaner gegenüber verspüren alle ein Unbehagen. Ein Schauer fährt ihnen ins Gebein, kalt und spitz wie eine Nadel. Unruhig und argwöhnisch schauen alle um sich. Ein Toskaner öffnet die Tür und tritt herein: verlegenes Schweigen empfängt ihn, stumme Unruhe schleicht sich ein, wo eben noch Frohsinn und Vertraulichkeit herrschten. Es genügt das Erscheinen eines Toskaners, um ein Fest, einen Ball, ein Hochzeitsmahl in eine trübe, stumme, kalte Zeremonie zu verwandeln. Ein Begräbnis, an dem ein Toskaner teilnimmt, wird zu einem ironischen Ritus: die Blumen beginnen übel zu riechen, die Tränen trocknen auf den Wangen, die Trauergewänder wechseln die Farbe, sogar der Schmerz der Anverwandten des Toten wirkt wie Hohn und Spott. Es genügt, daß sich im Publikum ein Toskaner mit seinem unmerklichen Lächeln um die Mundwinkel befindet, und augenblicklich verwirrt sich der Redner, das Wort zerrinnt ihm im Munde, die Geste gefriert noch halb in der Luft. Ein General spricht zu seinen Soldaten von Ruhm, von Heldentod, vom »untrennbaren Wohl von König und Vaterland«. Wenn unter den Soldaten dort hinten in der letzten Reihe ein Toskaner steht und ihn anblickt, beginnt der General sofort zu stottern, stößt den Degen zurück in die Scheide, rollt die Fahne ein und geht von hinnen. Hier muß gesagt werden, daß die Italiener Schlachten nur dank dem ironischen Lächeln dieses toskanischen Soldaten, dort hinten in der letzten Reihe, gewinnen. Wenn dieses Lächeln nicht zugegen ist und die Generäle auf Trab bringt, geschieht, was geschehen muß. Und wieviel Jammer wäre uns erspart geblieben, wenn Mussolini, statt vom Balkon des römischen Palazzo Venezia, von der Terrasse des Florentiner Palazzo Vecchio gesprochen hätte!

Argwohn und Feindschaft der anderen Völker, Italiener wie Fremde, bedeuten uns zweifellos eine Ehre, sind sie doch offenkundig Zeichen von Achtung und Respekt. In einer Zeit wie dieser, einem Zeitalter der Heuchelei, der Rückgratlosigkeit und Willfährigkeit auf allen Gebieten, ist es stets eine Ehre, für den einzelnen wie für ein Volk, gefürchtet und befehdet zu werden. Es gibt Menschen und Völker, die darunter leiden, daß sie nicht geliebt werden: es sind jene, deren Natur weibisch ist. Aber ein kräftiges, vorurteilsloses, kühnes Volk wie das toskanische, dem niemals jemand zugetan war und das seit Jahrhunderten an anderer Neid und Argwohn gewöhnt ist, sollte darunter leiden? Und weshalb? Alles sind wir, wir Toskaner, nur nicht weibisch. Und daß die andern uns nicht wohlwollen, uns mißtrauen, Eifersucht und Furcht vor unserer besonderen Art der Intelligenz empfinden, vor unserer Art und Weise, den Nächsten anzuschauen und kühl über ihn zu lachen, wo ein anderer, der nicht Toskaner ist, weinen würde, kurz, daß alle gegenüber dem, was sie unzutreffend unsern Zynismus, unsere Gefühllosigkeit, unsere höfliche Anmaßung nennen, argwöhnisches Mißtrauen empfinden, ist uns fast eine Freude. Ja, um ehrlich zu sein, würde ich sagen, daß wir das genießen.

Aber was wir noch mehr genießen, das ist, zu sehen, wie alle, Italiener wie Fremde, sich über die Verachtung wundern, mit der wir ihnen ihren Argwohn und ihre Feindseligkeit heimzahlen. Die keine zufällig entstandene, weder aus Rache oder Eitelkeit noch aus Stolz geborene Verachtung ist: sondern eine aufrichtige, zornige, fröhliche, wohlüberlegte und uralte Verachtung. Und es genügt, einem Toskaner beim Gehen zuzuschauen, um zu begreifen, aus welchem Stoff seine Verachtung gemacht ist.

Schaut euch an, wie ein Toskaner geht. Er geht mit aufrechtem Kopf, die Brust heraus, mit straffem Gesäß. Er bewegt sich schnell, blickt geradeaus vor sich hin, mit jenem Lächeln auf den Lippen, das wie gemalt wirkt, so echt scheint es. Man möchte sagen, daß er nichts sieht und nichts bemerkt: wie ein Mann, der sich um seine Dinge kümmert und sich nicht mit denen der anderen befaßt. Und doch, wenn er so aufrechten Kopfes dahingeht, die Augen starr vor sich hin gerichtet, sieht und bemerkt er alles, nie geschieht es ihm, daß er schaut, ohne zu sehen, denn der Toskaner sieht auch, wenn er nicht hinschaut. Er lächelt nicht aus dankbarer, liebenswürdiger Gemütsverfassung oder aus hochmütigem Mitgefühl heraus: sondern aus Bosheit, ja, ich würde sagen, aus Geringschätzung. Der wesentliche Grundzug seines Charakters ist nämlich dieser, daß er geringschätzig ist; was aus seiner tiefen Verachtung für Dinge und Umstände der Menschen entspringt, der anderen Menschen, versteht sich.

Zu sich selbst hat der Toskaner Vertrauen, wenn auch ohne Stolz, aber zu den Menschen, zu der Pflanze Mensch, nicht. Im Grunde, glaube ich, verachtet er das Menschengeschlecht, alle menschlichen Wesen, männliche wie weibliche. Und nicht wegen ihrer Bösartigkeit und Schlechtigkeit – der Toskaner fürchtet sich nicht vor dem Schlechten – sondern wegen ihrer Dummheit. Gegen die Dummen empfindet der Toskaner Abscheu, denn nie weiß man, was aus einem Dummen alles herauskommen kann. Schau, sage ich, wie der Toskaner geht, und du wirst bemerken, daß er geht, als kümmere er sich immer nur um seine Dinge, als Mensch, der aus uralter Erfahrung weiß, daß das Abscheulichste auf der Welt, und das Hinterhältigste, die Intelligenz ist.

Daß alle Italiener intelligent sind, daß aber die Toskaner bei weitem intelligenter sind als alle anderen Italiener, ist etwas, was alle wissen, was aber nur wenige zugeben wollen. Ich weiß nicht, ob aus Eifersucht oder aus Unverstand dessen, was eigentlich Intelligenz ist: welche nicht Schlauheit bedeutet, wie man gemeinhin in Italien glaubt, sondern eine Art, mit dem Geist die Dinge zu umfassen, sie zu begreifen also und sie zu durchdringen, während Schlauheit lediglich das bedeutet, was ein Augenzwinkern im Vergleich zum steten Blick ist. Und wer wird bestreiten, daß wir Toskaner mit den Augen des Geistes bis auf den Grund der Dinge zu dringen und uns drinnen umzusehen vermögen? Daß wir wie jene Insekten sind, die von den männlichen Blüten den Staub aufnehmen und ihn auf die weiblichen Blüten übertragen? Daß wir die Intelligenz wie Blütenstaub auf die Steine übertragen und daraus Kirchen und Paläste, männliche Türme und weibliche Stadtplätze entstehen lassen? Wer wird bestreiten, daß die Intelligenz in der Toskana zu Hause ist und daß selbst noch die Toren, die anderswo Toren bleiben, bei uns intelligent sind?

Diese Tatsache, daß wir intelligenter sind als die anderen, verzeiht uns niemand in Italien, ja sie wird uns wie ein Fehler des Charakters vorgeworfen. In den Augen der anderen soll unsere Intelligenz nichts als Unehrlichkeit sein, die sich trefflich zu unseren schlimmeren Fehlern gesellt, als da sind: die lose Zunge, Sparsamkeit, um nicht zu sagen Geiz, Grausamkeit, Falschheit, Neigung zum Verrat und einiges mehr. Fast als wären die anderen Italiener Stotterer, Verschwender, Unschuldslämmer, aufrichtig treu und redlich gleich dem Wein vom Winzer.

Verräter die Toskaner? Weshalb sprechen wir nicht sofort darüber, über diesen lustigen Vorwurf, da wir schon einmal unter uns sind und in Italien niemand außer uns – verzeiht mir, wenn ich lachen muß – Verräter ist?

Die Toskaner sind, wie sie sind, sind das, was sie sind, und wenn sie Feind sind, sind sie Feind für die Ewigkeit, und niemals ergeben sie sich, auch nicht, wenn du sie in der Tiefe ihres Herzens vom Gegenteil überzeugt hast. Aber wenn sie Freunde sind, dann sind sie Freunde, und die Welt kann einstürzen, ihre Freundschaft entziehen sie dir nicht. Man komme mir nicht mit der Behauptung, die Toskaner seien Verräter,

bloß weil sie, wenn sie gegeneinander Krieg führen, den Verrat als eine Waffe verwenden. Was ist er denn anderes als eine Waffe? Führen vielleicht nur die Toskaner, im Gegensatz zu allen anderen Völkern, Italienern wie Fremden, ihre Feinde hinters Licht? Die Feinde zu betrügen und zu verraten, ist gutes Kriegsrecht; ich weiß nicht, ob jemand behaupten kann, daß ein toter Feind besser sei als ein betrogener und verratener Feind, daß es besser sei, einen Feind totzuschlagen, als ihn mit List außer Gefecht zu setzen. Denn auch mir will scheinen, daß der übelste Verrat, den man einem Menschen antun kann, der ist, ihn umzubringen, sei es auch auf die redlichste Weise. Da braucht man gar nicht erst Machiavelli zu bemühen, um darzutun, daß, da es nun einmal das Schicksal des Menschen in dieser Welt ist, von seinen jeweiligen Feinden entweder betrogen oder umgebracht zu werden, es besser ist, ihn zu betrügen und ihn totzuschlagen, und noch besser, ihn erst zu betrügen und dann totzuschlagen, und zwar so, daß der Gute deutlich erfährt, von einem Feind betrogen und getötet worden zu sein und nicht von einem Freund, welcher ihn entweder umbringen würde, ohne ihn zu verraten, oder ihn erst umbringen und dann ihn verraten würde. Das ist der Lauf der Welt, und bestimmt ist es nicht Schuld der Toskaner, wenn es so ist und nicht anders. (. . .)

Um die Auffassung der Toskaner zu bestätigen, daß Intelligenz und Freiheit dasselbe bedeuten, sollte eigentlich die Natur der Knechtschaft genügen, die ja nicht nur ein Leben unter der Knute ist, sondern auch ein Leben in Unterwürfigkeit vor verfehlten oder tölpelhaften Ideen oder von albernem Aberglauben und bigotter Heuchelei. In der Toskana ist der Knutenbaum immer nur schlecht gediehen, unter tausenderlei Mühsal; er schien, und scheint, ein Gewächs, das mit Spucke bewässert wird. Weihwedelschwinger und jedwede andere Sorte von Bigotten und Scheinheiligen fehlen auch in der Toskana nicht, um gerecht zu sein; doch hier sind sie Wesen, die merkwürdigen Verbindungen entstammen, hämischen Blutsmischungen, und sind eher Kinder von Kreuzungen als des Kreuzes.

Es sind jene besonderen Toskaner, die bei uns »barlacci«, muffig, genannt werden, was, falls es einer nicht kennt, vom Ei gesagt wird, das noch nicht gerade faul ist, aber beinahe. Deshalb nimmt es nicht wunder, daß man in der Toskana, wo Diebe und Mörder in weniger schlechtem Ansehen stehen als Wedelschwinger, faule Eier den modrigen vorzieht, aus der Erfahrung heraus, daß alles, was es Übles unter uns gibt, aus muffigen Eiern entsteht.

Oh, Umsicht unserer Väter, oh, lebhafte Intelligenz, oh, aufrechter, stolzer Sinn der alten Toskaner, die in ihrem Haus weder Tyrannen nach Wedelschwinger duldeten und, wenn es die Freiheit zu schützen galt, sich nicht lange bedachten und eilends in Santa Reparata ihren Dolch zückten, auf der Piazza della Signoria den Savonarola verbrannten, dem Papste drohten, der doch selbst Florentiner war, sie würden ihm, wenn er nach Florenz käme, die Eingeweide in die Hand zu fassen geben, was zwar eine liebenswerte Redewendung ist, jedoch dem Papste nicht gefiel, nicht weil es eine vulgäre Redensart sei, sondern weil der Papst wußte, daß die Florentiner es ernst meinten. Oh, bewundernswerte toskanische Frechheit, wie teuer du mir bist! Und wie klingst du züchtig, bescheiden, edel und gottesfürchtig, im Munde all derer von uns, die sich den einstigen Sinn der klaren, gesunden, keuschen Worte erhalten haben, die aus Scheu erröten machen. unsere Schuld ist es nicht, wenn sie in den anderen Sprachen Italiens vor Scham rot werden lassen.

Was liegt daran, wenn jene, die uns übelwollen, Italiener wie Fremde, und die vor Wut und Neid umkommen, sobald wir nur den Mund öffnen, diese unsere alte, wundervolle, unverblümte Freiheit für eine Angelegenheit von Lümmeln, Marktschreiern, Kuttelhändlern, Lohgerbern und Faulenzern erachten? Eine hohe Tugend der Toskaner ist diese unverblümte Art. Du findest sie nicht nur im Munde von Lümmeln und Liederjahnen, sondern auch im Munde eines Dante und eines Boccaccio, eines Sacchetti, eines Lorenzo Magnifico, eines Machiavelli und eines Fazio degli Uberti, eines Cecco Angiolieri, eines Folgore da San Gimignano, um von Berni, Burchiello, Aretino und Lasca zu schweigen. Sogar im Munde des heiligen Bernardino da Siena findest du sie, diese Tugend der Toskaner.

Gedankt sei den Lümmeln und Kuttelhändlern, den Marktschreiern, Lohgerbern und Faulenzern, und Dante und dem Magnifico und dem heiligen Bernardino und den anderen

Toskanern allen gleich ihnen dafür, daß es auch in den Unheilszeiten der allgemeinen Freiheit und Buhlerei in Italien, als noch nicht einmal Sprechen sondern bloßes Mundbewegen große Gefahr bedeutete, beherzte und aufrechte Leute gab, die mit offenem Munde sprachen und getrost auf der Straße Päpste, Könige und Kaiser dumme Luder hießen, »bischeri« in unserer Sprache, und keine Angst vor der Hölle hatten: etwas Seltenes und Wunderbares in einem Italien, wo alle ihre persönliche Feigheit mit Furcht vor der Hölle rechtfertigen.

Es mußten erst die Piemontesen Cavours kommen, die Liberalen mit Frackschoß, und die Mailänder der Zeitschrift »Caffè«, und die Wedelschwinger, die kindischen Alten, die Gepuderten, die Heuchler ganz Italiens, um vor dem unverblümten Freimut der Toskaner die Nase zu rümpfen. Glaubt man diesen »Italienern«, so war das wahre Italien nicht das gesunde, aufrechte, volkstümlich schlichte, das »'Joboia«, Gott zum Henker, sagt, sondern das andere, gezierte mit schmalem Mündchen, weißen Händchen, krausen Näschen, sanft gleitender Stimme, das »permio«, bei meinem ... sagt, das Italien Manzonis, mit einem Wort. Wer weiß, was aus Italien in den Händen jener Herren geworden wäre, wenn nicht die Toskaner die alte edle Tradition eines volkhaft schlichten, frechen und unverblümten, fröhlichen und unverschämten Italien bewahrt hätten, das auch heute noch das einzige achtungswerte Italien ist, wenigstens in den Augen der Toskaner, die sich auf gewisse Dinge besser verstehen als alle anderen Italiener.

So ist es ein großes Glück für alle in Italien, daß die Toskaner intelligente und somit freie Menschen sind. Und ein noch größeres Glück wäre es, wenn es in Italien mehr Toskaner und weniger Italiener gäbe. Denn Italien benötigt Leute, die ihm Ehre machen; so wie ihm die Toskaner Ehre machen allein durch den Umstand, daß sie intelligent und frei sind, und deshalb, da sie mitten in Italien, am Stützpunkt der Waage, sitzen, ein Gegengewicht gegen die beiden an Intelligenz und Freiheit armen Teile bilden, in die Italien geteilt ist.

HARALD KELLER
DEM TOSKANER IST EIN NATÜRLICHES VERHÄLTNIS ZUR KUNST IN DIE WIEGE GELEGT WORDEN

1960

Dem Toskaner ist ein natürliches Verhältnis zur Kunst in die Wiege gelegt worden. Nicht nur, daß hier mehr große Künstler aufgewachsen sind als in irgendeiner anderen Landschaft Europas, auch für den nichtschöpferischen Menschen bedeutet hier die Kunst ein Lebenselement. Hier sind die ersten Kunstliebhaber, die ersten Kunstkenner, die ersten Sammler, die ersten Kunstschriftsteller und die ersten Kunstakademien zu Hause. Der geistliche Literat Ristoro d'Arezzo, der 1282 schrieb, erzählt, wie man bei Erdaushebungen in und um seine Vaterstadt Reste von aretinischen Vasen ausgegraben habe. »Ihre Ornamente von Pflanzen und Tieren waren so vorzüglich, daß die Kenner vor Vergnügen außer sich gerieten . . . Von diesen Vasen gelangte eine fast zur Hälfte erhaltene Schale in meinen Besitz, an der so ausgezeichnete und natürliche Figuren waren, daß die Kenner, die sie sahen, vor Entzücken fast närrisch wurden . . . Wenn dergleichen Scherben in die Hände von Bildhauern, Zeichnern oder anderen Kunstverständigen kamen, so bewahrten sie sie fast wie Heiligtümer auf, da sie baß erstaunten, daß die Menschenhand zu einer solchen Vollendung in der Kunst gelangen könne. Und sie sagten: ›Jene Künstler waren göttergleich, oder es müssen diese Vasen vom Himmel gefallen sein‹, da sie nicht ersinnen konnten, wie sie in ihren Farben, ihren Formen und ihrem sonstigen Kunstwerte zustande gekommen sein sollten.« Savonarola klagt 1492 in Florenz fast mit denselben Worten: »Über ein gutes Gemälde sind die Leute oft so entzückt, daß sie bei seiner

Betrachtung zuweilen ganz außer sich geraten und fast sich selbst vergessen.«

Als Duccios Hauptwerk, die Maestà, vollendet war und auf dem Hochaltar des Doms aufgestellt werden sollte, da wurde dieser 8. Juni 1310 zu einem Freudenfest für die ganze Stadt Siena. »An dem Tage, an dem man sie in den Dom trug, waren die Arbeitsstätten geschlossen und der Bischof befahl, daß in Begleitung der Tafel eine große und fromme Schar von Priestern und Mönchen in feierlicher Prozession gehen sollte und begleitet von den Neun Herren des Magistrats und allen städtischen Beamten und der gesamten Bevölkerung, und alle Hand in Hand, und die Würdigsten schritten zu beiden Seiten der Tafel mit brennenden Kerzen in der Hand, und hinter der Tafel folgten die Frauen und die Jugend in großer Frömmigkeit: und sie begleiteten die Tafel bis zum Dom, indem sie den Domplatz in Prozession umschritten, wie das so Brauch ist, und dazu erklangen alle Glocken zum Ruhm und zur Verehrung eines so vornehmen Tafelbildes, wie es dieses ist.« Die Rechnungen für die Musikanten, Trompeter und Kastagnettenschläger haben sich erhalten. Diese Verehrung gilt nicht allein der Gottesmutter, auch nicht etwa einer alten Ikone, die, geschwärzt vom Rauche der Kerzen, schon vielen Generationen ehrwürdig gewesen wäre. Sie schließt vielmehr auch das Kunstwerk als solches ein, das, soeben vollendet, die Werkstatt seines Schöpfers verläßt.

In Florenz ist der leidenschaftliche Anteil, den der einzelne Bürger an Kunstsachen nimmt, womöglich noch größer als in Arezzo oder Siena. Eine besondere florentinische Eigentümlichkeit sind die öffentlichen Wettbewerbe, die hier vor der Vergebung eines öffentlichen Auftrags ausgeschrieben werden, und an denen sich jedermann beteiligen kann, während andernorts die Kunstwerke zumeist bei bestimmten Künstlern fest bestellt werden. Diese Sitte kommt nicht etwa erst mit der modern anmutenden Schätzung des concetto auf, die sich seit dem letzten Viertel des Quattrocento beobachten läßt, sondern wurde bereits das ganze Spätmittelalter hindurch geübt. Dadurch war einerseits der Beteiligung von Dilettanten bei den Wettbewerben Tür und Tor geöffnet, andererseits der öffentlichen Meinung bei der Beurteilung der eingereichten Arbeiten ein weites Feld eingeräumt. Wer florentinische Künstler-Urkunden gelesen hat, weiß, welch auffallend breiten Raum in diesen Notariats-Instrumenten die Stellen einnehmen, welche von der Billigung des Entwurfs durch die öffentliche Meinung handeln. Als während der Kämpfe um die Gestaltung der Ostpartie des Florentiner Doms 1367 von einigen Außenseitern ein Projekt vorgelegt wird, das den Plänen des beamteten Dombaumeisters in wesentlichen Punkten widerspricht, wird ein Ziegelstein-Modell im Maßstabe 1 : 10 nach dem Gegenvorschlag dieser Meister und Maler für Vierungspfeiler und Kuppelraum aufgemauert. »Diese ›chiesicciula‹ wird am 25. Oktober 1367 zur Besichtigung freigegeben. An diesem Tage und dem folgenden zieht die gesamte Prominenz der Stadt an dem Modell vorbei. Die Akten verzeichnen 354 Namen, darunter Mitglieder aller großen Familien der Florentiner Geschichte, der Bardi, Peruzzi, Medici, der Albizi, Strozzi, Corsini, Portinari, Davanzati, Giucciardini, auch ein Machiavelli wird genannt.« (W. Braunfels) Am 19. November hat man den Volksentscheid noch einmal feierlich bestätigt.

Als man 1498 für den Hochaltar des Doms ein Marmor-Tabernakel für das Allerheiligste beschaffen wollte, wurde zunächst ein hölzernes Modell auf dem Altare aufgestellt, um zu erproben, ob es dem Volke gefiele (ad ostendendum utrum placeat populo). Bei der Konkurrenz für die Vollendung der Domfassade von 1490 saßen neben den bekanntesten Künstlern, die Florenz damals aufzuweisen hatte, auch mehrere Schreiner, ein paar Goldschmiede, ein Maurermeister, ein Steinmetz, ein Schmied, ein Herold der Kommune und ein Stadtpfeifer in der Kommission. Die Beratungen über die

Aufstellung von Michelangelos David, der ursprünglich für einen Pfeiler über dem Traufgesims einer der Chortribünen des Doms bestimmt war und der dem kirchlichen Bereiche erst entzogen wurde, als sich die Größe des künstlerischen Wurfs offenbarte, haben 1504 eine Kommission zusammengeführt, die in ihrer Zusammensetzung der von 1490 für den Fassaden-Wettbewerb ähnlich war. Teilweise saßen dieselben Künstler darin, Juweliere, Goldschmiede, ein Miniaturmaler, ein Schreiner, ein Teppichwirker, wieder der Stadtpfeifer, die beiden Araldi der Kommune und daneben fast alle bekannten großen Maler, dazu die Architekten Giuliano und Antonio da Sangallo d. Ä. und Leonardo da Vinci.

Noch eine zweite Eigentümlichkeit der florentinischen Kunstpflege läßt deutlich werden, wie hier alle Kreise am künstlerischen Leben Anteil nehmen. Die Sorge für die Errichtung und später für die Pflege, Instandhaltung und Ausschmückung der größten kirchlichen Bauwerke wird von der

Kommune in die Hände der einzelnen Zünfte gelegt. Diese Sitte bestand in keiner andern Stadt Italiens. Aber in Florenz hat sich diese Einrichtung glänzend bewährt. Für einzelne Bauwerke läßt sich diese Gepflogenheit erstaunlich weit zurück verfolgen, bis in das Hochmittelalter hinein. Bereits für das Jahr 1150 ist die Oberaufsicht der Calimala, der Kaufmannszunft, für das Baptisterium wahrscheinlich gemacht und für 1182 gesichert. In einer Urkunde von 1228 wird bestätigt, daß diese Zunft »von Anfang her« auch für die Ausbesserung, Erhaltung und Ausschmückung von S. Miniato verantwortlich war. Also kommt man hier ebenfalls mindestens in die zweite Hälfte des 12. Jahrhunderts zurück. Am Baptisterium finanzierte die Calimala die Aufträge für die drei Bronzetüren. Die Kommission, welche die Zunft eingesetzt hatte, bestand nicht aus Gevatter Schneidern und Handschuhmachern, vielmehr waren sich die edelsten Namen von Florenz nicht zu gut, hier als ›Provveditori‹ die Baugelder zu verwalten: Niccolò da Uzzano, Matteo und Filippo Villani, Palla Strozzi. Auf der Spitze des Giebels der romanischen Fassade von S. Miniato ließ die Zunft 1401 ihr Wappen, den Adler über dem Warenballen, als Bronzegruppe aufstellen. Auch die Privatleute, denen im Inneren solcher Kirchen Kapellen zu Bestattungszwecken überlassen wurden, blieben bei deren künstlerischer Ausschmückung immer an die Zustimmung der Operai der Zunft zu den eingereichten Entwürfen gebunden. Nachdem die Stadtverwaltung schon 1361 der Calimala über ihre bisherigen Verpflichtungen hinaus noch die Fürsorge für Sa. Croce anempfohlen hatte, wird die Zunft dann 1441 auch mit der Verwaltung der Opera dieser Bettelordenskirche betraut. Dazu kommt die Verwaltung des Leprosenhauses von S. Eusebio und die Überwachung der Ausführung von testamentarischen Vermächtnissen für alle möglichen Kirchen.

Die bedeutsamste Rolle von allen florentinischen Zünften spielte für das Gemeinwesen die Arte della Lana, die Wollwirkerzunft, die das Gotteslamm im Wappen führte, das über allen Domportalen steht. Denn die Weiterführung und Vollendung des gewaltigen Dombaues, der nach der kurzen Phase des Baubeginns 1296–1302 schon wieder ins Stocken geraten war, ist seit 1331 der Ruhm der Arte della Lana. Zunächst stellte die Zunft bei Übernahme ihrer Verpflichtung die Verwaltung der Dombauhütte auf eine ganz neue finanzielle Basis, und während von 1302 bis 1330 die Baugelder immer wieder versiegt waren, erweisen sich nun die Provveditori der Arte della Lana als so kluge Rechner, daß wir in den folgenden beiden Jahrhunderten von keiner finanziellen Krise in der Opera mehr hören. Die Arte della Seta errichtet auf Veranlassung der Stadtbehörden seit 1419 das Findelhaus, den ersten Profanbau der Frührenaissance nach den Plänen Brunellescos. Nach der Vollendung des Baukomplexes bleibt der Zunft die Verwaltung des ganzen Anstaltsbetriebes. 1427 übernahm die Seidenzunft dann auch noch die Fürsorge für das Kloster S. Marco. Die Arte del Cambio, die Wechslerzunft, hatte seit 1389 das Protektorat über das Hospital an der Piazza S. Marco inne (die heutige Kunstakademie) samt der zugehörigen Spitalkirche S. Matteo. Alle Zünfte wirken zusammen bei der Errichtung der Pfeilerstatuen an Orsanmichele. Der Beschluß zu diesem Gemeinschaftsunternehmen ging schon auf das Jahr 1340 zurück, aber erst das erste Jahrzehnt des Quattrocento ging mit Ernst an die Verwirklichung heran. Bis 1416 haben sieben Zünfte hier ihre Schutzpatrone in die Nischen gestellt: die Steinmetzen und Schreiner, die Strumpfwirker, die Hufschmiede, die Metzger, die Leineweber und die Harnischmacher. Zwischen 1416 und 1426 sind dann noch die Kaufleute, die Kürschner, die Parte Guelfa (keine Zunft im eigentlichen Sinne), die Wechsler und die Wollwirker gefolgt. Nur die zahlungsunfähigen Bäcker schlossen sich aus.

Für Siena sind – wenn auch in geringerem Ausmaße – ebenfalls Organe staatlich geleiteter Kunstpflege bezeugt. Hier ist eine städtische Verschönerungskommission (die Uffiziali dell'Ornato) nachzuweisen, deren behutsames und verständnisvolles Walten sich seit dem Jahre 1359 verfolgen läßt.

Aber die Kunstsachen bewegten nicht nur die Kommissionen der Fachleute, sie hielten die ganze öffentliche Meinung in Atem. Als Leonardo da Vinci 1501 in Florenz seinen Karton mit der hl. Anna Selbdritt ausstellte, erwies sich, »daß nicht nur die Künstler sich zur Bewunderung bewogen fühlten, sondern man sah, als er fertig war, zwei Tage lang Männer und Frauen, Jung und Alt wie zu einem glänzenden Feste nach dem Zimmer wallfahrten, um das Wunderwerk Leonardos zu betrachten, das das ganze Volk in Erstaunen setzte«. Als Baccio d' Agnolo beim Neubau des Pal. Bartolini in Florenz (1517) zuerst übergiebelte Fenster an der Fassade einführte, die man bisher nur an Kirchenfronten zu sehen gewohnt war, da regnete es Spottreden, ironische Sonette, und die Fenster wurden mit grünen Zweigen gekränzt, wie man das an Festen bei Kirchenfassaden gewohnt war. Der arme Baccio war »per uscir di cervello«. Nachdem Florenz ein absoluter Staat geworden war, hat sich darin gar nichts geändert. Als der Perseus des Benvenuto Cellini beinahe vollendet war, schlägt Herzog Cosimo dem Künstler vor, die Statue für einen halben Tag bei geöffneten Türen auszustellen, »damit man sehen könne, was das Volk sagt« (per vedere quel che ne dice il popolo). Erst dann solle man der Statue die letzte Vollendung geben. Widerstrebend fügt sich Cellini dem Willen des Herzogs. Am Tage, da der Perseus öffentlich zur Schau gestellt ist, werden gleich über zwanzig Sonette an der Ateliertüre angeschlagen. Auch als die Statue dann wieder unzugänglich ist, hält der Regen von griechischen und lateinischen Versen an, denn die Pisaner Universität hat gerade Ferien und den daheim weilenden Florentiner Studenten gab es den angenehmsten Zeitvertreib, ihre poetische Schulung glänzen zu lassen. Aber auch berühmte Künstler wie Pontormo und Bronzino heften ihre Huldigungsverse an die Ateliertüre. Auf diese Weise entsteht ein Fluidum zwischen Künstlern und Auftraggebern, das echt toskanisch ist. Hier zuerst erkennen die Lenker des staatlichen Lebens die geistige Ebenbürtigkeit der Künstler an, weil sie selbst Künstler sind. Lorenzo Magnifico machte dem Giuliano da Majano ein Modell für das Lustschloß Poggio Reale bei Neapel und Don Giovanni de' Medici war ein Architektur-Dilettant aus der zweiten Hälfte des 16. Jahrhunderts, dessen Modell für die erneute Konkurrenz der Domfassade von 1587 uns erhalten ist. Fast alle Beziehungen zwischen den Mediceern und den Künstlern ihres Kreises tragen einen familiären Zug. Michelozzo hat Cosimo Medici 1434 in die Verbannung nach Venedig begleitet. Seine beiden Söhne werden nach der Rückkehr im Pal. Medici mit aufgezogen, der eine wird Bischof, der andere ist als Jurist und Diplomat der Berater Lorenzos. Auch der Vater der beiden älteren Sangalli, der Architekt Francesco Giamberti, war schon für Cosimo Medici tätig gewesen. Die beiden Söhne, Giuliano und Antonio d. Ä., sind dem Lorenzo Magnifico nahegetreten. Antonio hat den Giulio de'Medici aus der Taufe gehoben und dieser, der spätere Papst Clemens VII., hat die ersten sieben Jahre seines Lebens im Hause des Antonio zugebracht. Das Freundschaftsverhältnis zwischen Cosimo d. Ä. und Donatello ist bekannt genug. Lorenzo Medici nahm den fünfzehnjährigen Michelangelo als Familiaris in sein Haus auf, gab ihm ein Zimmer und einen Platz an seiner Tafel. Kein Künstler aber hat Lorenzo näher gestanden als der Bronzebildner Bertoldo, der ebenfalls im Pal. Medici seine Kammer hatte, der seinen Herrn ins Moorbad begleitet, der in seiner Todeskrankheit von Lorenzos Leibarzt behandelt wird und auf der Mediceer-Villa Poggio a Cajano stirbt. Auch die Umwandlung der Republik in ein absolutes Fürstentum, an dem die spanische Etikette herrscht, hat den familiären Ton zwischen Herrscher und Künstler nicht ersticken können. Florenz ist so klein, daß jeder jeden kennt. Abends, wenn er die Arbeit in der eigenen Werkstatt beiseite gelegt hat, geht Benvenuto Cellini noch in die Guardaroba des Herzogs. Da hilft er dann etwa zwei jungen Goldschmieden bei der Arbeit und unterweist sie. Jeden Abend kommt dann der Herzog Cosimo herein, schaut der Arbeit zu, erkundigt sich nach technischen Einzelheiten und diskutiert mit dem Goldschmied (»Il Duca ne pigliava piacere, si del veder lavorare come del confabular meco«). Hier modelliert Cellini auch seine Büste des Fürsten. Ja, der Künstler darf es wagen, Cosimo in der Via de' Servi anzusprechen und aufzuhalten.

In Rom ist alle Kunst Hofkunst gewesen, und erst im Barock hat Pasquino sein Sprüchlein dazu gesagt. Aber der Auftraggeber-Kreis hat hier über die großen Familien der päpstlichen Aristokratie niemals hinausgereicht. Im oligarchischen Venedig bleibt alle künstlerische Betätigung an die Kasten gebunden, zu denen die großen Bruderschaften durchaus zählen. Lediglich die Baugeschichte von S. Petronio in Bologna kennt eine Anteilnahme der öffentlichen Meinung, die an die Atmosphäre der Toskana erinnert. Diese Atmosphäre vermißte Donatello in Padua so sehr, daß er ihr Fehlen als den Grund seiner Rückkehr nach Florenz vorschützte: »Verbliebe er länger in Padua – sagte er – so würde das viele Lob, was man ihm zollte, Ursache sein, ihn alles vergessen zu machen, was er wisse; er wolle gern wieder in seine Vaterstadt gehen, um sich dort überall tadeln zu lassen, dieser Tadel sei Veranlassung zum Studium und daher zu größerem Ruhm.« Vasari, der diese Anekdote überliefert, kommt noch einmal in der Vita des Perugino ausführlich auf dieses florentinische Fluidum zu sprechen. Die Künstler würden in dieser Stadt angespornt »zuerst vom Tadel, der in vielfacher Weise von einer großen Zahl Menschen vorgebracht wird, weil die Luft hier freie Geister von Natur aus erzeugt (. . . »per far quell' aria gli ingegni liberi di natura . . .«), die sich im allgemeinen nicht an mittelmäßigen Werken begnügen«. Er spricht dann von der unerbittlichen

Konkurrenz, daß man, um hier leben zu können, fleißig sein müsse und jeden Augenblick gezwungen sei, Verstand und Urteil anzuwenden und in seinem Tun schlau und schnell zu sein. Man betrachte hier die Menschen nur als seinesgleichen, die man eigentlich als seine Meister anerkennen müsse. Ja, das Überangebot künstlerischer Kräfte, das einen dauernden angespannten Wettstreit hervorruft und die Menschen schnell verbraucht, entlockt Vasari den bitteren Satz: »Die Stadt Florenz handelt an ihren Künstlern wie die Zeit mit dem, was ihr angehört; was sie bildet, zerstört sie wieder oder verbraucht es allmählich.« Darum rät Vasari den Künstlern, wer in Florenz genug gelernt habe, und wer hier nicht Tag für Tag wie ein Tier leben wolle, der solle es wie die Humanisten mit ihrer Wissenschaft machen und Florenz verlassen, um an anderen Orten seine florentinische Schulung und die florentinische Qualität seiner Werke in Gold umzumünzen. Er selbst hat freilich nicht nach diesem Ratschlag gehandelt.

Kein Zweifel, die florentinische Luft war scharf. Wie schnell hat der florentinische Witz dem Kunstwerk einen Spottnamen angeheftet. Eine von Donatellos Nischenfiguren am Campanile hieß schon früh Zuccone, Dummkopf, die unglückliche Ammanati-Brunnenfigur auf der Piazza wurde zum Biancone. Michelangelo nannte die Galerie, welche den Fuß der Florentiner Domkuppel außen umziehen sollte und die man probeweise an einer Oktogonseite angebracht hatte, bissig einen Grillenkäfig, worauf zwar die weitere Ausführung unterblieb, aber der Spottname blieb auch.

Nicht nur das Kunstwerk, auch sein Schöpfer hat in der Toskana ein größeres Lebensrecht als anderswo. Der Typus des feinnervigen, am Leben leidenden Künstlers, der sein Werk mit seinem Herzblut zahlen muß und der heute überall in Europa beheimatet ist, ging aus der Toskana hervor und gehört ihr im ausgehenden Mittelalter und der Früh- und Hochrenaissance noch allein an. Das älteste Beispiel stammt aus Pisa. Als

Giovanni Pisano 1310 die Pisaner Domkanzel vollendet hatte, setzte er auf das Gesims über dem Zwischengeschoß unter den Brüstungsreliefs eine rings umlaufende Inschrift, in der sich zum ersten Male im ganzen Mittelalter der Schöpfer des Werks an den Beschauer wendet und ihm sein Herz ausschüttet. Zwischen Giovanni Pisano und dem wirtschaftlichen Leiter der Pisaner Dombauhütte, dem Operaio Burgundio di Tado, war es zu schweren Zerwürfnissen gekommen und der gequälte Künstler läßt nun sein Werk Zeugnis für sich ablegen. Indem er seine Klage und seine Rechtfertigung einem großen Kunstwerk in den Mund legt, erscheint er als Sieger über seinen Widersacher, dessen Namen längst vergessen sein wird, wenn das Werk des Künstlers noch dauert. »Ich habe mich nicht recht vorgesehen; während ich vieles gezeigt habe, habe ich viele Schläge und Unbilden erlitten. Aber wenn auch mit zaghaftem Herzen, trage ich diese Pein in stiller Duldung. Auf daß ich (das Denkmal) ihm die Mißgunst nehme und den

Schmerz lindere und Ruhm für ihn erflehe, bitte ich dich (o Beschauer), den Versen den Tau deiner Tränen hinzuzufügen.«

Der nächste Beleg kommt aus Siena. Als Jacopo della Quercia, der aus seiner Vaterstadt nach Bologna berufen worden war, um dort den plastischen Schmuck der Westfassade von S. Petronio zu schaffen, die Bologneser Arbeitsbedingungen für unerträglich hielt, floh er im März 1436 nach Parma und schickte von dort an die Vorstände der Bauhütte von S. Petronio einen Brief, aus dem das Leiden am Leben ebenso deutlich spricht wie aus den Versen des Giovanni Pisano hundertfünfundzwanzig Jahre früher. Nur ist an Stelle der Klage des gleichsam noch anonymen Meisters der Gotik jetzt ein bei aller Gequältheit stolzer und selbstbewußter Ton getreten. Aus diesem Schreiben spricht zum ersten Male die moderne Künstlerpersönlichkeit, die weiß, was sie wert ist: ». . . es verhält sich wirklich an dem, daß ich von Bologna abgereist bin, . . . nicht um mich meiner Pflicht und dem Rechte durch die Flucht zu entziehen, sondern um frei zu sein und nicht festgesetzt zu werden, denn wer in Haft sitzt, wird weder angehört noch vernommen. Und deshalb seien Eure Reverenzen davon in Kenntnis gesetzt, daß ich bereit war und es noch bin, alle jene Dinge zu tun, zu welchen das Recht mich verpflichtet und verpflichtet hat. Denn niemals werde ich mich davon entfernen, die Gerechtigkeit und meine Ehre zu bewahren. Was sodann die Bedingungen betrifft und die Umstände, unter denen der Vertrag abgeschlossen worden ist, so werde ich das nicht im einzelnen wiederholen, das ist Euren Reverenzen schon bekannt – sie haben sich eben nicht durchführen lassen. Und deshalb fasse ich meinen Entschluß: daß, wenn Ihr von mir die Erfüllung meiner Pflicht wollt und daß ich mich einsetze, so werdet Ihr mich jetzt und wann immer Ihr wollt, bereit finden . . . Ich sage nicht mehr darüber . . . Ich bin hier und werde drei oder vier Tage auf Antwort von Euren Reverenzen warten. Wenn man mir nicht antwortet, werde ich mich auf den Weg nach Siena machen.«

Von den Florentiner Meistern hat Vasari schon den Paolo Uccello als wunderlich, einsiedlerisch und schwermütig geschildert; er habe wenig Umgang gehabt und habe sich seit Wochen und Monaten in seinem Hause eingeschlossen, ohne sich vor jemandem sehen zu lassen. Diese Züge finden sich dann gesteigert wieder in der Vita des Piero di Cosimo, der von Vasari als eine durch und durch romantische Natur gezeichnet wird. Er habe eher eine tierische als eine menschliche Existenz geführt. Er wollte nicht zulassen, daß seine Zimmer gesäubert wurden, er aß nicht zu den Stunden der Mahlzeit, sondern dann, wenn ihm gerade der Hunger kam, seinen Garten ließ er verwildern und an anormalen Bildungen in Tier- und Pflanzenwelt hatte er sein besonderes Entzücken. Das Weinen der Kinder und das Husten, Glockengeläute und Mönchsgesang waren ihm unleidlich. Platzregen, welche die Dächer ruinierten, machten ihm Freude, hingegen hatte er Angst vor Gewittern. Da schloß er Fensterläden und Zimmertür, hüllte sich in seinen Mantel und duckte sich in einer Ecke der Kammer zusammen, bis das Unwetter vorüber war. Dabei war er witzig und hatte zuweilen die Lacher auf seiner Seite.

Alle diese Künstler sind Florentiner, Sienesen, Pisaner. Außerhalb der Toskana hat sich die Erscheinung des Künstlers während der Renaissance in ihrem Wesen von dem Tun und Denken des Durchschnittsmenschen nicht so stark abgehoben und sich in den bestehenden sozialen Rahmen unauffälliger eingefügt. Man wende nicht ein, die problematischen Naturen seien nur deshalb allein für die Toskana und besonders für Florenz bezeugt, weil die Künstleranekdote und die Kunstgeschichtsschreibung eben auf florentinischem Boden erwachsen seien. Es ist richtig, daß Vasari für nicht-florentinische Künstler zuweilen eine parteiische, ja unredliche Quelle ist. Seine Schilderung Peruginos, den wir gern für eine lyrische und sensible

Natur halten möchten, ist eher beißende Parodie als schlichter Bericht. Aber auch die venezianischen Maler waren weltberühmt, und das Bild ihrer Persönlichkeit ist nicht allein von Vasari überliefert. Dennoch ist die Ausbeute für die Künstleranekdote dort unvergleichlich geringer als in der Toskana.

Nur um das Leben solcher Künstler, wie sie seit dem Trecento in der Toskana erwuchsen, webt die Legende ihren Schein. So ist Florenz die Heimat der Künstleranekdote geworden, und diese hinwiederum ist der Boden, auf welchem die Kunstgeschichtsschreibung, die Künstlervita erwächst. Die Künstleranekdote ist ein Kind des Trecento, sie hängt sich an die größten Namen dieser Zeit, an Dante, Cimabue und Giotto; sie taucht keimhaft in den ältesten Dante-Kommentaren auf, ist in Boccaccios Decamerone mit einer recht harmlosen Fabel vertreten (VI,5) und liefert den Stoff für mehrere Novellen des Franco Sacchetti (gest. 1400). Bei Ghiberti, der sonst alles andere als ein Geschichtenerzähler ist, findet sich zuerst die Anekdote von dem Schäferknaben Giotto, der seine Tiere auf einen Stein zeichnet und dabei von dem des Weges kommenden Cimabue entdeckt wird. Aber im Trecento erzählen schon Boccaccio, Sacchetti und Benvenuto da Imola Giotto-Geschichtchen. Dieser Meister ist also schon frühe als eine Ausnahme-Erscheinung empfunden worden, der die bürgerlichen und zünftigen Gewohnheiten nicht mehr recht gemäß sind.

Die Künstleranekdote bedarf aber nicht nur als Vorwurf der eigenwilligen Schöpferpersönlichkeit, die anders als die andern ist. Sie kann nicht gedeihen, wenn sie nicht von einem Publikum weitergetragen wird, das den Sinn für Witz mit dem Organ für das Besondere und Sonderbare in einer Künstlernatur verbindet. Und dafür ist nirgends so frühe als in der Toskana das Verständnis erwacht.

Als Petrarca im Jubiläumsjahr 1350 durch seine Vaterstadt Arezzo kam, führten ihn einige Patrizier zu seinem Geburtshaus. Da vernahm und sah er dann mit Staunen, daß dem Hausbesitzer vom Magistrat verboten worden war, das Haus zu restaurieren oder zu vergrößern. Nichts durfte hier verändert werden, alles sollte so bleiben, wie es zur Zeit von Petrarcas Geburt gewesen war. In der Toskana werden also bereits um die Mitte des Trecento dem Künstler, dem Literaten, Ehrungen zuteil, die noch Jahrhunderte später anderswo kaum einem Herrscher widerfuhren. Dort, wo man die Atmosphäre eines Menschen durch die Erhaltung seiner Wohnräume und ihres Mobiliars einzufangen und zu verewigen suchte, mußten auch die ersten Künstlerbildnisse im modernen Sinne entstehen. So überliefern denn gerade die Petrarca-Bildnisse die erste unverwechselbare Künstler-Individualität, wie sie ›leibt und lebt‹. Auf dem Bildnis Petrarcas unter der Schar der Seligen im Weltgericht des Nardo di Cione in der Cappella Strozzi von Sa. Maria Novella in Florenz sind nicht nur die unterscheidenden Merkmale der Physiognomie sorgfältig beobachtet und festgehalten, sondern das Antlitz wird schon zum Spiegel des Wesens des Menschen. Gerade die Schattenseiten eines solchen auf dauernder Wanderschaft verbrachten Humanistenlebens prägen sich aus: Verzicht, Bitterkeit, zarteste Verletzlichkeit und Überwachheit, die sich als Folge eines lebenslangen unausgesetzten Reflektierens einstellen.

Wo man die Atmosphäre des Lebenden einzufangen versucht, da wird man auch die Grabstätte des Toten ehren. Im Jahre 1396 faßt die Kommune von Florenz den Beschluß, im Dom für Accorso, Dante, Petrarca, Boccaccio und Zanobi della Strada »hohe und prächtige, mit Marmorskulpturen u. a. Zieraten geschmückte Grabmäler zu errichten«. Wenn die Gebeine der zu Ehrenden nicht zu erhalten seien, so müßten bloße Kenotaphien angebracht werden. Obwohl zunächst nichts daraus wurde und auch der 1430 für Dante und Petrarca erneuerte Beschluß abermals vertagt wurde, so liegt hier doch der Ursprung, aus dem dann seit etwa 1490 die Ruhmeshalle von Sa. Croce, das Pantheon der großen Florentiner, erwachsen ist.

Die Toskana ist nicht groß. Wie bei den engen Wohnverhältnissen der mittelalterlichen Städte die Künstler in den ihrem Handwerk zugewiesenen Gewerbestraßen zusammenhockten und jeder sehen mußte, was der andere erdachte und erschuf, so ging es auch im Großen, und jeder neue Baugedanke und jede neue Bildkomposition wanderte durch die ganze Kunstlandschaft der Toskana. Der Dom von Pisa, wahrhaft der ›Schöpfungsbau‹ unter den toskanischen Kathedralen, hatte im 12. Jahrhundert als erster Dom eine Kuppel über der Vierung erhalten. Der in den zwanziger Jahren des 13. Jahrhunderts begonnene Dom von Siena übernahm diese Vierungskuppel wie auch andere Baugedanken von Pisa. Als Giovanni Pisano 1284-1299 diesem spätromanischen Sieneser Dom eine Fassade vorlegte, war es die erste Schauwand in Italien, an der ein großes bauplastisches Programm im Sinne der französischen Gotik verwirklicht wurde. Das ließ Florenz nicht ruhen. Bereits zwölf Jahre nach dem Beginn der Arbeiten an der Sieneser Domfassade legte man 1296 in Florenz den Grundstein zu dem neuen Mariendom, der von der politischen Rivalin Siena sowohl den Gedanken der Vierungskuppel wie den reichen Skulpturen-Zyklus an der Fassade übernahm.

RUDOLF BORCHARDT
PISA – WENN IRGENDWO, SO HIER LÄSST SICH AN EINEM NAMEN GESCHICHTE ABLESEN

1932

Der Name Pisa kommt im Mittelmeergebiet dreimal vor, dort wo Arno und Serchio, dort wo Alpheios und Kladeos, und dort wo zwei Mündungsarme des Ebro, oder eines andern spanischen Stromes, Aue bildeten. Aue oder Delta hat es in einer Ursprache verschollener Urvölker bedeutet, die lange vor der indoeuropäischen Landnahme Spanien, Italien, Griechenland besessen haben, deren Ortsnamen von ihren iberischen Nachfahren festgehalten, von einwandernden Italikern und Hellenen vorgefunden und teilweise durch Worte ihrer eigenen Sprachen ersetzt worden sind. So erhielt das elische Pisa, nach Erstarkung der Kulte des olympischen Orakel-Zeus, den Namen Olympia, während seine Landschaft nie aufgehört hat, die Pisatis zu heißen. So behielt nicht ohne tiefen Grund die älteste Mutterstadt Europas den iberisch-ligurischen Namen ihrer Erbauer fest auf den Lippen, und in den Herzen zäh haltender Nachgeschlechter: Pisaner, und keine Etrusker geworden, trotz der rasenischen Flut, Pisaner, und keine Italiker geworden, trotz der indoeuropäischen, keine Halbgermanen, trotz der langobardischen und fränkischen Einwanderung, – Pisaner geblieben und keine Toskaner geworden, trotz der leidenschaftlichen nationalen Werbungsstürme des guelfischen Jahrhunderts, ganz wie sie keine Römer geworden waren trotz Garnison, Prätorium, Zirkus und Reich. Wenn irgendwo so hier läßt sich an einem Namen Geschichte ablesen. Unverstanden und verhaßt, kein Verständnis suchend und brauchend und begehrend, auf die Jahrtausende gestützt, die seine Urzeitgröße, mit Phönikern und verschollenen Seefahrtsvölkern schiffsverknüpft, vor den Siebenhügelburgen der Tiberbauern und den Krämerbuden an der Fäsulaner Arnobrücke voraushat, kehrt Pisa Italien den Rücken zu, sucht mit sidonischen und karthagischen Gedanken ein Reich, das es mit sidonischem und karthagischem Tode bezahlt. Es trägt, wie Karthago zum Tode noch den Dichterfluch Lukrezens, so den berühmten Dantes, aber gleichmutig, zu seinen andern Kronen. Denn es hatte, ehe man seine Türme stürzte und seinen Hafen versandete, sich vor Göttern und Menschen so gewaltig ausgedrückt, daß selbst die Henkerin Korinths, geschweige die Florentiner Rachsucht, nicht mehr gewagt hätte, an das geheiligte Weichbild zu rühren.

Die Scholle der Pisaner Berge, teils junge Schiefer sekundärer und tertiärer Faltung wie der Apennin, teils alte Kalke, einst so meerumflossen wie die urgeschichtlich mit ihr zusammenhängenden Inseln der Capraia und Gorgona, Sardinien und Korsika, erhebt sich geschichtlich über einer nach Norden und Westen schmäleren, nach Süden und Osten landweiten Tafel von Schwemmland, dem Bodensatze von Jahrzehntausenden des Stromganges aus dem toskanischen Apennin. Zwei Riesengräben haben zu ihr beigetragen, Arnus und Ausar genannt. Aber der Arno, weit hinten im Lande das Hochgebirge verlassend, lag als breiter Sumpf in der Florentiner Mulde, aus der er, von neuen Zuflüssen belebter, schiffbar als gewaltiger Stadtgraben, längs der Urpisaner Mauer hervortrat, ehe er sich in ein wüstes Delta zertat – hinter sich geschichtslose Landschaft von Stillwassern und Zufluchtshügeln, Empoli, Fucecchio, Pontedera. Der Serchio stieß in Blickweite der Pisaner Bergwarten in einem wilden Erosionsgraben zwischen dem Apuanischen Urgestein und seinen jungen Vorfaltungen durch die Enge von Moriano in den schmalen Sund, zerschlug, nachdem er in Jahrtausenden ihn aufgefüllt und die Nordflanke des Pisaner Massivs verschlämmend ostwärts umgangen hatte, westwärts die dünne Hügelkette, mit der es an die Strandberge von Quiesa geknüpft ist, und brach durch den Riß (»Ripafratta«) verheerend in das Sumpfdelta des Arno ein. Er, nicht so sehr der Arno, war für Pisa der Feind und der Schrecken. Die Katastrophe des Flutenkampfes zweier Stromgeflechte im Mündungswillen war in die Ursage der Ligurer übergegangen und von da in die griechische Aufmerksamkeit. Gewaltige Kanalarbeit untergegangener Völker war geleistet worden, ehe die Mündung von Strom in Strom so sichergestellt war, daß die Stadt sich flach in den Winkel stellen konnte – eine Arbeit, die dann durch die Jahrhunderte nicht mehr abgelassen und in der ungeheueren Pisanertat der Serchioableitung in eigenes Mündungsbett gegipfelt hat: eine irrigerweise erst dem Frühmittelalter zugeschriebene, in Wahrheit noch spätantike Unternehmung, wie der nur lateinisch erklärbare Name des Stromes (Serchio = Au-sarclum) gegen den des alten Laufes, heutigen Kanales, Ozzeri = Ausarim, außer jedem Zweifel stellt.

Die Ströme waren nicht nur die Gefahr, sondern der Schutz und der Reichtum Urpisas, die Fahr- und Flößerstraße für die rohe Ausbeute der urwaldbedeckten Riesengebirge in seinem Rücken, Holz und immer wieder Holz, Pech und Häute, Wachs und Honig und den Marmor des ligurischen Olymps: der Apuaner Alpen, des ligurischen Pentelikon: des Pisaner Massivs – allmählich dann für das weltberühmte Korn der staffelweise entsumpften Schwemmtafel, in der heut noch der dritte Spatenhub sandige Lehme fördert, für den Wein und das noch heut weltberühmte Öl des meerwärts abhäldigen Stadtgebirges, das edelste Italiens. Ihre Ströme um sich raffend und von undurchdringlichen Sümpfen umgürtet, lag die uralte Meerstadt keine vier Kilometer vor ihrer offnen Bucht, den Angriffen des Seeraubs trotzend. Der Sumpf trat noch in historischer Zeit bis ans Weichbild der Stadt. Den Arno sperrten am Austritt aus der Mauer Ketten und ein Wassertor, die

vor der Bucht liegenden Inseln waren Burgen, Stufentürme wie in Asien und Ägypten deckten die Reede. Von Norden bis Südosten war das Defilee des Serchiodurchbruches in eine Zonenbefestigung verwandelt, das sich auf die landeinwärts vorgeschobene Lagerpostierung Luca, am Rande der versumpften Serchiomulde, stützte und den räuberischen Bergstämmen deren Umgehung unmöglich machte. Den Rücken gesichert, blickte die einzige Urstadt Italiens nicht rückwärts in die tierische Wildnis, sondern vorwärts auf Meer und Inseln. Unheimlich nahe an der punischen Einflußsphäre gelegen – Sardinien mit seinem Reservoir an weitbegehrten Kriegssklaven und seinen Metallschätzen war in aramäischer Hand –, muß sie dennoch dem Ausgleiche mehr zu bieten gehabt haben als dem Angriffe. Die einzige Querverbindung Uritaliens, von Delta zu Delta, lief als Bernsteinstraße von der Pomündung zur Arno-Serchiomündung, – vom adriatisch-griechischen Verschiffungsplatz der baltischen Förderung, Spina, nach Pisa, und band durch Pisa das geschichtsfähige Westmittelmeer an den Norden; in die Sturm- und Seeräuberschrecken der unwirtlichen Adria sich zu drängen, überließ der Aramäer dem griechischen Wagemut, wenn er das kostbare Harz vor der Pisaner Reede tauschen konnte. Die etruskische Invasion, von den Raubfesten Volaterrae und Populonium durch die Wasserrisse der Maremmenhügel ins Delta steigend, hat, wie noch Strabo gewußt hat, in Pisa einen überlegenen Kriegsgeist festgestellt, ehe sie südwärts in ihr vorgeschriebenes Geschichtsgeleise abglitt, und die Machtsphäre der Stadt umgangen. Dem unter römischen Waffen die Grenze nordwärts rückenden Italien ist die Handelsstadt gleichmütig entgegengekommen und hat für die mehr und mehr auf militärische Unternehmungen größeren Stiles drängende Sicherung seines apuanisch-ligurischen Hinterlandes, die erste Voraussetzung seiner ungefährdeten Schiffahrtsbasis, die unvermeidliche Neugliederung der Landschaft in Kauf genommen, die Emanzipierung des zum Straßenstern und gallisch gewordenen Luca, die Abtrennung der Marmorverschiffung in der Macramünde, die Rom zum Hafen von Luni selbständig ausbaut, die Minderung ihrer eigenen Feldmark, an der das seefahrende Volk mäßig interessiert war, wenn andere es besser vermochten, sie friedlich zu legen. Das römische Bürgerrecht, das heißt die unumgehbare Voraussetzung politischer Freiheit, erwarb man erst, als es ganz unerläßlich geworden war, auffallend spät (89 v. Chr.). Daß man vorher achtundachtzig Jahre lang eine mit 3000 Latinern belegte römische Kolonialfestung in Luca sich auf der Haut hatte brennen fühlen, die in ebendiesem Jahre Bürgerrecht, das heißt Aufnahme in den rechtlichen römischen Staatsverband, findet, läßt in die Gesinnungen ebenso blicken, wie die drei Jahre nach Cäsars Tode von den Triumvirn vorgenommene Neukolonialisierung Lucas durch Veteranen und damit rechtliche Privilegierung, der erst ein Jahr später Pisa wohl oder übel sich anschließen muß, indem es seine freie Munizipalstellung gegen die Last und kaiserstädtische Ehre des Kolonialstandes eintauscht; seine Feldmark betrug nur mehr 75% der lucensischen. In dem Titel, den Pisa als Kaiserstadt einnimmt, der »Gehorsamsten« (Colonia Julia Opsequens Pisana), klingt die Stimmung durch: der jahrhundertelange zähe Nachbarschaftsgrimm bereitete sich vor. Aber einstweilen nimmt der Kräfteumschwung seinen Verlauf auf der absinkenden Linie der italischen Kommunalselbständigkeit, und wirkt die Bedeutungslosigkeit des Hinterlandes sich weiter für den alten Hafen aus, während die politischen Schwerpunkte ins Binnenland und der Beherrschung von dessen Straßen zufallen. Spätrom spricht von Pisa mit der freundlich schätzenden Herablassung eines Heutigen vor Wisby oder Bardowick. Roms Aufsteigen und jahrhundertelanges Zurücksinken ändert an den stillgewordenen Verhältnissen der ligurisch-lombardischen Breite Entscheidendes erst mit der antiken Gesamtkatastrophe, dem ins Vakuum aus Norden hereingesaugten Germanen, mit dem plötzlich, als wären die Jahrtausende nicht gewesen, die Macht erdpolitischer Gesetze die alte Transversale durch die Nordhalbinsel wiederherstellt: Nicht mehr in Spina, aber doch in Ravenna der Ostgote, nicht mehr in Pisa, sondern, im weiterwirkenden Zwange der römischen Ordnung, in Lucca der langobardische Herzog. Pisa beiseit gelassen von einer Weltentwicklung, die das Meer nicht kennt, bleibt das alte, wie seine römischen Inschriften es ausweisen, behaut Marmor und zimmert Schiffe. Auf dem entwässerten Glacis, das immer noch »der Sumpf« heißt, und wo die Judenschaft vors Tor gewiesen war, um, seit sie sich christianisch nannte, für ihren Taufbrauch und für ihre Landsmännin, das unbekannte Syrermädchen Reparata, wie überall an der hafenreichen Westküste, Bethäuser zu errichten, umstehen noch andere Kapellen und Stifte die kleine alte Basilika – andere Heilige der jüdisch-christlichen Urgemeinde, Petros, der Evangelist Matthaios, haben im Stadtinnern Fuß gefaßt, Paulos, der erste Kathedralherr, außer

Mauer und Graben; an einem längst versandeten Nebenhafen ist ein antikes Haus, vielleicht ein Tempel, um die Orientierungsachse nach Osten gedreht und unter dem Kreuze als die Stätte geweiht, an der Petros aus dem Schiffe steigend auf der Landungsstiege der Arnomündung zuerst den Boden Italiens betreten habe: die Rivalität mit dem zerfallenden Rom tritt hier ebenso aus den Nebeln der Geschichte wie in der neuen Metropole der Halbinsel, dem griechischen Ravenna, das eben dann seine unerhörte Tempelstadt zwischen dem Okzident und dem Orient aufrichtet. Die pisanische Feldmark kann sich langobardischen Eindringens nicht erwehren, der langobardische Steinmetz kommt im Gefolge mit, die Landkirchen statten sich mit den Mienen neuer Menschheit aus, scheitelhaarigen vollbärtigen Köpfen mit starrenden Augen, flachwangigen Frauenhäuptern mit satten strengen Lippen, versteinertem Rohrgeflecht als Zierat. Die Stadt selber bleibt unberührt und undurchdringlich, nur den langobardischen Streitergott Sankt Michael muß der Bischof einlassen. Ein Jahrhundert später ist Pisa voll von Namen und Sitzen nordischer Edelinge, aber siehe – es sind keine langobardischen, sondern fränkische: Pisa hat gewählt und sich gegen das langobardische Lucca unter das fränkisch erneuerte Kaisertum gestellt. Es ist die genaue Wiederholung seines römerzeitlichen Überganges von der Munizipal- zur Kolonialverfassung, Herstellung des politischen Gleichgewichts gegen die verhaßte Emporkömmlingsfeste hinter dem Berge, nur nicht mehr antik, als Gleichstellung, wirkend, sondern mittelalterlich, also als Gegenparteinahme. Pisa mag die Lewinfrank, Walant, Sigismunt, Folkacher, Obizo nicht anders angesehen haben als die Veteranen des Augustus, durch deren Aufnahme es sich einst zurechtgeschoben hatte – symbolisch aber war sein geschichtlicher Würfel gerollt, für alle Zeiten, und nie mehr ist er in den Becher zurückgewünscht worden. Wunderbar, mit welcher Strenge die Meerstadt, deren Lebensfragen durch binnenländische

Machtausgleiche nicht berührt werden und durch Hineingeraten in sie nur kritisch werden können, die uralte Neutralitätslinie ihrer Eilandstellung festhält und, während Italien seine ganzen Volksgeschmelze unter das neue Pathos der Nationalität gegen den Deutschen zu binden im Begriffe ist, wie automatisch in den Adlerschatten der Universalmonarchie rückt, in deren Weltbilde jeder nationale Begriff erlischt. Die Jahrhunderte römischer Provinzialverrechtung des Weltkreises hatten im Zeichen des kaiserlichen Landfriedens diese Sondergesinnung nur unter das Tageslicht drängen können; das zerbrechende Friedensgefüge gab sie frei und ließ die Pisaner Uhr um ein Jahrtausend rückwärtsschnellen: wo der Punier gekreuzt hatte, kreuzte der Sarazene. Sardinien hatte keinen Prokonsul mehr, sondern den maurischen Raubsultan. Die Kunstschöpfung des römischen Genua kümmerte. Das Eisen von Elba, das sardinische Silber und Zink, das Kupfer und der Alaun der Bergverhüttungen zwischen Cecina und Era waren herrenlos, soweit nicht die Bischöfe als kaiserliche Grafen Kompetenzfehden darüber führten. Und wie dereinst dem Aramäer – – nur die Pisaner Galeeren hielten auf dem reichen Inselmeere nun dem immer dreister die Küsten fegenden Halbmond mühsam die Waage. Keine Nachricht lüftet die Schleier, unter denen die Jahrzehnte, vielleicht das Jahrhundert lautloser Bereitung zur Rückkehr der lange nivellierten Stadt in ein staatliches Handeln von antiker Großartigkeit verhüllt liegen. Es ist symbolisch, daß Roms letzte Verfallsstunde, mit drei Schattenpäpsten in Frauenhänden, gechlagen haben muß, ehe der Zeiger der Epoche durch die Zahl rückt. Plötzlich bricht der Sturm los, fliegen die ersten Kreuzfahnen der ersten abendländischen Heidenfahrt an den Pisaner Masten hoch, stürzen sich die Flotten der einzigen Stadt auf die tyrrhenische Inselwelt, das sarazenische Sardinien, und dann, zwischen Barcelona und Marseilla, auf das sarazenische Balearenreich. Das Städter- und Stadtritterheer stürmt die Festen Mallorcas, erobert die Städte, vernichtet den letzten Widerstand, rottet aus, versklavt, verkauft, und reißt, während es die unermeßliche Beute auf Lastschiffen gegen den Arno heimsteuert, Europa in ein neues Weltalter.

Hinter der nur mit dem nachpersischen Akropolisbau zu vergleichenden Monumentalambition, die den sardinischen und Balearenschatz in das kolossale Weihbautengeschenk an die Schutzhelfer der Staates, draußen auf dem heilig gewordenen Judenanger, verbaut, steht also die Tat, die gedacht, gewollt, geplant, ins Werk gesetzt und in den Sieg geführt zu haben Pisas mit solcher Macht wieder hervortretendes Lebensgesetz vor der Geschichte legitimiert – die Verschmähung des Chaos der italienischen Kleinwelt in seinem Rücken und die Weigerung, aus nichts als Italien hervor-, in nichts als Italien aufzugehen. Tatsächlich ist die Handlung und ihre Monumentalisierung ihrem Charakter nach ganz so wenig aus Gedanken des älteren, des römischen und des sich bildenden neuen Italien zu erklären, wie die pisanische Kunst aus italienischen Voraussetzungen. Wirklich durchbricht in den zwei Jahrhunderten pisanischer Vormacht eine unter allen unzähligen Schichten vorzeitiger Überfaltung nie zum Ausdruck gelangte antike Formentendenz der Mittelmeerwelt noch einmal die jüngeren Formationen und gestaltet sich in einer ihr fremd gewordenen geschichtlichen Umgebung zutage. Wenn der Pisaner mit der ihm uralt eingewurzelten Verachtung in der toskanischen Gärung hinter sich nichts anderes sah, als in neuen Formen die ruchlosen Bergstämme einst vergangener Jahrtausende, Apuaner, Corfinier, mit wechselnden Einbruchshorden und Wegelagererbanden, so konnte er ebensowenig erwarten, daß die kleineren und größeren turmstarrenden Hügelkommunen im Lande sein Handeln in die Welt und in den Himmel hinein begriffen; und die Völker, die ihn als ihresgleichen begriffen hätten, weil er von ihrer geschichtlichen Stufe aus existierte und handelte, Punier, Kreter, Karer, Hellenen, Karthager, deckte das Schuttfeld ebensolcher getürmten Weltwunder, wie er sie noch ein letztes Mal die wankende Erde tragen hieß. Und der Germane wiederum – wohl, auch er hatte Voraussetzungen in sich, um ihn zu begreifen, der Sachse und der Normanne. Der antike und fast vorantike Charakter des pisanischen Durchbruchs liegt in dem von schmalster Basis ausfallenden, frei auf sich selber gestellten Handeln in eine als unverteilt gedachte Welt hinein, die noch nicht als bedingend empfunden oder zugegeben wird, fern den italienischen Begriffen von Fehde und Bund in einer bis ins kleinste aufgeteilten Welt, deren Bedingungen man gegenbedingend zu entkräften sucht. Antik aber ist überhaupt der Gedanke des Seereichs, von einem Tyrus oder Sidon oder Phokäa, einem Athen oder Knosos oder Karthago über knappem Strande ergriffen und beherrscht; bei den Ligurern von Pisa, den Venetern von Venedig, endet diese Staatskonzeption heroischer Stufe europäisch, nachdem sie den geschlossenen mediterranen Völkerturnus ausgelaufen hat. Mit Iberern unter Führung eines Ligurers stößt sie aus den Meerpforten Europas hinaus und schließt auf amerikanischem Boden den planetar gewordenen Ring. Der Vorgang ist vom Kleinasien des zweiten vorchristlichen Jahrtausends bis zum Kap Vascos und dem Feuerlande Magelhães' eine einzige geschlossene Kette von Völkerdiadochien in einem festen geschichtlichen Raume und wird von Rom bei Zama nur scheinbar, das heißt eben *nicht* unterbrochen, sondern sie verrinnt ins Meer, um erst zwölfhundert Jahre später am gelüfteten Anker der Pisaner Balearenschiffe für ein neues Halbjahrtausend wieder aufzutauchen. Die Römerzeit ist hierin wie in so vielem nicht die Fortsetzung, sondern die fremdartige Unterbrechung der eigentlichen Geschichte des Mittelmeeres. Weder die über den Apennin eingewanderten Bauervölker, deren Gemeinstände zur römischen Weltordnung unter Königen, Amtmännern und Cäsaren werden, noch die frühmittelalterlich gemischten Stadtvölker hochummauerter Märkte sind Glieder jener umrollenden Völkerkette gewesen oder geworden, und in diesem Sinne gehört die pisanische Epoche, die nicht auf dem Weltbilde Italiens ruht, tatsächlich nicht zur italienischen Geschichte, sondern zur Geschichte jenes Meerbogens, dessen Sehne zum Schusse in eine italienische Strommündung zurückgezogen ist, dessen Scheitel durch die Balearen geht, der Sardinien einbegreift und dessen Enden, durch die Provence hindurch ideal fortgesetzt, in den deutschen Norden greifen würden, um Sizilien herum ideal weitergedacht, in die Kiellinie der normännischen Umschiffung verfließen würden. Dies pisanische Ausschnittbild, dessen Streuung ein Entwurf gebliebenes, nie völlig realisiertes Seereich bezielt, wurde aber, sobald es seine Front verkehrte, zu der tatsächlichen großen Flankenstellung gegen das italienisch nationale Mittelalter, in welcher antike, urälteste Tendenzen eines seemächtigen Universalismus auflebten, und die der Universalmonarchie der deutschen Kaiser gerade dasjenige zu bieten hatte, was dieser konstruktiv gerade fehlte, die exzentrische Umfassung der Halbinsel, den vergeblichen Traum Friedrichs II., statt des hoffnungslosen frontalen Steckenbleibens der älteren Kaiserzüge in der dichten Städterhecke. Wären die kaiserfreundlichen Stimmungen der Provence zu der geschichtlichen Gestalt gediehen, deren Phantom durch die Denkmäler gaukelt, so hätten die Pisaner Galeeren zwischen Marseilla und Palermo als kaiserliche Transportflotte das Meer zum Aufmarschgebiet gemacht und die Verhältnisse von Salamis, mit dem berühmten Aufmarsch der Perserinvasion auf phönizischem Kiele, hätten sich, nur diesmal vor einer total wehrlosen Küste, wiederholt. Daß solche Erwägungen keine Träume sind, beweist die geradlinig rücksichtslose französische Politik, die ihnen auf dem provenzalischen und dem süditalienischen Felde unter Strömen Blutes schließlich ein Ende gemacht hat – zwei nur lokal getrennte Teilhandlungen einer einheitlichen politischen Handlung –, und nicht umsonst schließlich von Volterra wie von Florenz aus die pisanische Politik zernierte. – Kaiserliche

Handelsflotte denn also wenigstens auf den ältesten Triften pisanischer Verschiffung und Kauffahrtei, Ravello, Amalfi, Neapel, den sizilischen Häfen, Bari und Brindisi. Von der Arnomündung bis zur kampanisch-apulischen Küste stand kein Hafen, Ostia und Luni waren fast verlassene Stätten, über deren Ruinen die Fiebermücke tanzte, und die Meerstraßen von Stadt zu Stadt verketteten zu inniger unbefangenem Nachbargefühl als die Landwege zwischen eifersüchtigen Anrainern. Wenn so die Absonderung Pisas von Italien der eine Faktor seiner antikischen Lebensform ist, die Kulturgemeinschaft mit Großgriechenland ist der nicht minder formbestimmende zweite – des dritten, nördlich schwebenden wird zu gedenken sein und sie weist, ihrem besonderen Charakter nach, ebenfalls in die verschollenen Heroenzeiten der Mittelmeerschiffahrt rückwärts, in denen nicht Binnenland und Hafenstadt, sondern ausschließlich Küsten und Küsten sich Lebensformen überliefern. Hier ist aber auch dieser Austausch und die aus ihm folgende Kulturgemeinschaft zugleich eine Berührung verwandter Stufen. Auf unteritalischem und sizilischem Boden steht der Pisaner ganz so außerhalb des italienischen Mittelalters wie zwischen Chinzica und Arsenal, ja fast so außerhalb des römischen Intervalls. Er übernahm den ewig weitergeflossenen griechischen Strom wohl auch in demjenigen, worin er Italien hellenisiert hatte, aber auch in und mit ihm, den durch Roms Altern unermeßlich angeschwollenen, durch die morgenländische Religionsübertragung scharf kenntlich gewordenen morgenländischen Zufluß, den er dort immer schon in seinem Bette mitgeführt hatte, und zu dessen Färbung das neue sarazenische Element jetzt so mit beitrug wie ehdem das karthagische. Er stand auf dem ihm gefühlsmäßig so natürlich vertrauten Boden, auf dem die Grenzen zwischen überlebender Vorantike und nachlebender Spätantike im Zeichen der echt hellenistischen Verschmelzung dreier Erdteile in durcheinanderwachsenden Formräumen und sich vermählenden Ranken verschwammen, mit aller Voraussetzung einer Reichskultur wie es diejenige Alexanders gewesen war und wie sie nun den staufischen Höfen zuwuchs. Noch war, zwischen 1050 und 1150, diese Voraussetzung im Süden nichts als ein überreich luxurierendes Gemenge, das seine kurzlebigen Bildungen wohl in so vergängliche Materien drückte wie den schlechten Halbstein von Lecce, oder im Auftreiben schon wieder verschlang. Sie wartete auf einen Mittelpunkt, auf den zur Kristallisierung drängenden Eintritt eines auf ihr Ganzes wirkenden neuen seelischen Agens, und auf einen politisch in sich ruhenden reifen Träger, zu dem sie weiterwandern konnte. Die Geschichte hat ihr die Erreichung des Ziels in der Form versagt, daß sie ihr gewährte, es in euphorischen Epochen jener Halbvollendung des Unmöglich-Großen zu durchschweben, wie sie oft über geschichtlichen Wirklichkeiten, luftgespiegelt, mit dem Zauber geschichtlicher Möglichkeiten stehenbleiben. Ehe die aus Rom sich erneuernde italienische Nation und das den modernen Staat vorwegnehmende französische Königtum die bunte Wucherung durchwuchsen und aus den Wurzeln hoben, hat es durch fast ein Jahrhundert den unerhörten Anschein haben können, als gründe die staufisch kaiserliche Nachantike des Südens, ihr morgenländisch-griechisches Element durch provenzalischen Seelenstoff auswiegend, in der Flanke Oberitaliens, des unbotmäßigen Toskana und der Pässe in die unbotmäßige Lombardei, um den pisanischen Kern herum ein unangreifbares Reich, dessen Geist nach Körper im Pisaner Marmor und dessen Zunge nach pisanischem Toskanisch drängte, über der hellenischen Form als Bild, über der provenzalischen als Wort abgeformt, mit Averroes und Aristoteles im sizilischen, mit albigensischem Christentum im provenzalischen Hintergrunde, als Gegenspiel gegen römische Bannfluchpolitik, – mit pisanischen Galeeren längs einer ohnmächtigen Küste, und, vielleicht, vor dem verkommenen Tiberausfluß, mit Kreuzzugmanövern, wer weiß ob nicht als

Friedensvorübungen für den großen Versuch einer Seepolitik mit schlagenden Zielen. Nicht umsonst holte Siena, im Hasse gegen Florenz ins Pisaner Gleis einfahrend, in seine kleine Reede von Talamone aus, um sie in Basis zu verwandeln, und zogen ihm kaiserliche Bauleute zu, um bei Santa Fiora das unteritalisch erprobte Festwerk kaiserlicher Schutz- und Trutzpfalzen in den Boden zu senken, während sich in die Straßenspinne Toskanas, burgüberragt, die riesenhafte staufische Zonenbefestigung von San Miniato mauerte, von deren Zinne fast Pisas Türme diesseits sichtbar waren, jenseits die strategische Karte des toskanischen Binnenlandes weithin aufgeschlagen lag, – während der Rücken Pisas von Quiesa und Ripafratta, der Serchiosperre, über siebenhundert Meter Höhe weg zum Kamme des Massivs und dem trotzigen Werk der Verruca, sich mit Wehrbauten krönte. Wenn es leichter ist, das modische Blendwerk von Friedrichs II. geschichtlich verwehter Gestalt von der Porträt-Konfektion zu beziehen, die es in die Kanzleiformularien des Dugento zuerst hinein- und dann aus ihnen in ihre Schwarten herüberliest, so wird freilich auch an den rechten Türen meist umsonst nach den Grundlagen der Geschichte des hohen Mittelalters angeklopft, und so kann sich der Geprellte schließlich mit dem Stehengelassenen trösten. Nicht in dieser Phantomwelt schablonierter Kanzleimathematik, von Wahrheit gleich weit wie von Wirklichkeit entfernt, fließen die Quellen für Erkenntnis des schon in der Bildung wieder eingesunkenen denkwürdigen Parallelentwurfes zur nun scheinsiegreichen, in anderm Sinne ganz so glücklosen *Victrix Causa* des mittelalterlichen Italien. Ihre echten Urkunden und Dokumente entstehen ausnahmslos erst aus gegenseitiger Beleuchtung des scheinbar weder denkmal- noch urkundenartigen, im Aufglänzen erloschener Züge gemeinsamen Lebens über Trümmern, und keine geringste Art mittelalterlicher Lebensbetätigung in Poesie und Recht, in Handel und Politik, in Münze und Bildwerk, Kult, Sitte und Architektur bleibt dafür ohne Schaden unbefragt. Die mangelnde Erkenntnis, daß alle diese Fragen und Antworten im pisanischen Knoten zusammenlaufen und aus ihm allein heraus aufzulösen sind, erklärlich, aber nicht entschuldigt, durch die im Banne florentinischer Geschichtsfälschung abgelenkte Perspektive der Forschung, hat die allgemein toskanischen Probleme ebenso wie die pisanischen so völlig verdunkelt, daß heut die konstanten Antriebe der Italienpolitik deutscher Kaiser und die Ursprünge der bildenden Kunst Italiens unter den gleichen Geweben leerer Worte liegen. Die durch Jahrhunderte und wechselnde Dynastien unerschütterte Konstante kaiserlicher Pisapolitik und auf Pisa gezielter, von Pisa aus klassierender kaiserlicher Politik in Toskana läßt keinen anderen vernünftigen Schluß zu als den allerdings kaum auszudenkenden, daß Pisa nicht ihr Objekt gewesen ist, sondern ihr bestimmendes Zentrum.

KARL EUGEN GASS
PISANER TAGEBUCH

1937 1938

Domplatz. – Als es zu dämmern begann, ging ich gestern zum Dom. Der Tag war von letzter Herbstsonne warm gewesen, jetzt lag eine laue milchige Bläue über der Stadt. Durch das Torgebäude der Piazza, das an der Stelle der alten Torre della Fame im 17. Jahrhundert errichtet worden ist, kann man zwischen den gelben Mauern der Kliniken, die in dieser Stunde ockerfarben die Wärme des Tages ausatmen, zu dem Platz hinübergehen. Die Gebäude standen weiß und zartgelb in der weichen Luft, und in dem durchsickernden Blau trat immer goldner der halbe Mond hervor. Der Rasen, dunkelgrün, wie man noch keinen gesehen zu haben meint, ist eine ebene ruhige Fläche. Auf dem Marmorpodest, der sich rings um den Dom zieht, als sei er auf eine Insel edlen Materials gestellt, gegen die die profane Welt verebbe, ging ich still, bedenkend, welche Füße vor siebenhundert Jahren wohl hier einhergegangen. Die Bronzetüren mit den figurenreichen Reliefs waren geschlossen. In einem Winkel kauerten ein paar alte Männer. Drüben an der Straße spielten die Kinder. Die alten Bauwerke, in ihrem geweihten Bezirk, bewahrten um sich ein Schweigen, das einen wie ein kühler Hauch anwehte. Eine Viertelstunde später war der Himmel stumpf geworden, die Scheinwerfer warfen ihr bleiches Licht, und der Platz lag in sich gekehrt, schweigend, abseitig.

La Torre pendente. – Die Mittagssonne lag wohltuend warm auf dem Domplatz, als ich auf den Campanile stieg. Rings um den Dom saßen die Leute, schwatzende rauchende Männer und junge Mütter mit ihren Kindern, und sonnten sich. Der Eingang des Turmes liegt etwas vertieft, mißtrauisch betrachtet man die Südseite, an der das Fundament ein gut Stück tiefer in den nicht tragfähigen Grund des Schwemmlandes eingesunken ist. Die Treppe führt in der Außenmauer empor, und es ist ein seltsames Gefühl, auf der geneigten Seite gemächlich, auf der Gegenseite steil die Stufen heranzusteigen. Sechs Säulengalerien umgeben den Turm, aber ich eilte an allen vorüber zur obersten – wie ich meinte. Die Säulengalerie ist völlig offen, und kein Gitter schützt den Besucher. Der Blick schweift umher, leider lag die Ferne im Sonnendunst. Die grüne Ebene, mit vielen Wassergräben, in denen das Licht schimmerte wie im Frühling, erstreckte sich mit einzelnen Häusern dem Meere zu. Das weite Arnotal hinauf sieht man die Hügel, die es begrenzen, zart und fein gezeichnet. Nordwestlich ziehen sich die Berge hin. Vorsichtig an eine Säule gelehnt beugt man sich hinaus, um die Neigung des Turmes festzustellen, aber sie ist nicht bemerkbar, nur der Umgang senkt sich ein wenig. In die Architektur des Domes sieht man gerade hinein, aber es ist nicht ein waldartiges Sichverästeln und Verzweigen der Streben und Bogen, sondern die klaren Flächen herrschen vor. Plötzlich finde ich in der Mauer ein Pförtchen und gelange noch ein Stockwerk höher. Hier ist die Plattform, aber auf ihr erhebt sich noch einmal ein Mauerring, und in seinen durchbrochenen Bogen hängen die Glocken, kleinere und größere, sieben Stück. Auch auf jenen Mauerring kann man noch hinaufsteigen, und von dort hat man die erste freie Rundsicht. Nach innen blickt man in den Glockenraum, der nicht wie im Norden ein dunkles Gelaß ist, in dem man sich stets vor dem eingesperrten Schall fürchtet, der durch die schmalen Schalllöcher drängen wird, sondern die Glocken hängen im freien Wind. Ringsum aber kann sich das Auge satt sehen an dem Land in der späten Sonne. Beim Herabsteigen gehe ich sorgsam um jeden Umgang und habe mein Vergnügen daran, wie mit jedem Stockwerk der Umkreis enger und irdischer wird. Der Einfall, den Turm mit diesen Galerien zu umgeben, ist kühn gewesen. Von außen sind sie in Gefahr, dem Turm die Wucht und die Größe zu nehmen, besonders, da sie nicht abgestuft sind und mit ihren Marmorbogen die Baumasse mit einer zu kleinen Form umspinnen. Wer aber aus der dunklen Treppe heraustritt, der ist erstaunt, wie hoch und licht die Bogen sind und wie einfach und kräftig in ihrer Form. 1174 haben Wilhelm von Innsbruck und Bonannus das Bauen begonnen, 1350 wurde man fertig. 54,5 m ist der Turm hoch, und die Neigung, die sich schon früh einstellte, da man sie während des Bauens auszugleichen suchte, beträgt den kaum glaublichen Ausschlag von 4,3 m. Sieht man den Dom entlang und den marmorweißen Riesen sich weit vorneigen, so wandelt einen die Angst an, steigt man jedoch in den festgefügten Mauern hinauf, so verläßt einen alle Furcht, dieses Mauerwerk könne je auseinanderbrechen.

Dom und Baptisterium. – Der 16. November war ein wahrhaft strahlender Tag: in der Frühe war bereits der Himmel völlig klar, und der Glockenturm war von einer zarten Röte überhaucht, als beginne der Marmor innerlich zu erglühen. Die Monti Pisani im Nordwesten lagen farblos im flimmernden Morgendunst, die Berge der Küste mit ihren kühnen Gipfeln und Graten lockten in der Ferne wie ein Land der Seligen, so herrlich wuchsen sie aus dem dunstigen Blau in das silbrige Morgenlicht hinein. Jetzt erst sieht man ein, daß an den Bildern Claudes nichts erfunden wird, was nicht dem südlichen Menschen als Wirklichkeit seines Tags begegnet. So wie der Morgen begonnen, so bleibt der Tag, und durch eine warme Sonne, in der man sich auf die Marmorstufen hätte legen mögen, ging ich zum Dom. Man tritt durch ein Querschiff ein, durch eine einzige erhaltene alte Bronzetür des Bonannus – die anderen sind bei dem Brande des Doms von 1595 zerstört worden –, und hat so einen überwältigenden Blick von der Seite in die Säulenreihen des Langhauses. Das Großartige, was sich nicht in den deutschen romanischen Kirchen wiederfindet, in den älteren von Hildesheim und Köln natürlich nicht, aber auch nicht in den großen Domen, von denen ich Worms, Limburg, Bamberg kenne, das ist die mächtige Weite des Raums, das helle, klare Licht, die entschiedene Festigkeit des Ganzen. Das Langhaus ist fünfschiffig und ruht, besonders das Mittelschiff, auf gewaltigen antiken Säulen, die mit ihrer unnachahmlichen leichten Schweifung die Würde des Einfach-Großen verbinden. Diese Säulen sind das Bezwingende des Baus. Auf ihnen ruhen die einfachen Bögen aus weißem und schwarzem Marmor und der hohe glatte Deckenraum, der mit einer schweren vergoldeten Kassettendecke aus der Renaissance abgeschlossen wird. Die ovale Kuppel kommt zu keiner rechten Wirkung, weil man das Zusammenstoßen des Lang- und Querschiffes anscheinend noch nicht hat bewältigen können und das Langhaus gerade durchgeführt hat. Dadurch kommt in das Langhaus ein großer Zug vom Portal bis in den Chor, und die Bogen, die die Querschiffe abschließen, haben eine eigene Schönheit. Die dreischiffigen Querhäuser aber sind wie abgetrennte Kästchen an den Baukörper angesetzt. Die Ausschmückung mit Gemälden, Grabsteinen und plastischem Schmuck ist einfach, und der Stein wirkt ungestört, besonders auch der herrliche ebene Bogen.

Die große marmorne Kanzel des Giovanni Pisano betrachtete ich nur flüchtig: wie oft ist man durch die Fotografie verwöhnt und mag nicht mit aufwärts gerecktem Kopf zu den figurenreichen Reliefs emporstarren, ohne sie doch genau und in Ruhe zu sehen. Ich weiß aus den Büchern, die ich noch in Kassel durchsah, wie aufschlußreich der Unterschied der beiden Kanzeln in Baptisterium und Dom, geschaffen von Vater und Sohn, ist, um die Wandlung vom Romanischen zum Gotischen sich deutlich zu machen; besonders jenes sentimentale und realistische Element in der Gotik, jene Kennzeichen einer bürgerlichen Kunst, zwingen sich einem auf. Aber mir

widerstrebte, in der Kirche solche Überlegungen anzustellen, und ich will mir lieber Abbildungen besorgen und an ihnen meinen Eindruck festigen, später wird mir dann beim leichten Hinschauen alles zufallen. Immer wieder muß ich darüber nachdenken, mit welchen Augen wir Kunstwerke betrachten, die nicht, wie die meisten modernen Bilder, für den »Liebhaber« geschaffen sind, für den Menschen, dem das Kunstwerk ein selbständiges Mittel geworden ist, sich die Welt geistig zuzueignen, sondern die den Teil einer Umwelt bilden wollen. Das Ästhetische als ein eigengesetzliches und selbstgenügsames Reich ist doch erst von uns modernen Menschen geschaffen, und die Bedeutung dieser Sphäre für unser religiöses und sittliches Leben ist immer noch nicht umfassend und tief genug durchdacht worden. Jene Kanzel, von der ein Priester sprechen sollte und es auch Jahrhunderte hindurch tat, blieb mit allem reichen figürlichen Schmuck ein Zweckgegenstand, und ich habe stets den Zweifel, daß jemand, der diesen Zweck außer acht läßt, obwohl vielleicht sein für das Künstlerische geschultes Auge die Schönheit der Kanzel sich bewußter machen kann als irgendein Beschauer früherer Zeiten, sie dennoch nicht richtig sieht, nicht so, daß sie ihr eigentliches Wesen ihm zeigt: er wird sie stets in einen geistigen Raum versetzen, in dem sie nicht zu Hause ist. Das Gefühl aber für die Eigenart geistiger Räume, für die unüberwindlichen Scheidewände, die sie trennen, so daß wie im Märchen die Pforte, die sich einem unvermutet auftat, hinter einem unwiederbringlich zuschlägt, scheint mir entscheidend für das Verständnis der irdischen Vielheit zu sein.

Durch die Bronzetür des Bonannus verließ ich den Dom, umschritt ihn in der weißen Sonne und trat in das Baptisterium. Der Kuppelraum ist sehr einfach, das vieleckige Taufbecken niedrig und einfach in der Form, sein farbiger Marmorschmuck hat etwas Unauffälliges – um so beherrschender ist die Kanzel, die in ihren Proportionen so viel schmächtiger ist als die im Dom. Die Reliefs aber sind großformig und von mächtigem Ausdruck – ich werde oft zu ihnen zurückkehren, um sie kennenzulernen. Ich ging hinaus, traf auf der Rasenfläche E. und einen Normalisten und ging mit ihnen im Gespräch über den Rasen, die schönste Stätte, die man sich für ein Disputieren denken kann.

Campo Santo. – In dem Winkel der Stadtmauer hinter dem Dom liegt der alte Friedhof. An einem warmen sonnigen Nachmittag, als wieder ein buntes Volk sich auf den weißen Marmorplatten vor dem Dom lagerte, ging ich um Chor und Querschiff herum über den Rasen zu der kleinen Pforte, die in den Friedhof führt. Man tritt in einen kleinen Vorraum, in dem die Eintrittskarten verkauft werden und Fotografien ausliegen. Öffnet nun der Beamte eine seitwärtige Tür und hat er sie hinter dem Besucher geschlossen, so steht dieser plötzlich allein und ungestört in dem stillen feierlichen Todesgarten. Ein hoher rechteckiger Umgang öffnet sich mit großen freien Rundbögen, die ein edles gotisches Maßwerk schmückt, auf den Rasenplatz. In jeder der Ecken steht eine schlanke Zypresse. Schön muß es sein, wenn die Narzissen aus der heiligen Erde sprießen, die der Erzbischof Lanfranchi in 53 Galeeren aus dem Heiligen Lande holen ließ. Das war im Jahre 1188. Seitdem sind viele Tote hier begraben worden, und auf ihre Grabsteine tritt der Fuß, der zögernd sich in diesen geweihten Bezirk hineinwagt. Ich traf es schlecht, denn einige Arbeiter waren mit vielem Geschrei beschäftigt, einige der alten Zypressen zu beseitigen, und so war die Ruhe des Ortes empfindlich gestört. Architektonisch war ich etwas enttäuscht; denn das gotische Maßwerk, das man im 15. Jahrhundert in die alten Rundbögen einfügte, die wohl ursprünglich mit Glasfenstern verschlossen werden sollten, bleibt, so schlank und edel es ist, in dem fremden Rahmen doch kühl und ein wenig reizlos. Aber die Wirkung des Ortes hängt gar nicht von seiner Raumgestalt ab, sondern sein Zauber liegt in der wundersamen Vereinigung von Friedhof – noch heute standen auf einigen der abgetretenen Grabsteinen Blumen –, Museum und friedlichem Garten. Zunächst betrachtet man wohl die großen Fresken, die wie aufgehängte Teppiche alle Wände des Umgangs bedecken. Sie sind zum Teil sehr beschädigt und haben alle tonige Farben mit viel abgeblaßtem Rot. Gleich beim Eintreten packt einen links das erste der Wandbilder: der Triumph des Todes. Keines hat solchen Bezug auf den Ort, und keins ist so geeignet, die mittelalterliche Empfindungswelt anschaulich zu machen. Wie Boccaccio seine liebeslustigen Leute sich Novellen zur Zeit des gräßlichen Peststerbens erzählen läßt, so sitzt auch hier auf der einen Seite eine jugendliche Gesellschaft beieinander, verliebte Damen und schmeichelnde Liebhaber, und Saitenspiel ertönt, in das sich das süße Latein der Vögel mischt. Und diesem irdischen Paradies gegenüber trifft eine adlige Gesellschaft auf drei offene Särge: die Pferde schnauben und zittern, der eine Reiter hält sich höchst drastisch die Nase zu, und alle starren mit entsetzter Neugier auf das Hindernis. Die verwesenden Leichname sind mit grausigem Realismus dargestellt; in diesem rücksichtslosen Wahrheitssinn, der auch niemals die Glieder der Kirche verschont, scheint mir stets die religiöse Fruchtbarkeit des Mittelalters begründet zu sein. Die Spannung zwischen irdischem Glück und irdischem Elend war stets so groß, daß immer wieder die Wirklichkeit sich wie ein Abgrund auftat, in den alle rationalen Hilfskonstruktionen, mit denen sich der Mensch gar zu gern begnügt, wie unzulängliche Brücken hinabstürzten. Schwer ist es nun freilich, die Symbole sich zu verlebendigen, mit denen das Mittelalter sich die metaphysische Wahrheit der menschlichen Existenz zu deuten versuchte, deren eigentliche Wirklichkeit einem immer wieder unbegreiflich erscheint. Was bei Dante stets eine Schwierigkeit bleibt, trat mir auch hier wieder entgegen, denn jene Engel, die sich um die Seelen mit Teufeln streiten, der Weltenrichter, der die Scharen der auferstandenen Seelen in Selige und Verworfene scheidet, die Hölle schließlich, in deren grauser Mitte, ohne Zweifel nach dem Vorbild Dantes, der schauerliche Popanz Luzifer thront – das alles bleibt ohne eigentliche Wirkung gegenüber dem ergreifenden Rätsel unseres irdischen Daseins. Es ist der Punkt, an dem ich immer wieder stocke. Nach jenem ersten starken Eindruck bleiben die Fresken Benozzo Gozzolis etwas matt, es ist sehr spürbar, daß sie ein Jahrhundert später, in der zweiten Hälfte des 15. Jahrhunderts, entstanden sind. Es sind für mich die ersten Beispiele jener Renaissancebilder, die Burckhardt »Existenzbilder« nannte: jene Darstellungen ganz diesseitigen Menschentums, mit denen Otto Ludwig die Welt Shakespeares zu erläutern sucht. Freilich ist Gozzoli noch in dem nüchternen, realistischen, zugleich etwas preziösen Geist der Florentiner Frührenaissance befangen, es fehlt ihm noch jene satte Fülle, jenes innerliche Glühen, das etwa den Venezianern ihre Tiefe gibt.

Auf den Bildern Gozzolis präsentiert sich im Rahmen der biblischen Geschichten ein reiches, geselliges und gebildetes Bürgertum, das auf den Straßen und Plätzen seiner Städte nicht ohne Eitelkeit und modische Gefälligkeit sich bewegt, mit viel Sinn für die anmutige schöne Gebärde und eine adlige Haltung. Die Komposition ist stets locker, es kam dem Maler darauf an, einen Reichtum an Figuren in kleinen Szenen zu gruppieren. Es hat einen eigenen Reiz, daß unter den Wandgemälden etruskische, römische und griechische Altertümer aufgestellt sind, meist zwar nur für den Sachkenner von Interesse, aber einer der schönsten Sarkophage mit einer Darstellung des Mythos von Hippolytos und Phädra geschmückt, birgt zugleich die Asche der Gräfin Beatrix, der Mutter jener Markgräfin Mathilde, die eine so große und oft verhängnisvolle Rolle in dem Kampf zwischen Kaiser und Papst gespielt hat, und der Gedanke ist tiefsinnig, daß es dem Tod gelungen ist, die verschiedensten Weltalter aneinanderzubinden, als sei die Zeit eine weite Urne, in der Generation um Generation einen Aschenkegel häufe. – Im Augenblick, als ich den Ort verlassen wollte, bemerkte ich erst eine griechische Vase, die nahe dem Ausgang steht. Sie war aus später Zeit und gewiß nicht aus Meisterhand, aber in dem alten Motiv des bacchischen Zuges, in den pflanzenhaft schlanken Gestalten, war ein Hauch süßesten Lebens, keine klare Schönheit, sondern etwas frühlingshaft Ziehendes, etwas Wildes und namenlos Lockendes, ein Taumel weicher Glieder und ein beschwingtes Tanzen, o alle Verführung des ewig jungen Bacchus lag darin, und mir war, als versänke der ganze abgeschiedene Totenhof und als sei jene ursprungnahe bildende Kraft, die zum Ton der Doppelflöte das helle Blut durch die Adern uns treibt, über Leben und Tod erhaben. – Versonnen ging ich über den Domplatz; er lag nun im Schatten, und jene Müßigen, die immer noch auf den marmornen Stufen umhersaßen, waren wie Wartende, über die eine bange Ahnung des Todes gekommen.

CHARLES DICKENS
IN DEN MARMORBRÜCHEN

1844/1845

Nachdem wir unbeschadet über die Magra gelangt waren – die Überfahrt ist keineswegs ein Vergnügen, wenn der Fluß angeschwollen und reißend ist –, gelangten wir in wenigen Stunden nach Carrara. Am nächsten Morgen, ganz in der Frühe, mieteten wir uns ein paar Ponys und machten uns auf den Weg, um die Marmorbrüche zu besichtigen.

Drei große Täler ziehen sich die Hügel hinauf, bis die Natur ihnen Einhalt gebietet. Die Marmorbrüche oder Marmorgruben, wie sie auch genannt werden, sind Öffnungen hoch oben am Hügel zu beiden Seiten dieser Täler. Dort wird Marmor gebrochen und hervorgeholt, der entweder von guter oder schlechter Qualität ist; folglich kann ein Mann durch ihn schnell reich werden oder durch die großen Kosten eines sich nicht lohnenden Bruches völlig verarmen. Einige der Brüche sind bereits von den alten Römern angelegt worden und bis zur Stunde so verblieben, wie sie von diesen verlassen wurden. In vielen anderen wird fleißig gearbeitet, wieder andere sollen morgen, nächste Woche oder nächsten Monat in Angriff genommen werden. Eine ganze Reihe ist noch nicht verkauft, und niemand denkt bis jetzt daran, sie auszubeuten. Überall gibt es Marmor genug, und zwar für mehrere Jahrhunderte, als seit der Entdeckung der Brüche vergangen sind; das edle Gestein harrt geduldig darauf, gefunden zu werden.

Wenn man mühselig eine dieser steilen Schluchten hinaufklimmt, nachdem man sein Pony ein bis zwei Meilen unterhalb zurückgelassen hat, hört man dann und wann, widerhallend in den Hügeln, ganz leise – die vorher herrschende Stille noch um vieles stiller machend – den melancholischen Klang eines Horns, das Warnsignal für die Arbeiter, sich in Sicherheit zu begeben. Gleich darauf kracht ein Donnerschlag und rollt von Hügel zu Hügel; vielleicht fliegen auch große Felstrümmer durch die Luft. Dann klettert man weiter, bis neue Hornklänge aus einer anderen Richtung erschallen und man sofort stehenbleibt, um nicht in den Gefahrenbereich der neuen Explosion zu geraten.

Hoch oben an den Flanken der Hügel sah man viele Leute damit beschäftigt, die zertrümmerten Gesteins- und Erdmassen fortzuräumen und in die Tiefe zu befördern, um die entdeckten Marmorblöcke freizulegen. Als dann diese Felsbrocken wie von unsichtbaren Händen in das enge Tal gerollt wurden, mußte ich unwillkürlich an die Schlucht denken, wo der Vogel Rock den Seefahrer Sindbad verließ, und wo die Kaufleute von oben große Stücke Fleisch hinabwarfen, damit die Diamanten darin stecken blieben; hier gab es keine Adler, die das Sonnenlicht beim Hinunterschießen verdunkelt hätten, wenn sie sich auf die Beute stürzten; aber die Szenerie war so wild und unheimlich, als wären Hunderte dieser Raubvögel dagewesen.

Aber der Weg – der Weg, auf dem man den Marmor, wie groß auch immer die Blöcke sein mögen, herunterschafft! Der Genius des Landes und die Intelligenz seiner Behörden haben diesen Weg gebahnt, bessern ihn aus, überwachen ihn und sorgen dafür, daß man ihn stets benutzen kann. Man stelle sich einen kleinen Bach vor, der über ein felsiges, mit Haufen von Steinen jeder Form und Größe bedecktes Bett rinnt, das sich mitten in der Schlucht hinabwindet. Das ist auch heute der Weg, so wie er es vor fünfhundert Jahren war. Man denke sich, dieselben Karren wie vor fünfhundert Jahren werden noch zu dieser Stunde gebraucht und wie vor fünfhundert Jahren von Ochsen gezogen, deren Vorfahren vor fünfhundert Jahren, wie ihre unglücklichen Nachkommen jetzt noch, von der Anstrengung und Qual dieser schweren Arbeit in einem Jahr zu Tode geschunden wurden. Je nach der Größe sind zwei Paar, vier

Paar, zehn Paar, zwanzig Paar Ochsen vor einen Block gespannt und müssen diesen Weg hinab. Während sie ihre ungeheure Last mühsam von Fels zu Fels schleppen, sterben sie oft unterwegs, und nicht nur sie allein, sondern manchmal auch ihre sich wild gebärdenden Treiber, die in ihrem Übereifer oft unter die Räder kommen und von diesen zermalmt werden. Aber was vor fünfhundert Jahren gut war, muß auch heute noch gut sein, und eine Eisenbahn von den Höhen herab – die einfachste Sache von der Welt – würde man wahrscheinlich als Blasphemie ansehen.

Als wir beiseite traten, um einen dieser Karren vorüberzulassen, der nur mit einem Paar Ochsen bespannt war – denn es lag ein sehr kleiner Marmorblock darauf –, begrüßte ich den Mann, der auf dem schweren Joch saß, um es auf dem Nacken der armen Tiere festzuhalten, und der weder rückwärts noch vorwärts blickte, insgeheim als den Teufel des Despotismus. Er hatte einen langen Stecken mit einer eisernen Spitze in der

Hand, und wenn die Tiere sich durch das steinige Bett nicht länger einen Weg bahnen konnten und stehenblieben, stieß er sie mit dem Stock in den Leib oder schlug ihnen damit auf den Kopf, bohrte mit der Spitze in ihre Nasenlöcher und trieb sie mit diesen wahnsinnigen Quälereien ein paar Meter weiter. Diese Prozedur wiederholte er auf noch grausamere Weise, wenn sie wieder haltmachten; dadurch brachte er sie abermals zum Weitergehen und trieb und stachelte sie an bis zu einer steiler abfallenden Stelle; wenn sie dann infolge ihrer Schmerzen und der Last hinter ihnen in einer Wolke von spritzendem Wasser dem Abgrund zurasten, schwang er den Stecken über seinem Kopf und stieß ein lautes Hallo hervor, als hätte er wer weiß was vollbracht, ohne nur im mindesten daran zu denken, daß auf dem Höhepunkt seines Triumphes die Tiere ihn abschütteln und blindlings zerstampfen konnten.

Als ich mich an diesem Nachmittag in einem der großen Bildhauerateliers von Carrara aufhielt – die Stadt ist gleichsam eine einzige große Werkstatt voller schön gearbeiteter marmorner Kopien von allen bekannten Statuen und Büsten –, wollte es mir recht sonderbar vorkommen, daß diese edlen Gestalten voller Anmut und Ruhe aus all der Mühe, dem Schweiß und der Qual hervorgegangen sein sollten. Aber ich fand bald eine Parallele und eine Erklärung dazu: in jeder Tugend, die auf kärglichem Boden entsprießt, und in allem Guten, das in Kummer und Elend geboren wird. Und wie ich aus dem Atelierfenster eines Bildhauers auf die Marmorberge blickte, die rot im Sonnenuntergang erglühten, ohne dabei etwas von ihrem feierlichen Ernst einzubüßen, ging es mir plötzlich durch den Sinn: Mein Gott, wie viele Marmorbrüche menschlicher Herzen und Seelen, die zu soviel Schönem fähig wären, bleiben unerschlossen und verwittern, während Vergnügungsreisende des Lebens beim Vorübergehen das Gesicht abwenden und vor der hier herrschenden Dunkelheit und Rauheit erschauern.

Der damals regierende Herzog von Modena, dem dieses Gebiet zum Teil gehörte, brüstete sich damit, der einzige Herrscher in Europa zu sein, der Louis-Philippe nicht als König der Franzosen anerkannt hatte. Das meinte er nicht im Spaß, sondern in vollem Ernst. Er war auch ein großer Gegner der Eisenbahnen, und wenn gewisse geplante Linien von anderen Fürsten rings um sein Land gebaut worden wären, so hätte er seine Freude daran gehabt, durch seinen ganzen, nicht allzu großen Herrschaftsbereich weiterhin einen Pferdeomnibus fahren zu sehen, um Reisende von einer Grenze zur anderen zu befördern.

Das von hohen Bergen umschlossene Carrara bietet einen sehr malerischen und wilden Anblick. Wenige Touristen halten sich hier auf, und die Einwohner haben mehr oder weniger mit der Förderung und Bearbeitung des Marmors zu tun. Auch finden sich in der näheren Umgebung der Brüche Dörfer, in denen die Arbeiter wohnen. Die Stadt besitzt ein hübsches, erst kürzlich erbautes Theater, und es ist das Besondere daran, daß sich der Chor aus Arbeitern der Marmorbrüche zusammensetzt, die sich selbst ausbilden und nach dem Gehör singen. Ich hörte sie in einer komischen Oper und in einem Akt von Bellinis »Norma«, und sie machten ihre Sache sehr gut, im Unterschied zu den anderen Italienern, die mit Ausnahme der Neapolitaner völlig falsch zu singen pflegen und wenig wohllautende Stimmen haben.

Vom Gipfel eines hohen Berges ein Stück über Carrara hinaus kann man bereits die fruchtbare Ebene erblicken, wo Pisa liegt, und einen purpurnen Fleck in der Ferne: Livorno – ein wirklich bezauberndes Bild. Nicht nur die Entfernung läßt alles so schön erscheinen, vielmehr tragen das fruchtbare Land und die dichten Olivenwälder, durch die sich die Straße schlängelt, nicht wenig zu dem reizvollen Anblick bei.

ERNST MORITZ ARNDT
LIVORNO STIEG, WIE PISA SANK

1799

Ich habe in dieser niedlichen Stadt acht recht frohe Tage verlebt und werde mich ihrer immer mit einer gewissen Vorliebe erinnern, die mich vielleicht als einen am Meer geborenen für alles, was an der See liegt, oder wohnt, parteiisch macht. So fröhlich habe ich hier öffentlich unter allen Nationen mich getummelt, so viele Landsleute gesprochen, so lieb bin ich von italienischen und deutschen Handelshäusern, so freundschaftlich von dem wackern schwedischen Konsul Torngrèn aufgenommen worden, daß ich hier wieder recht unter Menschen zu sein glaubte.

Livorno stieg, wie Pisa sank. Es war sonst in der älteren Zeit unter dem Namen Portus Liburnus ein sehr unbedeutender Ort. Aber als gegen das Ende des 13. Jahrhunderts der Hafen von Pisa von den Genuesern zerstört ward, wuchs Livorno zusehends, noch mehr aber, als es in die Hände der Florentiner kam. Im 16. Jahrhundert ward es von Cosimo dem Ersten zu einem Freihafen gemacht und mit manchen anderen Vorteilen begabt, und so ist es fortgeschritten bis auf den heutigen Tag. Die Stadt ist nicht groß und hat etwa Dreiviertelstunden im Umfang. Man kann sie leicht durchmessen; denn von der Porta Pisana zur Porta Colonella, die schöne Straße Ferdinanda entlang, ist wahrlich keine lange Strecke. Ihre Breite von Norden nach Süden mag etwas mehr ausmachen. Im ganzen aber bildet sie beinahe einen Zirkel. Sie ist rund umher mit Wasser umgeben und mit Wällen und Bastionen versehen, hat auch einige Forts und Kastelle, besonders die sogenannte Fortezza vecchia, und deswegen heißt sie eine Festung, ohne eben besonders fest zu sein; aber wenn die Franzosen, oder eine andere kaninchenartige Nation, sie in Besitz hätten, sie würden schon was daraus machen; denn die Lage ist allerdings für eine Festung sehr günstig, da rings umher keine nahen Berge und Hügel sind, die sie bestreichen könnten.

Die Stadt gehört nach meinem Gefühl zu einer der lustigsten und muntersten und in mancher Hinsicht auch zu einer der niedlichsten, die ich auf meiner Wanderschaft gesehen habe, so ein Gewimmel und Gewühl des tätigen und handelnden Lebens bewegt sich in ihrem kleinen Raume. Und doch ist dies nicht so gegen die Zeiten der Fülle und des Gewerbes, die noch vor einigen Jahren hier gewesen sind, und die ein allgemeiner Friede wieder herbeiführen würde. Alles seufzt und klagt auch hier über Elend und Krieg, obgleich Toskana das einzige Land ist, das bis jetzt mit leidlichen Zahlungen abgekommen ist. Korsaren stören das Meer, ganze Länder sind geschlossen, Fracht und Assekuranz werden immer teurer, und das Geld wagt sich nicht, weil man auch hier täglich eine Ausstreifung fürchtet, und schon einmal eine Probe gemacht hat. Nicht allein über die englischen Häuser ist es hier hergegangen, obgleich manche durch Bestechung vieles gerettet haben, sondern auch einige Italiener hat man hart mitgenommen. Die von der englischen Zunge, obgleich sie zum Teil 20, 30 Jahre als toskanische Untertanen in Livorno gelebt hatten, mußten doch böse heran und selbst die Eisengitter ihres Kirchhofes lösen, welche die Franzosen abbrechen wollten. Deswegen sind auch die meisten von hier gegangen. Einige haben die Hand ganz aus dem Teig gezogen, andere existieren indirekt unter fremden Namen und Firma.

Im ganzen kann man nicht sagen, daß die Stadt schön sei, denn die meisten Straßen sind, wenn gleich gerade, doch eng und durch die Höhe der Häuser dunkel. – Aber sie hat einzelne Schönheiten, die vielen der größten Städte fehlen, und eine Lebendigkeit und ein Bienengesumm der tätigen Menschen, die allein mehr wert sind, als alle schönsten Plätze und Gassen, wenn nicht Wohlstand und Reichtum darin erscheinen. Dahin gehört besonders die schöne Via Ferdinanda (Ferdinandstraße), welche die Stadt gleichsam in der Mitte durchschneidet, obgleich die nördliche Seite größer ist. Sie läuft vom Pisaner Tor bis zum Tor Colonella schnurgerade und breit fort über die Piazza d'arme, und sie und der Platz selbst sind das eigentliche Leben der Stadt, und der Tummelplatz, wo es von 11 bis 2 Uhr und um die ersten Abendstunden wimmelt. Hier sind die ersten Kaffeehäuser, die Rendezvous zu gewissen Stunden, und gleichsam die Börse von Livorno, und hier kann man täglich ohne Überdruß am Gespräch, oder im Spazieren sehr angenehm einige Stunden hinbringen. Schöner in seiner Art und unstreitig einer der schönsten, die es geben kann, ist der Platz selbst, ein großes Oblongum, von dem die Via Ferdinanda links vom Pisaner Tor ein Drittel ausschneidet. Dieser herrliche Platz zeigt offenbar, daß die Stadt für eine geräumige und große berechnet war, und auch jetzt in dem kleinen Umfang der Wälle und Mauern bietet er durch seine Lebhaftigkeit dem Auge nur das Bild einer großen Stadt dar. Auf dem Ende links ist der Dom und seitwärts die Hauptwache, und zu beiden Seiten und Enden laufen noch mehrere Loggien fort, wo Buden, Kaffeehäuser, Trödler und kleine Krämer, auch Handwerker, unter freiem Himmel arbeitend, jeder nach seiner Bequemlichkeit, sich rühren. Am andern Ende zur rechten Hand ist der Palast des Großherzogs, so kleinlich, daß er keine Erwähnung verdient. Die übrigen Häuser sind brav und schön; aber welche Zierde würde der Platz durch einen Florentiner Dom an einem Ende, und durch einen ähnlichen Palast am andern gewinnen! Außer der Via Ferdinanda ist auch die kurze Via Borra breit und schön, aber wenig lebhaft. Die Kirchen verdienen nach den Florentinern weder im Äußern noch Innern Erwähnung. Daß die Griechen und Türken ihre Bethäuser und die englische und protestantische deutsche Kirche ihre Säle zur Andacht bei dem englischen und Hamburger Konsul haben, ist etwas Bekanntes; doch jetzt sind das keine Dinge, wonach man fragen muß.

Die Kaffeehäuser sind vorzüglich schön und die Florentiner dagegen wahre Schuhflickerbuden, die freilich bei der Nüchternheit der Florentiner auch nicht gut anders sein können. Die Wände sind schön tapeziert und bemalt und mit großen und kleinen Spiegeln herrlich behangen, die Tische aus weißem und grauem Marmor, das Geschirr alles aus Silber und gutem Porzellan. In ihnen treibt sich alles um, wes Alters, Geschlechts, Standes und Volks es sei, ohne sich zu genieren, und mit der Freiheit und Gleichheit, welche eigentlich nur in großen Handelsstädten zu Hause sein kann. An einem Tische sitzen die Geldmäkler, am andern die politischen; an einem treibt man die Könige von den Inseln zuletzt ins Meer, sich zu ersäufen, an dem andern schmiedet man Pläne, den Kaiser und die Russen und Preußen und Schweden den Franzosen auf den Hals zu schicken. Hier sitzt ein Haufe Matrosen, so viel es handelnder Nationen gibt, und weiß mit seinem Gelde sich schon verständlich zu machen, um des guten Getränkes in Menge zu erhalten, dort eine Gruppe lumpiger Buben, welche gaunern und betteln, um des abends ihr Sorbet, Limonade und Orzate trinken zu können. An diesem Tische sitzen die frischen Republikaner mit ihren Monturen und Kokarden mit auf dem Boden klappernden Säbeln, an jenem Emigranten, arm und scheu, die höchstens eine einfache Limonade, oder einen Kaffee einnehmen und mäßig ein Stücklein Gebackenes eintunken, um so ihr Abendbrot zu halten. Feine Dirnen sitzen unter jungen Schiffern und Franzosen, die fleißig Stärkungen und Süßigkeiten zutragen und es an freundlichem Sprechen und Winken nicht fehlen lassen; und das hohläugige und abscheuliche Geschlecht, die Kuppler, schnüffeln umher und treten beim Abmarsch diesem und jenem aus der Tür nach, um ihm eine belissima ragazza, eine vaghissima nimfa zu empfehlen. Ich kenne dieses Gezücht, sei es in den Zwanzigern oder Fünfzigern, so genau an Blick und Wesen, daß ich es meistens auf den Kopf sagen will. Männer und Jünglinge aller Nationen drängen sich in der Mitte untereinander, alle Sprachen Europas klingen zusammen und eine Menge Schweizer, Tyroler und Savoyarden, welche Strümpfe, Tücher und mancherlei Kleinigkeiten zum Verkauf umtragen, tosen darein. So hat man das Bild der Welt im Kleinen.

Die Häuser sind vier, fünf, ja einige auch sechs, sieben Stock hoch, haben ein sehr heiteres und lichtes Ansehen. Wenn in Venedig der Abstand von den papierfenstrigen Hütten zu den Palästen groß ist, so findet man dies beleidigende hier nicht, sondern alle Häuser haben ein frisches und freundliches Ansehen und dürfen sich ohne Schaden auf die Köpfe und Schornsteine sehen lassen. Aber das Pflaster der Gassen reicht nicht an das Florentiner, die Fliesen sind bei weitem kleiner und an manchen Stellen auch höckrig, und die vielen Menschen machen mit dem Karren und Fahren bei dem geringsten Staubregen, oder Nebel, alles schmutzig, bis etwas auf den Platz und seine schönen Straßen, welche ihre Größe und Offenheit schützt.

An der nördlichen Seite der Stadt läuft vom Hafen ein breiter Kanal, über welchen mehrere Brücken führen, bis dicht an die östlichen Mauern mit mehreren kleinen Nebenkanälen. Dies erleichtert und erspart außerordentlich, und man hat für die Waren große Magazine um ihn herumgebaut. Man pflegt diesen Teil der Stadt wohl Venezia zu nennen. Zum Hafen führen zwei Tore, das Hafentor und das della Colonella, welches letztere zugleich aus der Stadt führt. Außer diesen ist die Porta Pisana, die Porta von San Marco, die aber meistens verschlossen ist, und ein anderes Tor für Fußgänger, auf die Wälle führend.

In der Stadt sind zwei Anstalten Leopolds, der mehr ein guter, als ein großer Mensch war. Am Tor St. Marco findet man ein Erziehungshaus für Soldatenkinder, eine feine Einrichtung, die sich von ihm herschreibt. Eine Seite des Gebäudes bewohnen die Mägdlein mit ihrem Anhang, die andere die Knaben, das Tor teilt sie. Ordnung und Reinlichkeit und gute Polizei herrschen im Äußern und Innern und die Kinder tragen alle das blühende Gepräge der Gesundheit und Fröhlichkeit, die mehr, als alles Lob, für die Einrichtung spricht. Mehr aber im Geist einer handelnden Stadt ist die zweite Anstalt, die bis jetzt wenig nachgeahmt und deren Erdenkung und Einrichtung doch so natürlich ist. Dies ist das berühmte Ölmagazin, ein großes massives Gebäude, ganz aus Steinen aufgeführt. Es sind große Tröge aus Stein, und zwar aus Schiefer eingemauert, mit steinernen Deckeln. Über jedem ist das Maß des Inhalts und die Nummer gemalt. Jeder Kaufmann, der eine beträchtliche Ladung bekommt, schüttet sie hier auf, wo das Öl sich jahrelang frisch und rein erhält und fast nichts verliert, weil weder Frost, noch Luft und Sonne daraus saugen kann. Alles dies ist mit einem Aufwand und einer Größe gemacht und wird in einer Sauberkeit erhalten, welche der Stadt Ehre machen.

Wunderbar ist es, daß es in einer so reichen und wohlhabenden Stadt nur ein Theater gibt und auch dieses eine nur wenig besucht wird. Das ist gar nicht italienisch. Es ist etwa wie das Theater Cocomero in Florenz an Größe und Einrichtung, aber teurer als das della Pergola. Auch hier gehen die großen Opern fünf- und zehnmal hintereinander fort. Ich habe nichts als die Zerstörung Jerusalems absingen hören die drei Male, da ich es besuchte. Der Kastrat Damiani singt brav und auch einige andere sind mehr, als mittelmäßig; aber wenn man Marchese und neuerlich auch noch einen David gehört hat, so gefällt es nicht so ganz. Ich saß fast immer unter Franzosen, die für einen Fremden allenthalben die bequemsten Leute zum Plaudern sind. Die ersten, obgleich gute Republikaner, konnten bei dem Eintritt einer ganzen Schar von jungen Bauern und Bäuerinnen doch der natürlichen Bemerkung sich nicht erwehren:

welch schönes Land dies sein und wie gut es regiert werden müsse, da nicht einmal in Frankreich (welch ein Nachdruck!) sie mit den ersten und besten auf einerlei Sitzen Platz nehmen. Im Karneval sind auch hier einige Winkeltheater und Livorno hat alsdann auch seinen Korso.

Was man vermißt, ist die Erleuchtung, die man eigentlich gar nicht findet; denn die eine oder andere Laterne bei einem öffentlichen Hause, oder unter einem Madonnenbilde, wird man doch nicht rechnen wollen. Dies ist wirklich ein großer Mangel, und doch müßte die Erleuchtung sich nirgends wohlfeiler bewerkstelligen lassen, als in Italien. Zum Glücke machen Banditen und anderes Ungeziefer, was auf die Menschenleben ausgeht, hier diese Anstalt eben nicht notwendig; denn auch hier sind Mordgeschichten fast so gut, als Wundergeschichten, und überdies ist die Stadt so klein, daß man höchstens in 10 Minuten bei einem langsamen Schritt von einem Ende zum andern kommen kann.

Die Vorstädte sind meist rund um die Stadt; besonders aber läuft in den Nordost ein schöner Kranz von Vorstädten, mit Gärten und Feldern untermischt, die Miene machen, mit der Zeit mit der Stadt zusammenzufließen, welches, wie man sagt, auch Leopolds Plan gewesen sein soll, welcher sich vielleicht von selbst ausführt, wenn nur die Welt einmal wieder ein wenig Ruhe hat. Dann kann man nichts besseres tun, als die Festungswerke hier schleifen und höchstens die Wasser zur Bequemlichkeit des Hin- und Herschiffens zu lassen und einige Brücken darüber zu schlagen. Der Hafen behält immer seinen Schutz an der fortezza vecchia, und einigen Bastionen. Auch diese Vorstädte sind schön gebaut, besonders die Straße nach Pisa und Monte Nero und Volterra. Sie sind schnurgerade und breiter, als die in der Stadt. An allen Ecken findet man neue Häuser in Arbeit, die nach und nach zu Gassen auswachsen. Wenn dieser Umfang sich ausfüllt, so wird Livorno beinahe so groß, als Pisa. Man rechnet hier jetzt schon an 60 000 Einwoh-

ner und die Menge der Fremden und französischen und italienischen Ausgewanderten ist groß. Zwischen den Vorstädten und Wällen der Stadt von dem Pisaner Tor bis zum Tore Colonella ist ein lustiger grüner Rasen, der sich von den Wällen zu den Häusern sanft neigt und auf die Stadt und einen Teil des Meeres eine angenehme Aussicht darbietet. Dieser anmutige Rasenstreifen heißt gli Sparti und dient zu einem schönen Spaziergange, wo man die Feiertage und Feierabende ein lustiges Menschengewimmel findet und Gelegenheit hat, die feine und schöne Welt in Augenschein zu nehmen. Unten, innerhalb der Wälle sind kleine Gärten an den Wassern mit allerlei Früchten bepflanzt. In einigen derselben findet man auch Zelte und Baracken mit niedlichen Bänken und Tischen, die während des Sommers zur Ruhe und zum Vergnügen dienen; andere sind bloße Lauben, mit Reben überflochten. Hier wird Erfrischendes und Stärkendes aller Art gereicht, sobald die Hitze und Schwüle des Sommers die Leute durstiger macht.

In den Vorstädten findet man auch die Begräbnisplätze (campi santi). Der der Christen (so heißen die Katholiken nur) ist seitwärts vom Pisaner Tor und ein regelmäßiges Viereck, mit vier Kapellen in Form der Rotunda eingefaßt, und mit mehreren Seitenkapellen im Innern, wo rund umher Arkaden laufen, unter denen die Großen und Reichen meistens ihre Gebeine hingelegt haben und mit Inschriften und Monumenten zur Seite prangen. Das schönste aber dieses Campo santo ist sein Angesicht. Ein anmutiges Grün ist vor dem Eingange und Zypressen bilden einen halben Mond um den Rasen, und eine schöne und dunkle Zypressenallee führt vom Wall her schnurgerade zum dunklen Eingang der Wohnungen der Toten. Dies sind die Verzierungen der Toten, wenn sie welche haben sollen, oder ein grauer Stein des Feldes mit seinem Grase, oder ein Baum mit seinen rauschenden Blättern. Diese geben ein liebliches Bild selbst des Todes und schlagen der Erinnerung keine schmerzlichen Wunden. Bei dieser Gelegenheit muß ich eines Legats erwähnen, das ich in dem Kirchlein der Compagnia della Misericordia, der reichsten in Livorno, bemerkt habe. Man sieht über dem Hauptaltar zum Spiegel der lebendigen Sterblichen ein Skelett aufgestellt von weiland dem schönsten Weibe in der Stadt, welche sich als Augenspiel nach ihrem Tode zur Erbauung der Frommen und zur Demütigung der Schönheit aufzustellen befahl, und die, wenn sie im Leben ihre Verehrer hatte, diese nun auf eine andere Art im Tode suchte. Es war eine wunderschöne Jungfrau, eine reiche Erbin, die im 17. Jahre in voller Jugendblüte starb, spröde, stolz und noch narzissisch unempfindlich war, viele Verzweifelte machte und durch dieses Kirchenlegat ihres Gerippes den Hochmut als einen Spiegel der Demut abbüßen wollte. Aber das Bild des Todes in seinem Gerippe aus Knochen und Knorpeln hat nichts Holdes und Schönes. Mir hat es einen andern Gedanken in den Kopf gesetzt, daß es gut sein möchte, in den Schulen junger Mägdlein so einen Spiegel der Huld und Schönheit aufzustellen, um sie Bescheidenheit und Mäßigkeit zu lehren und wohin nach dem Umlauf weniger Lustra alle diese Reize endlich auslaufen. – Nicht weit von diesem ist der Kirchhof der Holländer in der Vorstadt nach Pisa, hart am Wege. Hier liegen zugleich die deutschen und schwedischen und andern Protestanten. Es ist gar ein freundlicher und natürlicher, und keiner würde ihn für einen Kirchhof halten, wenn er nicht gleichsam mit der Nase darauf gestoßen würde, daß es einer sei. Rund umher im Innern laufen grüne Bäumchen und sein ganzer Raum ist mit Hecken aus Buxbaum und anderm lieblichen Grün eingefaßt und in schöne Baumalleen abgeteilt. In dem Gange der Mitte liegen die Begrabenen unter einem weißen, oder grauen Stein mit einer einfachen Inschrift meistens in der Landessprache dessen, der darunter liegt. Die Kinder des Frühlings, die hier mit jedem verjüngten Jahre neu entstehen, erinnern so lieblich und sanft an den ewigen Frühling des unzerstörbaren Lebens in uns und an die nimmer alternde Jugend der Geister, die hier ihre verwesliche Bekleidung dem Staube übergeben haben. – Näher der Porta Colonella am andern Ende degli Sparti am Wege ist der Campo santo der Engländer, von allen der prächtigste, so wie die stolze Nation von allen die reichste. Er ist von 1746, wie eine Aufschrift am Eingange sagt, rund umher laufen große Pfeiler aus Stein, die durch Eisengitter verbunden sind. Die grünen Rasen vorn sind auch ohne ihre Gebeine und Grabhügel; oder vielmehr gibt es hier nie Grabhügel. Diese Weise zu hügeln und den Kirchen Türme und den Gräbern gewaltige Steine aufzusetzen, scheint echt keltisch und germanisch zu sein. Der hintere Teil hat einige prächtige und auch mehrere schöne Monumente aus Marmor, und einige feine Köpfe der weiland Besitzer der modernden Knochen. Manche Söhne der Edlen und Großen Englands liegen hier fern vom Vaterlande. Es ist auf den wenigsten Monumenten die Einfalt der Inschriften, die dem Gegenstand ziemt, sondern die meisten sind zu prahlend und geschwätzig. – Noch eine feine Partie ist in dieser Gegend in der Vorstadt am Wege nach Monte Nero, das Wäldchen der Kapuziner, ein schöner und kühler Wald aus Letschen und Lorbeeren und andern Bäumen. Ärgerlich war es mir, diesen Spazierort der heiligen Natur durch Schlingen und Leimruten entweiht zu sehen. Ein Priester sollte im Asyl der Ruhe und Unschuld die fröhlichen Kinder des Frühlings nicht morden. Ich pflückte einige Veilchen und Hyazinthen, und ging mißmutig weiter. Ach! daß die Herrschaft des Weltregierers, des Bauches, so groß ist!

RAINER MARIA RILKE
NUR NOCH SCHAUEN

1894

Gestern vormittag geschah noch eines, welches zu verzeichnen mir gut scheint. Ich schrieb, wie ich an jedem Morgen tue, auf meinem breiten Marmorbalkon sitzend, in dieses Buch. Der Garten vor mir war einer scheuen und ängstlichen Sonne voll, und darüber hinaus über Düne und Meer waren erwartungsvolle Schatten eines breiten Gewölkes. Durch ein Kiesknirschen aufmerksam geworden, blick ich hinab und gewahre in der Mittelallee des Gartens einen Bruder von der Schwarzen Bruderschaft des Letzten Erbarmens in seinem schwarzen, glatten Faltenkleid und der schwarzen Gesichtsmaske, welche nur kleine Augenlöcher gestattet. Wie er so harrend mitten im Garten stand, in dem hellen roten Garten, drin Aurikel und Mohn und kleine rote Rosen in vollem Frühling stehen, war er wie der Schatten irgendeines zweiten, der riesig und unsichtbar sich neben ihm auftürmen mußte. Oder er war wie der Tod selbst, aber nicht der, welcher einen Ahnungslosen in Lebensmitten erfaßt, wie der freiwillig herbeigerufene, demütige Diener, der, auf eine bestimmte Stunde bestellt, Wort hält, gelassen eintritt und wartet: Sie haben befohlen. Und einen Augenblick harrte ich, verhehlten Atems, ob nicht wirklich irgendwer von der Terrasse treten, irgendein blondes Mädchen oder ein stiller harter Mann, und tief in Gedanken hinter dem Schwarzen her aus dem Garten schreiten wird. Einfach aus dem Garten – aus dem Garten . . .

Es war bei alldem keine Angst in mir und keine von den Empfindungen, welche in den Tagen alten Aberglaubens mich besiegt hätten. Das Leben in seiner friedlichen Festlichkeit schien mir in dieser Stunde wie ein weiter Rahmen, in welchem alles Raum hat, und das Ende verlor seine Furcht, weil

nahe neben ihm der Beginn stand und der Ausgleich der beiden wie in leiser und lächelnder Verabredung und nicht anders wie ein wiegendes Wellenschlagen geschah. Eine mächtige Versöhnung empfand ich durch dieses Gefühl, ich war wie auf die Stirne geküßt von einem reichen und heiligen Lebenstrost, dessen Segen ich nie mehr verlieren konnte.

Allein, gerade weil ich so über dem Fürchten mich fand in diesem Augenblick, begriff ich die Wirkung gewisser seltsamer Fügungen. Der Frate, welcher für seinen demütigen Zweck sammeln gekommen war, wurde nicht bemerkt und klirrte mit dem Münzkasten, welches fremd und wie eine Kette klang. Nach vergeblichem Warten kehrte er um und schritt zögernd zum Gartentore hin; da schien irgendwer unten aus der Vorhalle zu treten, so daß er sich wieder etwas eiliger zum Hause herwandte. Er erhielt von einem Knaben eine Spende und verneigte sich erstaunlich tief vor dem Kinde, welches ihn mit neugierigen Blicken betrachtete. Dann ging er, immer noch zögernd, und stand mitten in der Allee still. Mein Bild von früher wurde wieder wach. Ich fühlte unten auf den Treppen ein weißes junges Mädchen stehen, das vor diesem Sommerglanz zögerte und nicht Abschied nehmen konnte von der hellen Herrlichkeit. Und endlich schickte sie bang dem ernsten, verhüllten Diener, den sie selber herbefahl, durch den Knaben ihr kleines Herz; das soll sagen: ›Ich habe mich geirrt, nimm das, und geh voraus. Ich kann noch nicht. Ich bin wirklich müd, wirklich. Lieben kann ich nicht mehr, nimm es. Aber laß mich noch schauen.‹ Und ich fühle gleichsam, wie zwei große traurige Augen Fragen hineinschatten in den lichten Tag: ›Nur noch schauen . . .‹ Und da geht er, geht ungern und ungläubig. Kommt sie nicht doch? Und er steht nochmals am Gitter, wo die frische Platane glänzt. Das Mädchen aber bleibt unten an eine Säule gelehnt und schaut über den Boten weg auf das grüne, ferne, reglose Meer: ›Nur noch schauen.‹ Bei ihr hockt der Knabe, welcher das Herz trug, und weint . . .

Dann verlor ich die Vision; aber ich dachte: er zögerte wirklich so lang. Wenn ich da oben auf meinem weit sichtbaren Balkon, vertieft, irgendeine unwillkürliche Bewegung gemacht hätte, er hätte sie gewiß für einen Ruf angesehen und wäre wiedergekommen; und ich weiß: ich hätte in überraschender Scham nicht verneint und ihm rasch etwas gegeben, um ihn los zu werden. Und er hätte dann nochmals an der Tür gezögert, und (in einem großen Haus am Meer tritt jeden Augenblick jemand ans Fenster) es hätte irgendwo einer eine ähnliche Geste getan, und er wäre nun auch zu dem gekommen: wir beide hätten uns gewiß beim nächsten Wiedersehen gemieden und nur von ferne angesehen. Und wenn wir beide Menschen wären, die viele Brücken haben zwischen sich, so hätte dieses hartnäckige Wiederkehren des Schwarzen gewiß auf uns gelegen wie eine Gefahr und wie eine arge Ahnung. Und ich dachte einer Situation, die, durch solchen Zufall beschwor[en], schwer und einem Schicksal verwandt werden könnte.

Als ich dann nachmittags in den Garten trat, dachte ich dieser Erscheinung nicht mehr. Aber vorn an der Halle saß der eine unserer beiden Dachshunde und ließ sich durch meine Schmeicheleien gar nicht berühren wie sonst. Er schien in irgendeine tiefe Betrachtung versunken und sah doch nur in die Wand des Hauses hinein, die glatt und kahl und ohne irgendwelchen Halt war. Seine Augen zielten auch gar nicht dahin, es waren die blinden Blicke eines ernst Sinnenden, und auf dem ganzen Gesicht des Tieres lag ein so steinerner Ernst, eine finstere Ergebenheit, die sich auch in der ganzen Haltung des Leibes seltsam ausprägte. Ich stand still, war verwundert und sagte im Weitergehen laut zu mir: »Ein Dackel mit der Manier einer Sphinx. Tief, rätselhaft, stumm.« Sagte das laut und vergaß es.

– Dann gelangen mir meine Lieder, und Klanges voll kam ich im ersten Dämmer aus dem Wald. Mir kommt das Stubenmädchen irgendwo entgegen und sagt: »O, unser Padrone ist ganz trostlos; denken Sie, Signorino, der eine männliche Dachshund, den er vierzehn Jahre besaß, Sie erinnern sich seiner wohl, ist heute – jetzt – von einem Pferd gestoßen worden, taumelte und blieb auf der Stelle tot. Poverino.«

Und sie grüßte lächelnd und ging mir vorbei.

Darauf kommt es schließlich an: alles, eines des anderen wert, *im* Leben zu sehen; auch das Mystische, auch den Tod. Keines darf über das zweite hinausragen, ein jedes das nachbarliche bezähmen. Dann hat jedes seine Bedeutung und, was die Hauptsache ist: ihre Gesamtheit ist ein harmonisches Ganzes voll Ruhe und Sicherheit und Gleichgewicht.

Nur dann hat das Mystische sein Recht: wenn man ihm nicht andere Macht einräumt als den anderen Kräften auch. Aber für die Gerngläubigen wird es mit einem Male der heimliche Grund alles Geschehens, und die, welche sich darüber hinaus wähnen, erschüttert es durch das Gewaltsame seiner Erscheinung.

Kunst ist aber auch Gerechtigkeit. Und ihr müßt, wollt ihr Künstler sein, allen Kräften das Recht lassen, euch zu heben und hinunterzudrücken, zu fesseln und zu befreien. Das ist nur Spiel, fürchtet es nicht.

Ihr wißt, daß die Blume sich neigt, wenn der Wind es will, und ihr müßt werden wie sie: das heißt, voll eines tiefen Vertrauens.

Nach dem Bettag ein Tag der Buße, so kommt es oft. Deinen Brief finde ich nach Tisch und bin bestürzt und bange gewesen. Jetzt bin ich noch traurig. Ich habe dem Sommer mich so entgegengefreut und ihn wie eine liebe helle Verheißung empfunden über allem. Und jetzt kommen Zweifel und Sorgen, und alle Wege verwirren sich . . . wohin? –

Es ist so dunkel um mich mit einem Male. Ich weiß nicht, wo ich bin. Ich fühle nur, daß ich mitten unter fremden Menschen einen Tag fahren muß und noch einen und einen dritten, um endlich bei Dir zu sein, – um vielleicht: Abschied zu nehmen.

Aber ich fühle doch noch ein anderes in mir: warten. Es ist so viel Neues gedrängt vor mir, ich kann es nicht nennen und nicht unterscheiden. Aber hinaussehen eine Weile in Wald und Meer, in die große Allgüte dieser Herrlichkeit, und warten: Klarheit wird sein.

Und Klarheit geschah.

MICHEL DE MONTAIGNE
DIE BÄDER VON LUCCA

Um 1580

Wir brachen am Donnerstag, dem Himmelfahrtstage, nach Tisch auf, folgten zuerst eine Zeit lang der schon erwähnten Ebene, dann einem etwas ansteigenden Weg und schließlich wieder einer sehr schönen, breiten Ebene. Mitten in den Getreidefeldern steht eine Menge Bäume in Reih und Glied, mit Reben, die sich ineinander verschlingen, ganz überzogen; die Felder sehen darum wie Gärten aus. Die Berge, die man von dieser Straße aus sieht, sind gleichfalls mit Baumen bedeckt, vor allem mit Oliven-, Kastanien- und (für die Zucht des Seidenwurmes) mit Maulbeerbäumen.

In dieser Ebene liegt *Lucca*, zwanzig Meilen davon. Eine Stadt um ein Drittel kleiner als Bordeaux und frei, nur daß sie sich in ihrer Schwäche dem Schutz des Kaisers und Hauses Österreichs unterworfen hat. Es ist ein geschlossener Platz, der gut flankiert ist; die Gräben, in denen ein kleiner Wasserarm läuft, sind nicht tief und grün bewachsen – ihre Sohle ist platt und breit. Rings um die Mauer sind auf dem inneren Wall zwei bis drei Reihen Bäume gepflanzt, um Schatten zu geben und, wie mir gesagt wurde, im Notfall die Rolle von Faschinen zu übernehmen. Von außen sieht man nur einen Wald, der die Häuser verbirgt. Es liegt immer eine Besatzung von dreihundert fremden Soldaten darin. Die Stadt ist stark bevölkert, hauptsächlich sind hier Seidenarbeiter ansässig. Die Straßen sind eng, aber schön und auch die meisten Häuser sind groß und hübsch. Ein kleiner Kanal ist vom Serchiofluß durch die Stadt geleitet; gegenwärtig wird ein Palast mit einem Aufwand von hundertdreißigtausend Talern gebaut, der schon ziemlich vorgeschritten ist. Nach ihrer Behauptung sind ihnen hundertzwanzigtausend Seelen untertan, die Stadt nicht mit-

gerechnet. Es stehen mehrere Kastelle auf ihrem Gebiet, aber keine weiteren Städte. Die Edelleute und Krieger treiben alle auch Handel: die Buonvisi sind die reichsten. Fremde dürfen die Stadt nur durch ein Tor betreten, in dem eine starke Wache liegt.

Die Lage gehört zu den schönsten, die ich je bei einer Stadt gesehen habe; auf zwei Seiten schließen sie weite, ebene Flächen ein, bei deren Vereinigung sie am schönsten ist; sodann kommen hübsche Berge und Hügel, auf denen, mitten im Feld, viele ihr Haus gebaut haben. Der Wein ist hier mäßig, der Preis beträgt zwanzig Soldi täglich; die landläufigen Gasthäuser sind dürftig. Von mehreren Privatleuten wurden mir Aufmerksamkeiten erwiesen: Wein, Früchte und Geschenke in Silber.

Ich hielt mich hier Freitag und Samstag auf und brach Sonntag nach Tisch auf, an dem ich freilich nicht gesessen hatte, da ich nüchtern geblieben war. Die der Stadt nächsten Hügel sind ganz mit hübschen Häusern übersät. Der Weg führte meist, ohne zu steigen und ohne Beschwerlichkeit längs des Serchio zwischen Bergen hindurch, die allenthalben bewaldet und bewohnbar waren. Wir kamen durch verschiedene Dörfer und zwei sehr große Flecken, Decimo und Borgo, und überschritten dann den genannten Fluß, den wir zur Rechten hatten, auf einer ungewöhnlich hohen Brücke, die mit einem einzigen Bogen einen guten Teil der Breite des Flusses überspannte, und von dieser Art sahen wir noch drei oder vier Brücken.

Gegen zwei Uhr nachmittags trafen wir in den *Bagni della Villa* ein, sechzehn Meilen davon.

Die Bäder liegen mitten in einer Gebirgslandschaft. Sie lehnen sich über dem Fluß, der von einem ebenen Streifen von drei- bis vierhundert Schritt Breite eingefaßt wird, längs eines Berges von mittlerer Höhe an, ungefähr wie in Bagnières, wo die Brunnen in der Nähe der Stadt liegen. Auch die Stelle selbst, wo die Häuser stehen, kann man eben nennen. Es sind dreißig bis vierzig Häuser, die ihrem Zweck recht gut dienen: die Zimmer sind hübsch, alle getrennt und mit eigenem Kabinett; jedes hat eine Verbindungstür mit dem Nebenzimmer, aber auch eine eigene Eingangstür. Ich sah mir alle an, bevor ich mich entschloß und nahm dann das schönste, vor allem um der Aussicht willen, die – wenigstens in diesem Zimmer – den ganzen kleinen Talgrund, den Limafluß und die einschließenden Berge umfaßt. Letztere sind sämtlich bebaut, bis zum Gipfel grün, mit Kastanien- und Olivenbäumen bestanden, teilweise auch mit Reben, die hier die Berge in Form von Kreisen und Stufen umziehen, und zwar ist die äußere, ein wenig höhere Hälfte einer solchen Stufe für Wein, die innere für Getreide bestimmt.

Von meinem Zimmer hörte ich die ganze Nacht über das sanfte Rauschen des Flusses. Zwischen den Häusern liegt ein Promenadeplatz, der sich nach der einen Seite als Terrasse öffnet und durch einen Rebengang hindurch den Blick auf jene kleine Ebene gestattet; ferner sieht man in ihr am Wasser entlang, zweihundert Schritt tiefer gelegen, ein schönes, kleines Dorf, das bei großem Zuspruch ebenfalls als Bad dient. Die meisten Häuser sind neu; zum Dorf führt eine schöne Straße, die auf einen hübschen Platz mündet. Meist bleiben die Einwohner auch den Winter über da und halten ihre Läden, vor allem Apotheken – denn fast alle sind Apotheker – offen.

Mein Wirt nennt sich Kapitän Paulini und er ist auch wirklich einer. Er vermietete an mich einen Saal, drei Schlafzimmer, eine Küche und Zubehör für unsere Leute; wir hatten acht Betten, darunter zwei mit Betthimmel. Er lieferte das Salz, täglich eine Serviette, alle drei Tage ein Tischtuch, sämtliches eisernes Gerät für die Küche und Kerzenhalter, und erhielt dafür elf Taler, etwas mehr als zehn Pistolen für zwei Wochen. Töpfe, Schüsseln und Teller, die hier irden sind,

kauften wir selbst, ebenso Gläser und Messer. Fleisch ist reichlich da, Kalb- und Geißenfleisch. Andere Sachen sind seltener. In jeder Wohnung machen einem die Leute das Angebot, den Haushalt zu führen, und ich glaube, daß man das für zwanzig Sous für Mann und Kopf bekommen könnte: in jeder Wohnung findet man auch einen Mann oder eine Frau, die die Küche führen können. Der Wein ist hier recht schlecht, doch kann man sich welchen aus Pescia oder Lucca herbeischaffen lassen.

Ich traf als erster ein, von zwei bolognesischen Edelleuten abgesehen, die aber ohne großes Gefolge kamen: so hatte ich freie Wahl und, wie mir versichert wurde, billigere Preise als wenn ich zur Zeit des großen Zuspruchs gekommen wäre, der bedeutend sein soll; doch fängt er gewöhnlich erst im Juni an, um bis in den September zu dauern: im Oktober wird das Bad leer, höchstens daß man dann noch zur bloßen Erholung hingeht. Was früher kommt – wir trafen Leute, die schon wieder nach einem Aufenthalt von einem Monat gingen – oder im Oktober, gehört zu den Seltenheiten.

Ein Haus zeichnet sich vor den andern durch seine Pracht aus. Das gehört dem Herrn von Buonvisi und ist wirklich sehr schön; es heißt der Palast. Im Speisesaal springt ein hübscher, lebhafter Brunnen, daselbst sind auch noch andere Bequemlichkeiten zu bemerken. Es wurde mir angeboten, oder wenigstens eine Flucht von vier Zimmern, die ich brauchte, doch hätte ich auch das Ganze haben können. Die vier Zimmer, die wie oben angegeben möbliert waren, hätte ich für zwanzig hiesige Taler auf zwei Wochen bekommen, ich wollte aber nur einen Taler für den Tag geben. In Anbetracht der frühen Zeit und des wechselnden Preises brauchte unser Wirt unsere Vereinbarung nur für den Monat Mai gelten zu lassen. Wenn ich länger dableibe, werde ich mich von neuem verständigen müssen.

Es gibt hier Gelegenheit zur Badekur und zur Trinkkur. Das Bad ist bedeckt, gewölbt und ziemlich dunkel, halb so breit wie mein Saal in Montaigne. Auch eine Auslaufvorrichtung ist vorhanden, eine sogenannte doccia; sie besteht aus Röhren, unter die man sich stellt und aus denen dann unaufhörlich heißes Wasser auf die verschiedenen Körperteile, zumal auf den Kopf sprudelt und die betreffende Stelle gehörig bearbeitet. Das Wasser läuft in einer Holzrinne, wie sie die Wäscherinnen kennen, ab. Die Frauen benützen ein anderes Bad, das ebenso überwölbt und dunkel ist. Es wird von einer Quelle gespeist, von der man auch zum Trinken schöpft; sie liegt sehr unbequem in einer Vertiefung, zu der man einige Stufen hinabsteigen muß.

HEINRICH HEINE
DIE STADT LUCCA

1828-1830

Die umgebende Natur wirkt auf den Menschen – warum nicht auch der Mensch auf die Natur, die ihn umgibt? In Italien ist sie leidenschaftlich wie das Volk, das dort lebt; bei uns in Deutschland ist sie ernster, sinniger und geduldiger. Hatte einst wie die Menschen auch die Natur mehr inneres Leben? Die Gemütskraft eines Orpheus, sagt man, konnte Bäume und Steine nach begeisterten Rhythmen bewegen. Könnte noch jetzt dergleichen geschehen? Menschen und Natur sind phlegmatisch geworden und gähnen sich einander an. Ein königl. Preuß. Poet wird nimmermehr, mit den Klängen seiner Leier, den Templower Berg oder die Berliner Linden zum Tanzen bringen können.

Auch die Natur hat ihre Geschichte und das ist eine andere Naturgeschichte als wie die, welche in Schulen gelehrt wird. Irgend eine von jenen grauen Eidechsen, die schon seit Jahrtausenden in den Felsenspalten des Apennins leben, sollte man als ganz außerordentliche Professorin bei einer unserer Universitäten anstellen, und man würde ganz außerordentliche Dinge zu hören bekommen. Aber der Stolz einiger Herren von der juristischen Fakultät würde sich gegen eine solche Anstellung auflehnen. Hegt doch einer von ihnen schon jetzt eine geheime Eifersucht gegen den armen Fido Savant, fürchtend daß dieser ihn einst im gelehrten Apportieren ersetzen könnte.

Die Eidechsen mit ihren klugen Schwänzchen und spitzfündigen Äuglein, haben mir wunderbare Dinge erzählt, wenn ich einsam zwischen den Felsen der Apenninen umherkletterte. Wahrlich, es gibt Dinge zwischen Himmel und Erde, die nicht bloß unsere Philosophen, sondern sogar die gewöhnlichsten Dummköpfe nicht begreifen.

Die Eidechsen haben mir erzählt, es gebe eine Sage unter den Steinen, daß Gott einst Stein werden wolle, um sie aus ihrer Starrheit zu erlösen. Eine alte Eidechse meinte aber, diese Steinwerdung würde nur dann statt finden, wenn Gott bereits in alle Tier- und Pflanzenarten sich verwandelt und sie erlöst habe.

Nur einige Steine haben Gefühl, und nur im Mondschein atmen sie. Aber diese wenigen Steine, die ihren Zustand fühlen, sind schrecklich elend. Die Bäume sind viel besser daran, sie können weinen. Die Tiere aber sind am meisten begünstigt, denn sie können sprechen, jedes nach seiner Art und die Menschen am besten. Einst, wenn die ganze Welt erlöst ist, werden alle anderen Erschaffnisse ebenfalls sprechen können, wie in jenen uralten Zeiten, wovon die Dichter singen.

Die Eidechsen sind ein ironisches Geschlecht, und betören gern die anderen Tiere. Aber sie waren gegen mich so demütig, sie seufzten so ehrlich, sie erzählten mir Geschichten von Atlantis, die ich nächstens aufschreiben will, zu Nutz und Frommen der Welt. Es ward mir so innig zu Mute bei den kleinen Wesen, die gleichsam die geheimen Annalen der Natur aufbewahren. Sind es etwa verzauberte Priesterfamilien, gleich denen des alten Egyptens, die ebenfalls naturbelauschend in labyrinthischen Felsengrotten wohnten? Auf ihren Köpfchen, Leibchen und Schwänzchen blühen so wunderbare Zeichenbilder, wie auf egyptischen Hieroglyphenmützen und Hierophantenröcken.

Meine kleinen Freunde haben mich auch eine Zeichensprache gelehrt, vermittels welcher ich mit der stummen Natur zu sprechen vermag. Dieses erleichtert mir oft die Seele, besonders gegen Abend, wenn die Berge in schaurig süßen Schatten gehüllt stehen, und die Wasserfälle rauschen, und alle Pflanzen duften, und hastige Blitze hin und her zucken. –

O Natur! du stumme Jungfrau! wohl verstehe ich dein Wetterleuchten, den vergeblichen Redeversuch, der über dein

schönes Antlitz dahinzuckt, und du dauerst mich so tief, daß ich weine. Aber alsdann verstehst du auch mich, und du heiterst dich auf, und lachst mich an aus goldnen Augen. Schöne Jungfrau, ich verstehe deine Sterne und du verstehst meine Tränen! (. . .)

Es war schon Nacht als ich die Stadt Lucca erreichte.

Wie ganz anders erschien sie mir die Woche vorher, als ich am Tage durch die widerhallend öden Straßen wandelte, und mich in eine jener verwunschenen Städte versetzt glaubte, wovon mir einst die Amme so viel erzählt. Da war die ganze Stadt still wie das Grab, alles war so verblichen und verstorben, auf den Dächern spielte der Sonnenglanz, wie Goldflitter auf dem Haupte einer Leiche, hie und da aus den Fenstern eines altverfallenen Hauses hingen Efeuranken, wie vertrocknet grüne Tränen, überall glimmernder Moder und ängstlich stokkender Tod, die Stadt schien nur das Gespenst einer Stadt, ein steinerner Spuk am hellen Tage. Da suchte ich lange vergebens die Spur eines lebendigen Wesens. Ich erinnere mich nur, vor einem alten Palazzo lag ein schlafender Bettler mit ausgestreckt offner Hand. Auch erinnere ich mich, oben am Fenster eines schwärzlich morschen Häuslein sah ich einen Mönch, der den roten Hals mit dem feisten Glatzenhaupt recht lang aus der braunen Kutte hervorreckte, und neben ihm kam ein vollbusig nacktes Weibsbild zum Vorschein; unten, in die halb offne Haustüre sah ich einen kleinen Jungen hineingehen, der als ein schwarzer Abbate gekleidet war, und mit beiden Händen eine mächtig großbäuchige Weinflasche trug. – In demselben Augenblick läutete unfern ein feines ironisches Glöcklein, und in meinem Gedächtnisse kicherten die Novellen des Boccaccio. Diese Klänge konnten aber keineswegs das seltsame Grauen, das meine Seele durchschauerte, ganz verscheuchen. Es hielt mich vielleicht um so gewaltiger befangen, da die Sonne, so warm und hell, die unheimlichen Gebäude beleuchtete, und ich merkte wohl, Gespenster sind noch furchtbarer, wenn sie den schwarzen Mantel der Nacht abwerfen, und sich im hellen Mittagslichte sehen lassen.

Als ich jetzt, acht Tage später, wieder nach Lucca kam, wie erstaunte ich über den veränderten Anblick dieser Stadt! Was ist das? rief ich, als die Lichter mein Auge blendeten und die Menschenströme durch die Gassen sich wälzten. Ist ein ganzes Volk als nächtliches Gespenst aus dem Grabe gestiegen, um im tollsten Mummenschanz das Leben nachzuäffen? Die hohen, trüben Häuser sind mit Lampen verziert, überall aus den Fenstern hängen bunte Teppiche, die morschgrauen Wände fast bedeckend, und darüber lehnen sich holde Mädchengesichter, so frisch, so blühend, daß ich wohl merke, es ist das Leben selbst, das sein Vermählungsfest mit dem Tode feiert und Schönheit und Jugend dazu eingeladen hat. Ja, es war so ein lebendes Totenfest, ich weiß nicht wie es im Kalender genannt wird, auf jeden Fall so ein Schindungstag irgend eines geduldigen Martyrers, denn ich sah nachher einen heiligen Totenschädel und noch einige Extra-Knochen, mit Blumen und Edelsteinen geziert, und unter hochzeitlicher Musik herumtragen. Es war eine schöne Prozession.

Voran gingen die Kapuziner, die sich von den anderen Mönchen durch lange Bärte auszeichneten, und gleichsam die Sappeurs dieser Glaubensarmee bildeten. Darauf folgten Kapuziner ohne Bärte, worunter viele männlich edle Gesichter, sogar manch jugendlich schönes Gesicht, das die breite Tonsur sehr gut kleidete, weil der Kopf dadurch wie mit einem zierlichen Haarkranz umflochten schien, und samt dem bloßen Nacken recht anmutig aus der braunen Kutte hervortrat. Hierauf folgten Kutten von anderen Farben, schwarz, weiß, gelb, panaché, auch herabgeschlagene dreieckige Hüte, kurz all jene Klosterkostüme, womit wir durch die Bemühungen unseres Generalintendanten längst bekannt sind. Nach dem Mönchsorden kamen die eigentlichen Priester, weiße Hemde über schwarze Hosen, und farbige Käppchen; hinter ihnen kamen noch vornehmere Geistliche, in buntseidne Decken gewickelt, und auf dem Haupte eine Art hoher Mützen, die wahrscheinlich aus Egypten stammen, und die man auch aus dem Denonschen Werke, aus der Zauberflöte und aus dem Belzoni kennen lernt; es waren altgediente Gesichter, und sie schienen eine Art von alter Garde zu bedeuten. Zuletzt kam der eigentliche Stab, ein Thronhimmel und darunter ein alter Mann mit einer noch höheren Mütze, und in einer noch reicheren Decke, deren Zipfel von zwei eben so gekleideten alten Männern, nach Pagenart, getragen wurden.

Die vorderen Mönche gingen mit gekreuzten Armen, ernsthaft schweigend; aber die mit den hohen Mützen sangen einen gar unglücklichen Gesang, so näselnd, so schlürfend, so kollernd, daß ich überzeugt bin: wären die Juden die größere Volksmenge, und ihre Religion wäre die Staatsreligion, so würde man obiges Gesinge mit dem Namen »Mauscheln« bezeichnen. Glücklicherweise konnte man es nur zur Hälfte vernehmen, indem hinter der Prozession, mit lautem Trommeln und Pfeifen, mehrere Kompanien Militär einherzogen, so wie überhaupt an beiden Seiten neben den wallenden Geistlichen, auch immer je zwei und zwei Grenadiere marschierten. Es waren fast mehr Soldaten als Geistliche, aber zur Unterstützung der Religion gehören heut zu Tage viel Bajonette, und wenn gar der Segen gegeben wird, dann müssen in der Ferne auch die Kanonen bedeutungsvoll donnern.

Wenn ich eine solche Prozession sehe, wo unter stolzer Militär-Eskorte, die Geistlichen so gar trübselig und jammervoll einherwandeln, so ergreift es mich immer schmerzhaft, und es ist mir als sähe ich unseren Heiland selbst, umringt von Lanzenträgern, zur Richtstätte abführen. Die Sterne zu Lucca dachten gewiß wie ich, und als ich seufzend nach ihnen hinaufblickte, sahen sie mich so übereinstimmend an mit ihren frommen Augen so hell, so klar. Aber man bedurfte nicht ihres Lichtes, tausend und abertausend Lampen und Kerzen und Mädchenge-

sichter flimmerten aus allen Fenstern, an den Straßenecken standen lodernde Pechkränze aufgepflanzt, und dann hatte auch jeder Geistliche noch seinen besonderen Kerzenträger zur Seite. Die Kapuziner hatten meistens kleine Buben, die ihnen die Kerze trugen, und die jugendlich frischen Gesichtchen schauten bisweilen recht neugierig vergnügt hinauf nach den alten, ernsten Bärten; so ein armer Kapuziner kann keinen großen Kerzenträger besolden, und der Knabe, den er das Ave Maria lehrt, oder dessen Muhme ihm beichtet, muß bei Prozessionen wohl gratis dieses Amt übernehmen, und es wird darum gewiß nicht mit geringerer Liebe verrichtet. Die folgenden Mönche hatten nicht viel größere Buben, einige vornehmere Orden hatten schon erwachsene Rangen, und die hochmütigen Priester hatten wirkliche Bürgersleute zu Kerzenträgern. Aber endlich gar der Herr Erzbischof – denn das war wohl der Mann, der in vornehmer Demut unter dem Thronhimmel ging und sich die Gewandzipfel von greisen Pagen nachtragen ließ – dieser hatte an jeder Seite einen Lakeien, die beide in blauen Livreen mit gelben Tressen prangten, und zeremoniös, als servierten sie bei Hof, die weißen Wachskerzen trugen.

Auf jeden Fall schien mir solche Kerzenträgerei eine gute Einrichtung, denn ich konnte dadurch um so heller die Gesichter besehen, die zum Katholizismus gehören. Und ich habe sie jetzt gesehen, und zwar in der besten Beleuchtung. Und was sah ich denn? Nun ja, der klerikale Stempel fehlte nirgends. Aber dieses abgerechnet, waren die Gesichter unter einander eben so verschieden, wie andre Gesichter. Das eine war blaß, das andre rot, diese Nase erhob sich stolz, jene war niedergeschlagen, hier ein funkelnd schwarzes dort ein schimmernd graues Auge – aber in allen diesen Gesichtern lagen die Spuren derselben Krankheit, einer schrecklichen, unheilbaren Krankheit, die wahrscheinlich Ursache sein wird, daß mein Enkel, wenn er hundert Jahre später die Prozession in Lucca zu sehen bekommt, kein einziges von jenen Gesichtern wieder findet. Ich fürchte, ich bin selbst angesteckt von dieser Krankheit, und eine Folge derselben ist jene Weichheit, die mich wunderbar beschleicht, wenn ich so ein sieches Mönchsgesicht betrachte, und darauf die Symptome jener Leiden sehe, die sich unter der groben Kutte verstecken: – gekränkte Liebe, Podagra, getäuschter Ehrgeiz, Rückendarre, Reue, Hämorrhoiden, die Herzwunden die uns vom Undank der Freunde, von der Verleumdung der Feinde, und von der eigenen Sünde geschlagen worden, alles dieses und noch viel mehr, was eben so leicht unter einer groben Kutte wie unter einem feinen Modefrack seinen Platz zu finden weiß. O! es ist keine Übertreibung, wenn der Poet in seinem Schmerze ausruft: das Leben ist eine Krankheit, die ganze Welt ein Lazarett!

»Und der Tod ist unser Arzt –« Ach! ich will nichts Böses von ihm reden, und nicht andre in ihrem Vertrauen stören; denn da er der einzige Arzt ist, so mögen sie immerhin glauben er sei auch der beste, und das einzige Mittel, das er anwendet, seine ewige Erdkur, sei auch das beste. Wenigstens kann man von ihm rühmen, daß er immer gleich bei der Hand ist, und trotz seiner großen Praxis nie lange auf sich warten läßt, wenn man ihn verlangt. Manchmal folgt er seinen Patienten sogar zur Prozession, und trägt ihnen die Kerze. Es war gewiß der Tod selbst, den ich an der Seite eines blassen, bekümmerten Priesters gehen sah; in dünnen zitternden Knochenhänden trug er diesem die flimmernde Kerze, nickte dabei gar gutmütig besänftigend mit dem ängstlich kahlen Köpfchen, und so schwach er selbst auf den Beinen war, so unterstützte er doch noch zuweilen den armen Priester, der bei jedem Schritte noch bleicher wurde und umsinken wollte. Er schien ihm Mut einzusprechen: »Warte nur noch einige Stündchen, dann sind wir zu Hause, und ich lösche die Kerze aus, und ich lege dich aufs Bett, und die kalten, müden Beine können ausruhen, und du sollst so fest schlafen, daß du das wimmernde Sankt Michaelsglöckchen nicht hören wirst.«

»Gegen den Mann will ich auch nicht schreiben« dacht ich, als ich den armen, bleichen Priester sah, dem der leibhaftige Tod zu Bette leuchtete.

Ach! man sollte eigentlich gegen niemanden in dieser Welt schreiben. Jeder ist selbst krank genug in diesem großen Lazarett, und manche polemische Lektüre erinnert mich unwillkürlich an ein widerwärtiges Gezänk, in einem kleineren Lazarett zu Krakau, wobei ich mich als zufälliger Zuschauer befand, und wo entsetzlich anzuhören war, wie die Kranken sich einander ihre Gebrechen spottend vorrechneten, wie ausgedörrte Schwindsüchtige den aufgeschwollenen Wassersüchtigen verhöhnten, wie der eine lachte über den Nasenkrebs des andern, und dieser wieder über Maulsperre und Augenverdrehung seiner Nachbaren, bis am Ende die Fiebertollen nackt aus den Betten sprangen, und den andern Kranken die Decken und Laken von den wunden Leibern rissen, und nichts als scheußliches Elend und Verstümmelung zu sehen war.

LADY MORGAN
VOM LÄNDLICHEN LEBEN IN DER TOSKANA

1821

Die Häuser des toskanischen Adels, werden öfters durch die Vernachlässigung ihrer Geschäfte, und durch das unbegrenzte Vertrauen, welches sie ihren Intendanten schenken, zu Grunde gerichtet. Diese mischen sich in alle kleinere Angelegenheiten, welche die verpachteten Güter, Wein- und Ölberge, die nur selten von den Eigentümern besucht werden, betreffen. Ein Sekretär besorgt die ganze Korrespondenz, mögen nun die Briefe Geschäfte enthalten, oder eines intimern Inhalts sein; der Edelmann braucht nur seinen Namen unter dieselben zu setzen. Die Haupteinkünfte der großen Gutsbesitzer in Toskana, bestehen aus Wein- und Ölbergen, und da es wenig Ausfuhrhandel gibt, so sehen dieselben sich genötigt, die reichlichen Erzeugnisse im Kleinen wieder zu verkaufen. So groß ist der Einfluß der hergebrachten mercantilischen Gewohnheiten, auf Männer, deren Vorfahren den Pomp der Titel nicht kannten, daß man noch jetzt in den Palästen Kramläden angebracht sieht, wo die Produkte der Güter, da es dazu keiner Lizenzen bedarf, so ängstlich im Kleinen verkauft werden, wie etwa in einem französischen Weinhause an der Landstraße.

Während in die massiven Pforten, der Kardinalshut, die Päpstliche oder herzogliche Krone pomphaft eingehauen sind, befinden sich unter diesen Zeichen, zu welcher jener Würden die Familie gelangt ist, ein kleines Gitterfenster, hinter welchem der Vinajo präsidiert und an welchem eine alte Flasche ausgehängt ist. Während glänzende Equipagen in den Hof rollen, reicht dieser einem dürftigen Käufer, der sich vielleicht eben erst ein Stück Geld dazu vom Bewohner des Palastes erbat, ein Maß Wein durch das Gitter. Mit diesem Kleinhandel, verbindet der hohe Florentinische Adel die strengste Sparsamkeit, und vermeidet sorgfältig jede Berührung mit dem Bürger und Kaufmann.

Es gibt wenig Adlige, die nicht zwischen vier bis acht Villa's (Landhäuser), in verschiedenen Entfernungen von der Hauptstadt, besitzen; ihre große Leidenschaft zu bauen, entstand aus politischen Gründen, indem die Macht und das Ansehen eines alten Florentiners von den zahlreichen Verzweigungen einer glücklichen, einigen Familie, von deren Talenten, Industrie, geselligen und politischen Verbindungen der Brüder, Neffen, Enkel, abhing. Was indes zum Wohl des Ganzen gedient hatte, verkehrte sich in Mißbrauch, da die Anzahl unbewohnter Villa's, durch die Verarmung ihrer Besitzer, dem Verfalle preisgegeben waren. Von den Toren von Florenz, bis zu den Appenninen, wie bis an die Römischen Grenzen, bieten sich dem Auge viele solcher romantischen Ruinen oder Häuser dar, die zuweilen noch bewohnt werden, die aber nichts destoweniger zerstört und vernachlässigt aussehen. Ja sogar mit den Königlichen Landhäusern ist es nicht besser. In der Stadt gibt es, außer den Palästen, eine Menge Gebäude, wovon nur ein Teil vermietet ist, auf deren Portal die drei Kugeln der Medicis, der Schlüssel der Riccardi, der Kardinalshut der Capponi und verschiedener anderer Familien, deren Mitglieder im letzten Jahrhundert mit dieser Würde bekleidet waren, angebracht sind. – Wenn indes die Leidenschaft, Gebäude aufzuführen, für die Vermögensumstände der Florentiner nachteilig gewesen, so war sie es eben so sehr für den Geschmack, der in den letzten zwei Jahrhunderten dadurch eine so schlechte Richtung nahm. In dem lieblichsten Fleck der Erde, ist die Natur überall von einer entarteten Kunst verdrängt; anstatt lebendiger Hecken und blühender Ebenen, sieht man nur Einfassungen von Granit und marmorne Terrassen, den Schatten bedeckter steinerner Gänge, anstatt den der Bosquette, Türme, Schanzen und Gebäude aller Art, anstatt aller Waldungen, oder junger Pflanzungen. Zwischen Zypressen und Ulmen, die zu Bogengängen beschnitten sind, stehen Löwen von Gips, Adler, die ihre bleiernen Flügel ausbreiten, und in Buchsbaum geschnittene Figuren. Auf diesen Landsitzen, woher die Florentiner vor der Hitze der Stadtluft fliehen, führen sie ein wenig ländliches Leben. Nachdem früh Morgens der Almosenier der Familie, welcher mit noch zwei oder drei geistlichen Freunden die Gesellschaft der villegiatura (des Landlebens) ausmacht, in der Kapelle oder dem großen salone (Saal) Messe gelesen hat, wird ein Frühstück von Schokolade eingenommen, dann ein langsamer Spaziergang längs dem schmalen, mit Moos bedeckten Zugange gemacht; hierauf wird kurz nach Mittag das Mahl aufgetragen, endlich, bis zur Zeit des rosario (Rosenkranzes) oder Abendgottesdienstes, eine Spazierfahrt gemacht, bis eine Partie l'hombre oder minchiate diesen eintönigen und klösterlichen Tag beschließt. Indes richtet sich die Lebensweise oft nach dem Geschmacke und Alter der Personen vom alten System, nach deren Ergebenheit, oder Galanterie; der vorherrschende Einfluß des cavaliere servente, oder des Beichtvaters, bestimmt die Gegenstände der Abendunterhaltung, die entweder auf eine Oper von Rossini oder auf die Predigten der Pater Moguino und Voragine fällt.

Die öffentliche Erziehung ist immer bis zu einem gewissen Grade, in allen Gegenden Italiens und in allen Zeiten befördert worden.

Die Geistlichkeit, welche sich der Leitung derselben angenommen, und ihr diejenige Tendenz gegeben hatte, die mit ihren Absichten übereinkam, betrachtete sie als einen Zweig der Wohltätigkeit, und ermunterte durch Predigten zur Stiftung von Seminarien, in denen man unentgeldlich mehr, als den Elementar-Unterricht erteilte. Die Freigebigkeit der toskanischen Handelsmänner des zwölften Jahrhunderts, begünstigte diese Anordnung, wahrscheinlich aus eigenem freien Antriebe. In jeder größeren Gemeinde gründete man Schulen,

in denen lesen, schreiben, rechnen, und die ersten Rudimente der Lateinischen Grammatik gelehrt wurden. Leopold sah den daraus entspringenden Nutzen ein, vervielfachte diese Anstalten nach dem Bedürfnisse der Zeit, und dehnte sie sogar bis in die kleinsten toskanischen Dörfer aus.

Im Jahre 1778 stiftete er in jedem Viertel der Stadt Florenz vier Mädchenschulen, die unter der Aufsicht des Marco Pavoni standen. Sie erhielten sich unter allen Umwälzungen des Staats, und gegenwärtig lernen 900 Kinder darin lesen, schreiben, rechnen, nähen, sticken, Leinwand und andere schlichte oder bunte Stoffe weben; man findet eine Ordnung, Ruhe und Reinlichkeit daselbst, welche selten bei ähnlichen Anstalten erreicht und erhalten werden kann. Diesen Schulen schreiben die toskanischen Schriftsteller, gewiß mit Recht, den friedlichen Charakter ihrer Mitbürger, und die Seltenheit grober Verbrechen zu. Die Landbewohner sind in der Regel gut gekleidet und wohlgenährt, und weder durch zu angestrengte

Arbeit zu gefährlichen Übertretungen genötigt, noch brauchen sie sich zu ihrem Unterhalt unrechtlicher Mittel zu bedienen, in dem ihr Fleiß ihnen ein behagliches Leben verschafft, und ihnen noch Zeit genug läßt, um von dem, in den Schulen empfangenen Unterrichte, Nutzen zu ziehen.

Obgleich auf solche Weise die öffentlichen Unterrichts-Anstalten in Toskana in sehr gutem Stande sind, so hat man doch nicht unterlassen, einige Schulen zu errichten, in denen, nach dem Systeme des Lancaster, der Unterricht wechselseitig, und unter 230 Kindern, mit dem glücklichsten Erfolge ausgeübt wird.

Eine zweite solche Anstalt gründete der Graf Girolamo di Bardi, auf seine Kosten; sie besteht aus 120 Zöglingen; der Graf hat dem Lancasterschen Systeme noch einige Verbesserungen hinzugefügt, vorzüglich in Hinsicht auf die fortschreitende Entwicklung des Verstandes.

Der Handel, welchem sich die reichsten und ältesten Familien der Lombardei widmeten, war ein Gegenstand der Verachtung des lehensherrlichen Adels, und besonders der tapferen Franzosen, die, wie Boccaccio sagt, denen, die ihn führten, den Beinamen der Lombardischen Hunde (cani lombardi) gaben. Die falschen Begriffe von Größe haben, durch den Einfluß der Deutschen unter den Medicis, bei den Florentinern ein Gewerbe herabgesetzt, welches den Wohlstand des Landes begründete. Je mehr sich die Menge der Herzöge, Marquise und Grafen vermehrt hat, desto mehr ist der wahre Kaufmann verschwunden, zugleich mit ihm Handel, Überfluß, Freiheit und Künste. – Der verstorbene Marquis Ginori (dessen Name in der Geschichte von Toskana so oft vorkommt, und dessen Vorfahr Freund des Macchiavell gewesen), war der erste, welcher sich aus dem trägen Schlummer, in welchem die Florentiner ihre Jugend an den blühenden Ufern des Arno verträumten, aufrüttelte. Er besuchte einige Jahre fremde Länder, unter anderen England, wo er die Vorteile kennen lernte, die Manufakturen und Handel einer Nation gewähren. Als er in sein Vaterland zurückkam, welches ehedem ein Muster der Industrie gewesen war, machte er Spekulationen, die seiner Tätigkeit, wie seinem Patriotismus Ehre machten. Er hatte den Gedanken, einen Weg durch die Sümpfe von Grosseto zu machen, und eine Kolonie daselbst anzulegen; er rüstete ein Schiff nach Indien aus, um die kostbarsten Produkte dieses Landes zurückzubringen; bis zum Jahre 1765 hat man Angorische Ziegen auf seinen Wiesen grasen sehen. Überdies legte er eine Porzellan-Fabrik, mitten auf einem seiner Lieblingsorte, in seinem Park Doccia an. Der Sohn dieses trefflichen und geistreichen Mannes entwickelte in den stürmischen Zeiten, in denen er geboren war, seine ganze Energie, und erhielt von seinem Vater eine liberale Erziehung, welche seinem Vaterlande sehr nützlich wurde. Auch er hatte die Manufakturen von Sèvres und Wedgwood besucht, und die Niederlassungen seines Vaters, die sich bei dessen Tode noch nicht weit über die Unternehmungen eines Liebhabers erhoben hatten, wetteifern jetzt mit den vollkommensten von Europa.

Trotz der ansehnlichen Besitztümer und eines berühmten Namens, hat der würdige Nachkomme des Ginori sich nicht geschämt, Manufakturist zu werden, und seine Zeit zwischen dem Handel und der Geselligkeit zu teilen. Mehr als 100 Familien verdanken ihm ihren Unterhalt; dessenungeachtet hat die Manufaktur zu Doccia nicht bloß den filzigen Charakter einer ganz merkantilischen Unternehmung. Sie ist allein das Werk eines Mannes von Geschmack und Wohlwollen, der sein großes Vergnügen zu gemeinnützigen Zwecken benutzt.

Diese Kolonie liegt einige Meilen von Florenz entfernt; die Familien der Handwerker wohnen in dazu für sie erbauten, und schicklich eingerichteten Häusern. Eine bewunderswürdig gute Schule befindet sich in einem derselben für diejenigen jungen Leute, die ihren Vätern nachfolgen wollen; hier erlernen sie das Zeichnen und alle andere Künste, welche Bezug auf die Fabrik haben. Zur Erholung hat man eine Musik-Akademie hinzugefügt, in welcher die Schüler wöchentlich zwei Mal kleine Konzerte aufführen; auch finden andere erlaubte Vergnügungen statt, um den Ausschweifungen in Schenken, und der Faulheit zu wehren. Eine schöne Sammlung von Gipsfiguren, nach Antiken, nimmt den Mittelpunkt des Gebäudes ein, und klassische Gruppen, die in Biscuit gearbeitet sind, beweisen, daß die Galerie oft Modelle dazu hergibt.

Wir selbst haben Gelegenheit gehabt, die glücklichen moralischen Resultate dieser Anstalt zu beurteilen. Wir kamen an einem Sonntage daselbst an, und die vielen Gruppen, welche wir im Schatten nicht weit von ihren hübschen Wohnungen sahen, fielen uns angenehm auf. Alle Bewohner derselben waren in ihren Festkleidern, und die jungen Leute beiderlei Geschlechts sahen blühend gesund aus. Der Marquis Ginori, welcher uns begleitete, nannte jeden bei seinem Namen, und erinnerte Alle mit freundlicher Güte an den Ball, welcher am Abend auf der Villa statt haben sollte, und den sie, wie ihr Anzug bewies, nicht vergessen hatten. Mehrere erkundigten sich angelegentlich, ob sie nach dem Abendsegen, der nach Sonnenuntergang erteilt wird, kommen dürften. Wirklich hatten wir kaum zu Mittag gegessen, und im antik-möblierten Saale des Schlosses den Kaffee eingenommen, als die Gäste sich in großer Anzahl zu dem so sehnlich erwarteten Tanze einstellten.

Obgleich die Sonne noch das Tal des Arno beschien, so ließ Signore Ginori das Haus mit Wachslichtern erleuchten, und erlaubte den Landleuten und Manufakturisten, hereinzukommen. Jeder wählte sich nun in den verschiedenen Zimmern, das, seinem Geschmack und Alter angemessene Vergnügen, die älteren Männer spielten Karten, die jüngeren Billard, die Meisten aber begaben sich in den Tanzsaal, wo die Musiker, Zöglinge der Manufaktur, einige Stücke, vor dem Beginnen des Tanzes, spielten. Bei einbrechender Nacht kamen vorneh-

mere Gäste von benachbarten Villas: Edelleute, und reiche Pächter der angrenzenden Poderi (Landgüter), eine Klasse von Menschen, welche fröhlicher, ungezwungener und gastfreier leben, als die adligen Bewohner der Villas. Erfreulich war es, alle Mütter mit ihren Töchtern kommen zu sehen, wovon einige noch Kinder, andere in dem reizenden Alter waren, welches die Gesellschaften in England verschönert und belebt. Wenn man ihre schönen Italienischen schwarzen Augen vor Freude glänzen, und ihre Gesichtsfarbe durch den lebhaften Tanz gerötet sah, so konnte man nicht umhin, einen Vergleich zwischen ihnen und den bleichen, trüben Signorinen anzustellen, welche zu Florenz traurig aus den hohen Palästen ihrer vornehmen Eltern blicken. Der Ball wurde mit dem Trescone, dem Nationaltanz der Toskaner, so wie es die Montferina für die Piemonteser ist, eröffnet. Die Edelleute, Handwerker und Bauern, welche sich mit den Kindern jedes Ranges vermischten, gaben diesem Balle ein fröhliches, lebendiges Ansehen.

Hierauf folgten die Françaisen, die englischen Countrytänze und Walzer, und alles dieses wurde mit einem Ebenmaß und Takte ausgeführt, welches den Mangel an Grazie weniger fühlbar machte. Die, dem Lande eigentümlichen Erfrischungen, waren im Überfluß vorhanden; sie bestanden in leichten Weinen von mehreren Gattungen, in Kastanien und süßen Kuchen. Mit Eis, Limonade und Eingemachtem wurden die ausgezeichneten Fremden bedient.

Ich habe sowohl hier, als auch bei mehreren anderen Gelegenheiten bemerkt, daß man die persönliche Schönheit und das elegante Kostüm der toskanischen Bäuerinnen übertrieben hat. Ungeachtet der schwarzen Sammet-Pantoffeln, welche die Länge und Breite der Füße nicht versteckten, der seidenen Mieder, welche die plumpen Taillen noch steifer machten, der Perlen und Korallen, welche dicke und kurze Hälse umgaben, der glänzenden Kämme, welche ungeheure Zöpfe zierten, war Alles, was man zu Gunsten dieser Frauen sagen konnte: daß sich einige leidliche darunter befanden, und daß ihr Anzug ländliche Wohlhabenheit ankündigte.

JOHANN CHRISTOPH JAGEMANN VON DEM GROSSHERZÖGLICHEN LUSTSCHLOSS PRATOLINO

1780

Dieses prächtige Lustschloß hat der Großherzog Franciscus I. durch die zwei Baumeister Buontalenti, Vater und Sohn bauen lassen. Im großen Saal desselben stehet eine Zuschrift, welche uns belehrt, daß 1575 geendigt wurde. Das Schloß selbst ist ins gevierte gebauet und hat so wohl unten als oben sechzehn Zimmer, mit zwei großen Sälen, die zu Zeiten der Mediceischen Großherzöge, welche daselbst sich oft aufhielten, mit sehr prächtigen Tapeten und andern kostbaren Mobilien ausgeschmückt waren; die aber so wie in allen übrigen Großherzöglichen Lustschlössern nach und nach verschwunden sind, nachdem das Haus Medici erloschen, und unter dem Kaiser Franz die Aufsicht dieser Schlösser Lothringischen Familien anvertraut worden ist. Die schönen Freßkomalereien an den Decken und Wänden will ich hier übergehen, weil sie dasjenige nicht sind, wodurch sich dieses Schloß vor andern hervortut. Dieses sind vielmehr die ungemein vielen Wasserkünste, Springbrunnen und Grotten, welche sowohl innerhalb des Gebäudes, als ringsum dasselbe, und in dem weitschichtigen Garten anzutreffen sind.

In einer Kammer des Schlosses steht eine Orgel, deren Blasbälge durch das Wasser in Bewegung gesetzt werden. Auf einem weiten runden Platze vor dem vornehmsten Eingang des Schlosses ist ein großer Teich, auf dessen Rande ein Riese aus festem Sandsteine sitzt, der 36 Ellen hoch sein würde, wenn er aufrecht stünde. Er stellt den Apennin vor. Aus dem Rachen eines unter ihm liegenden Drachen schießt ein dicker Wasserstrom hervor. Im Bauche des Riesen ist eine artige frische Grotte, mit Nischen, Muscheln, und verschiedenen kleinen

Wasserkünsten ausgeschmückt. Hinter dem Apennin erhebt sich dem Schloße gegenüber ein ungeheuer großer fliegender Drache, aus dessen Rachen eine gewaltige Menge Wasser in den Teich herabströmt. Darauf eröffnen sich weiter gegen Norden drei lange Schattenreiche, und immer grüne Alleen, welche zu einem Labyrinth hinauf führen, in dessen Mittelpunkte ein marmorner Jupiter, mit einem Adler, aus schwarzem Marmor zur Seite steht, welcher mit der rechten Hand einen stark vergoldeten und glänzenden Donnerkeil schleudert, woraus aus beiden Spitzen Wasserstrahlen hervor spritzen. Neben ihm stehen zwei andere hohe Springbrunnen. Hinter diesem Labyrinth erhebt sich noch immer eine Allee über eine halbe Stunde Berg an, so daß diese ganze Strecke die herrlichste Aussicht von dem Schloß bildet.

Rechter Hand von dem Labyrinth hinab liegt ein kleiner sechseckiger Tempel mit einer Kuppel, die mit einer Galerie umgeben ist, bei welchem ich mich aber nicht aufhalten will, um andere wasserströmende Bildsäulen etwas weiter hinab auf diesem Wege zu betrachten, nämlich einen Perseus aus rot gesprengeltem Marmor, auf der Spitze eines kleinen Steinhügels, und nicht weit davon einen Aeskulap, und einen Bär mit seinen Jungen, jede Bildsäule mit springenden Wasserstrahlen geschmückt.

Ehe man auf diesem Wege zu den größern Wasserkünsten zurück kommt, trifft man eine hohe und geräumige Halle an, welche zu verschiedenen Turnierspielen bestimmt ist, besonders zum Ringelrennen vermittelst einer Walze die mit acht hervorragenden Bäumen versehen ist, auf deren Spitze die Ritter auf hölzernen wohlgesattelten Pferden, oder die Damen auf weichen Lehnstühlen sitzen, im schnellen Herumfahren der Walze und der Bäume die oben in der Halle ringsum hängenden Ringe so herab zu stechen, daß sie an der Lanze hängen bleiben. Wer am Ende des Spiels die meisten Ringe abgestochen hat, der hat gewonnen.

Endlich kommt man zum Schloß zurück, und findet auf der Seite desselben eine lange Grotte, die in viele kleinere abgeteilt ist, mit unzähligen Wasserkünsten. Man nennt sie deswegen »il Diluvio«. Die erste dieser zusammenhängenden Grotten heißt Galatea, und ist so gebaut, daß man glauben sollte, sie stürzte alle Augenblick ein. Glänzende Muscheln bedecken ihre Wände und Decke, und in der Mitte ist ein Meer von hellem Wasser, aus welchem sich Felsen erheben, die mit Korallen und Meerschnecken bedeckt sind. Unvermutet erscheint ein Triton, der auf einer länglich gewundenen Seemuschel bläßt. So gleich eröffnet sich ein Fels, und Galatea kommt, auf einer vergoldeten Muschel sitzend, hervor, von zwei Delphinen gezogen, die aus ihrem Rachen Wasser ausspeien. Zwei andere Muscheln, aus deren Mitte hohe Wasserstrahlen hervorspritzen, begleiten sie auf beiden Seiten bis ans Ufer. In den Ecken der Grotte stehen in hohen Nischen von gesprengeltem Marmor, zwei marmorne runde Tische mit vielen ebenso runden Aufsätzen, in welchen das ringsum herabfallende Wasser gläserne Fanäle bildet.

In anderen Grotten sieht man auf großen Wasserschalen zwei erzene Harpyen, die Wasser ausspeien, und einen Knaben mit einer Weltkugel, die vom Wasser umgedreht wird, und noch zwei andere dergleichen Harpyen, die aber mit mosaischer Arbeit durchaus bekleidet sind. In den Füßen des gesagten Knabens sind in einem kleinen Teiche Enten, die sich ins Wasser tauchen und trinken. Eine andere Grotte stellt eine Badstube vor, die ringsum mit Spiegeln bedeckt ist. Indes man sich auf allen Seiten sieht, weicht der Boden unter den Füßen, und man wird pudelnaß. Fast in allen Grotten sind betrügerische Sitze an den Wänden angebracht. Setzt man sich nieder, so spritzt ein Wasserstrahl unter den Füßen gerade empor. Wehe alsdenn den Damen! denn der eiskalte Wasserstrahl trifft ihre empfindlichsten Teile. Man darf aber nur so sitzen, daß man mit den Füßen die Erde gerade unter dem Sitze nicht berührt, so entgeht man der Gefahr. Weiter finden sich in andern Grotten Schäfer mit ihren Herden, der Raub der Europa, Neptun, der von Tritonen gezogen im Wasser einherfährt, ein achteckiger marmorner Tisch auf dessen jeder Ecke eine Vertiefung ist, Flaschen-Wein darin zu kühlen, ein Mann der wie ein Mundschenk Wasser einschenkt, Wassermühlen in vollem Gange, kleine Bildsäulen, die hin und her gehen, singende Vögel, ein Frauenzimmer, die mit einem Eimer in der Hand aus einer Tür, die sich öffnet, hervorkommt, und unter dem Schall eines Dudelsacks, den ein naher Hirte bläst, eine ziemliche Strecke fortgeht, bis sie an einen Brunnen kommt, wo sie Wasser schöpft, und ihren Weg durch die Türe, welche sich hinter ihr schließt, zurückgeht. Man nennt sie »la Samaritana«. Aber das schönste unter allen Kunststücken ist, der Samariterin gegenüber, eine Festung, welche von einer großen Menge Soldaten von außen bestürmt, und von innen verteidigt wird. Kanonen und Flinten spritzen Wasser aus. Man hört die Trommeln schlagen, und ein gewaltiges Geräusch; und alles wird durchs Wasser in eine wilde Bewegung gesetzt.

Außer der Grotte sind in dem großen Park noch sehr viele Wasserkünste, die einen nicht weniger in Verwunderung setzen. Unter der Treppe, wo man den Park von Seiten des Schloßes hinabsteigt, steht in einer Grotte die Bildsäule der Fama mit einer vergoldeten Posaune, ein trinkender Drache, ein Bauer, der eine Schale darreicht. Wenn das Wasser zu spielen anfängt, so bläst die Fama die Posaune und schwingt die Flügel; die Schale wird mit Wasser angefüllt, der Bauer reicht sie dar, und die Schlange taucht ihren Kopf hinein, und trinkt. In einer der Fama gegenüber stehenden Grotte sitzt Pan, der durch die Bewegung des Wassers aufsteht, auf der Flöte bläst, den Kopf bewegt, und sich wieder niedersetzt.

Unter der gesagten Treppe fängt eine lange Allee zwischen hohen Gebüschen an, wo von beiden Seiten Wasserstrahlen bogenweise übereinander schlagen, so daß man wie in einer

Lauberhütte trocken darunter weggehen kann. Diese Allee endigt sich mit einem runden Teiche, an dessen äußerstem Ende die Bildsäule einer Wäscherin steht, die durchs Wasser in Bewegung gesetzt wird, ein vortreffliches Werk des Valerio Cioli. Von diesem Teich geht eine andere Allee nach dem Schloß zurück, worauf man drei Wassermeere, und zur Seite auf einem mit Lorbeerbäumen besetzten Hügel, den man den Parnaß nennt, Apollo mit den neun Musen, und das geflügelte Pferd Pegasus antrifft. Hier hört man auch eine Hydraulische Orgel spielen. Darauf stößt man auf eine große Eiche, um welche sich zwei Treppen auf einen Boden winden, wo man unvermutet einen schönen Springbrunnen antrifft.

Nicht weit vom Schloß kommt man auf diesem Wege zu einem kleinen viereckigen, mit einem marmornen Geländer umgebenen Theater von Ammanato, in dessen Mitte sich ein weites rundes Wasserbecken erhebt, um welches fünf Bildsäulen stehen, aus denen Wasser springt. Auf jeder Ecke des Theaters steht ein zehn Ellen hoher marmorner Stamm eines zerbrochenen Baums, mit einem vierfüßigen Tiere. Geht man rechter Hand weiter, so findet man einen 100 Ellen langen und 50 Ellen breiten Käfig, der ganz mit eisernem Draht umflochten, auf eisernen Böcken durchaus in der Luft steht. Er enthält unter vielem Gebüsche von Lorbeer und andern Bäumen und Pflanzen eine Menge Singvögel, die sich aus einem Wasserbecken tränken können.

Auf dem andern Wege, der von der oben genannten Waschfrau gegen Westen zum Schloß zurückführt, findet man unter verschiedenen andersartigen Erfindungen eine Stockuhr, welche die Stunden schlägt, und acht Ellen über derselben eine Kugel mit einem Glockenspiel, und oben mit einem Wetterhahn, welche Stücke insgesamt durch Wasser getrieben werden. Nicht weit davon steht in einer kleinen Grotte ein kleiner artiger Satyr mit einer Flasche an einem marmornen Fasse, und füllt Wasser ein, und nicht viel weiter eine andere runde

Grotte, die man Eupido nennt, weil seine erzene Bildsäule darin steht, die sich unvermutet umdreht, und die Zuschauer mit Wasser bespritzt. Diese Grotte ist ganz voll Betrug. Denn man mag darin stehen oder sitzen, wo man will, so wird man mit einem Wasserguß bewillkommt. Aus der obern Kuppel springt auch das Wasser hoch über die Grotte hinauf. Auch dieser Weg endigt sich mit einem Theater, in dessen Mitte ein erhabenes marmornes Wasserbecken steht, mit einigen Hähnen, die Wasser von sich geben. Hierbei stehen einige marmorne Bildsäulen, worunter ein Bauer ist, der ein Faß in einen marmornen Kübel ausgießt, worauf Phaetons Fall in erhabener Arbeit abgebildet ist.

Ich würde nicht fertig, wenn ich alle weniger beträchtliche Wasserkünste, und Springbrunnen nennen wollte, die diesen angenehmen Aufenthalt zieren. Es ist nur schade, daß einige der vortrefflichen Kunstwerke nach Erlöschung des Mediceischen Hauses verderbt worden sind, unter welchen die im Schloß befindliche Wasserorgel ist, und daß keine Sorge getragen wird, dieselbe wiederherzustellen. Der Hof besucht dieses Lustschloß wenig oder gar nicht, obgleich die Luft und das Wasser hier ungemein gesund sind. Leben Sie wohl.

FERDINAND GREGOROVIUS
ELBA – EIN HERRLICHER AUFENTHALT FÜR ENTTHRONTE KÖNIGE, IHRE MEMOIREN ZU SCHREIBEN

1856

Ein mal in der Woche macht zur Sommerszeit das toskanische Staatsdampfschiff »Giglio« die Fahrt nach Elba, Regierungsdepeschen und Passagiere hinüberzubringen. Sie dauert, von Livorno aus, gegen fünf Stunden, weil sie über Piombino geht, wo das Schiff eine Weile anlegt.

Immer längs der tuscischen Küste, an den Maremmen hinsegelnd, erfreut man sich der grünen und weitausgedehnten Niederung, die sich zum Meere senkt und nach dem Lande zu durch das Gebirge geschlossen wird, welches die Gegend von Volterra durchstreicht. Türme an solchen Stellen, wo ein Landungsplatz sich befindet, wenige kleine Hafenorte, einige Fabrikgebäude und zerstreut liegende Campagnahäuser unterbrechen den einförmigen Strich der Maremmen, welche von Arbutusbuschwäldern und Myrten grünen und in ihrem Dickicht die reichste Jagd von Wildschweinen hegen.

Zur Zeit der Etrusker standen auf dieser Küste reiche, große und durch ihre Kultur weithin mächtige Städte von Volterra ab bis nach Cäre und bis Veji in die Campagna von Rom hinunter. Man kommt an dem alten Cecina vorbei, einem noch heute mit demselben Namen bestehenden Orte, hart an der Küste. Weiter südlich lag das alte berühmte Vetulonia, dann Populonium, eine der mächtigsten Städte der Etrusker, welche ihre Herrschaft auf alle umliegenden Inseln des tuscischen Kanals erstreckt hatte. Sie wurde im Bürgerkriege zwischen Marius und Sulla zerstört, sodaß schon zur Zeit des Strabo von ihrer Größe nichts mehr übrig geblieben war als ein

alter Turm, einige Tempel und Mauerreste. Ihre Trümmer sieht man auf dem Vorgebirge der kleinen Halbinsel, die das Ufer hier ausstreckt, überwildert von Gestrüpp und Heidekraut; eine kleine befestigte Ortschaft liegt auf ihrer Stelle. Das Ufer ist tot und öde. Um diese Halbinsel von Populonium segelnd, kommt man gleich in den Hafen von Piombino.

Die kleine Stadt von kaum 1200 Einwohnern war einst die Herrschaft des Hauses Appiani und im Jahre 1805 des Corsen Felix Bacchiochi, Herzogs von Lucca und Piombino und Gemahls der Prinzessin Elisa Bonaparte. Nach dem Aussterben der Appiani im Jahre 1631 war das Fürstentum an Spanien und im Jahre 1681 an Hugo Buoncompagni-Ludovisi gekommen, dessen Nachkommen es seit 1815 wieder besitzen unter toskanischer Oberhoheit. Die kleinen Gassen der Stadt mit ihren gelben Häusern, das fürstliche Schloß auf der Höhe, schwarze Mauern und ein höchst pittoresker verwitterter Turm auf einer zerrissenen Klippe am Hafen schauen in das Meer einsam und weltverloren. Die Aussicht von der Stadt ist allein eines Herrschersitzes wert; ein ganzer Archipel liegt vor den Blicken, schöne malerische Eilande in der blauen Meeresfläche, die Inseln Giglio, Cervoli, Palmarola, Elba, Korsika. Gerade gegenüber und eine halbe Stunde entfernt liegt Elba, mächtige Bergmassen emporstreckend und lachend grüne Tallandschaften zeigend, die kleinen Inseln Cervoli und Palmarola vor sich, welche mit Türmen gekrönt sind.

Je näher man an Elba herankommt, desto rauher erscheinen seine Felsen; von Ortschaften ist kaum eine Spur zu sehen, außer einem kleinen Hafenort, den man linker Hand liegen läßt. Die Ufer sind sehr schroff und von einer finstern Majestät. Hoch oben, auf der höchsten Spitze eines Bergs, steht kühn ein einzelner grauer Turm, in alten grauen Zeiten gebaut, vom Volke Torre di Giove, der Turm des Jupiter, genannt, ein ehrwürdiges Wahrzeichen für den Schiffer, der auf diese Napoleonsinsel zusteuert.

Nun fliegt das Schiff um ein braunes Vorgebirge, und nicht gering ist die plötzliche Überraschung. Denn mit einem mal zeigt sich der große schöne Golf von Porto-Ferrajo, ein herrliches Halbrund, amphitheatralisch von hohen Bergen eingefaßt, deren Abhänge bis zum Meere bedeckt sind mit Gartenhainen, mit Villen, Landgütern, kleinen Kapellen, in der reizendsten Landschaft, unter Zypressen, hochaufgeschossenen Aloeblumen und grünschattigen Maulbeerbäumen. Zur Rechten wird der Golf von einer Halbinsel umzogen, deren Isthmus sehr schmal ist, und auf dieser liegt in einer imposanten Haltung Stadt und Hafen Porto-Ferrajo, das alte Argous und das spätere Cosmopolis, ein schönes Denkmal des glücklichen Cosimo I. aus dem Hause der Medici und das ehrwürdige Gefängnis des Kaisers Napoleon.

Ich betrat die Stadt mit dem Gefühl, in eine historische Idylle einzutreten. Die großen und ernsten Linien des schönen Golfs haben etwas Feierliches von majestätischer Ruhe, die Stadt auf der Halbinsel, so graziös toskanisch, so lieblich und so klein, hat Alles von ländlicher Einsamkeit und weltabgeschiedenem Wohlbehagen.

Die Straßen sind zusammengedrängt, doch wohl überschaulich; die kleinen Plätze und grünen Orangengärten, die sich frei und luftig den Berg hinaufziehen, haben etwas ungemein Lockendes. Die ganze Stadt schimmert in einer hellen gelben Grundfarbe, welche zu dem frischen Grün der Bäume und dem tiefen Blau des Meeres heiter stimmt. Ein herrlicher Aufenthalt für entthronte Könige, ihre Memoiren zu schreiben!

Auch die Türme und Basteien dreier Forts, des Forts Stella, des Falcone und des Castells Inglese, sehen nicht düster und melancholisch aus, sondern sauber und malerisch. Zu ihren Füßen liegt der Hafen, ein sicherer und schöner Zirkel, mit guten Quais eingefaßt, ein Werk des Cosimo von Medici. Durch die Tromba, das prächtige Tor in der Mitte des Zirkels, tritt man in die Stadt, nachdem man mit Befriedigung die vielverheißende Inschrift gelesen hat:

Templa Moenia Domos
Arces Portum Cosmus Med. Florentinorum Dux II
A Fundamentis Erexit A. D. MDXLVIII.

Alles hat demnach jener glückliche Cosimo hier erbaut, Tempel, Mauern, Häuser, Burgen und Hafen – und einen Napoleon zu bauen nichts übrig gelassen als die Luftschlösser seines erneuten Kaiserreichs.

Das Schiff landet an der Treppe, von welcher einst Napoleon mit seinen Garden sich nach Frankreich einschiffte; eine Szene, die sich die Einbildungskraft sofort wiederherstellt, und wie oft, und wo nicht in aller Welt, haben wir jenes Gemälde betrachtet: Napoleon's Einschiffung auf der Insel Elba. Aber das Auge blickt immer zu der zierlichen Stadt empor und sucht ihre einzige Merkwürdigkeit, die Wohnung des verbannten Kaisers.

»Seht ihr's nicht droben liegen, das gelbe freundliche Haus unter dem Stella Fort? Es schaut gerade her zum Hafen; seht dorthin, wo die Schildwache an dem Schilderhaus davorsteht.«

»Jenes mit den kleinen Fenstern? Welches Tuilerienschloß für einen Pygmäenkönig! Es ist ja klein wie ein Gartenpavillon.«

»Das ist der Palazzo des Kaisers und heute das Haus des Gouverneurs von Porto-Ferrajo.«

Eine Barke bringt uns an den Quai, auf dem friedliche Bewohner der Stadt neugierig sich versammelt haben. Da gibt es keine Zudringlichkeit wie in Livorno, wo man vor Barcarolen und Facchini seines Lebens nicht sicher ist; Alles ist still, bescheiden, zufrieden. Aus dem Tor tritt man durch eine Gasse, welche Fisch- und Gemüsemarkt ist, auf den Hauptplatz von Porto-Ferrajo, die Piazza d'arme, einen langen und schmalen Platz, an dessen einem Ende die kleine Hauptkirche der Stadt liegt. Die lautloseste Sonntagsstille herrscht hier, eine wahrhaft idyllische Stimmung und Lebensbehaglichkeit. Die reinlichen Häuser sind mit Blumen geschmückt, und von der Bedürfnislosigkeit der Bewohner zeugen die kleinen Verkaufsläden, das kleine Kaffeehaus und der anspruchslose Gasthof L'ape d'oro, die goldene Biene, in welchem ich mit meinem Reisegefährten einkehrte. Ein einfaches Speisezimmer, ein paar schlichte, ganz schweigsame Tischgäste, ein mittelmäßiger Inselwein, ein dürftig Mittagsbrot und ein billiger, freundlicher Wirt.

Ich will von dem Innern des Städtchens selbst, welches über 3000 Einwohner zählt, nichts sagen; denn es ist eben nichts zu sagen, als daß es klein, zierlich und freundlich ist, und daß seine Gassen lustig bergauf und bergab laufen. Eine der Straßen heißt gar del Paradiso, eine andere heißt Via degli Ebrei; die Mediceer, welche die Juden in Livorno so sehr begünstigten, gaben ihnen auch in Port-Ferrajo Wohnplätze. (. . .)

Die Insel ist zu klein (sie umfaßt etwas mehr als 7 Quadratmeilen) und liegt zu nahe an der toskanischen Küste, als daß sich ein selbsteigener Volksgeist in ihr hätte entwickeln können. Man findet keine Korsischen Gebräuche auf diesem Korsika so benachbarten Eiland, und von der Blutrache, versicherte man mir, habe es wohl in alter Zeit Fälle gegeben, heute aber sei sie unerhört. Nur in höchster Not flüchtet sich der korsische Bandit nach Elba, wo er sich nicht halten kann. Einen Zug haben beide Inselvölker gemein, die Gastlichkeit.

Folgende Orte zählt Elba: Porto-Ferrajo (der Eisenhafen), die Festung Longone und seine Marina Porto-Longone, Marciana und seine Marina, Poggio, Campo, Capoliveri, Pila, Sampiero, Rio und seine Marina, San-Hilaro.

Die Orte sehen braun und finster aus, wie die korsischen, weil sie aus dem natürlichen Gestein gebaut sind. Auch sie stehen auf den Höhen, der Barbaresken wegen hoch aufgebaut und mit Türmen bewehrt. Wo das Meer nicht weit entfernt ist, haben sich an den Buchten Hafenörter angesiedelt, welche man eben Marina nennt. Fruchtbar und schön ist das Talland, welches sich von den Bergen von Marciana rechts von dem großen Golf der Hauptstadt bis zum Hafen von Longone niedersenkt und, indem es die Insel quer und in beträchtlicher Länge durchzieht, einen malerischen Gegensatz zu der wilden Großartigkeit der Berge bildet. Denn diese erheben sich in großen Massen, wüst und ernst und vielgestaltig, und erreichen über Marciana ihre höchste Höhe in dem Cavannaberg, der etwa so hoch ist wie der Vesuv. Nach der Küste von Italien senkt sich Elba. Steht man daher auf dem Ufer von Korsika, so erscheint Elba nur als ein einzelner gigantischer Felsenberg von prächtiger doppelter Pyramidenform, weil sich die Felsen von Marciana gegen Korsika kehren; von der italischen Küste aus aber übersieht man die niedrigere gegen Piombino ausgestreckte Hälfte, auf welcher sich die größten Schätze der Insel zusammenfinden, das Eisen und die Früchte.

Die Berge von Marciana haben eine Fülle von köstlichem Granit, von Marmor, von Alabaster, Krystall und von andern Steinen; der Ort Marciana hat die besten Kastanien. Oliven gibt es auf Elba wenig und schlechte, wie der Holzmangel der Insel überhaupt groß ist. Limonen wachsen überall, besonders gesucht sind die von Campo. Auch der Wein ist in großer Fülle vorhanden, den besten hat Capoliveri, wo man einen Aleatico zieht, welcher jenem von Toskana an Trefflichkeit gleichkommt. Im großen Tale wächst viel Mais. So fehlt dem Volk von Elba nichts zum Leben und zur Freude in seinem reizenden und milden Lande, denn außer dem Fruchtsegen der Gärten und der Felder gab ihnen die Erde auch noch die ganz unerschöpflichen Eisenlager von Rio und das Meer sein Salz und seine köstlichen Fische. Bei Porto-Ferrajo holten schon die alten Etrusker und die Römer Sardellen und Thunfische, welche dort in erstaunlicher Menge gefangen werden. Die Fische und das Eisen von Rio machten Elba schon im Altertum allen seefahrenden Völkern begehrlich, und wie Korsika wurde die Insel heimgesucht von Phöniziern, Karthagern, Tyrrhenern und Römern. Sie hieß im Altertum Aethalia, dann Iloa, Ilva im Mittelalter, woraus das heutige Elba entstanden ist.

Es führt ein guter Fahrweg von Porto-Ferrajo durch das Tal über Capoliveri gegen Longone, quer durch die Insel weg an die andere Seite des Meeres. Man umgeht den Golf bis nach San-Giovanni, einem kleinen Ort mit einer Fischerkapelle, von wo die Barken nach Porto-Ferrajo überfahren. Wir setzten uns in Porto-Ferrajo in eine Barke, und mit aufgespanntem Segel fuhren wir pfeilgeschwind durch den bewegten Golf hinüber nach San-Giovanni. Von dort steigt man eine Höhe an, welche voll ist von römischem Mauerwerk, und steigt dann ins Tal nieder, an die andere Seite des Golfs.

Hier steht am Meer ein Landhaus, die Besitzung eines Franzosen, Beamten Demidoff's, und kaum erinnere ich mich ein reizenderes und heimlicheres Plätzchen irgendwo gesehen zu haben. Das zierliche Haus ist von einem Blumen- und Orangengarten umhegt, von Rebenhügeln umstellt und sieht auf den schönen Golf und das gegenüberliegende Porto-Ferrajo, welches von hier aus ein ungemein freundliches Bild gewährt. Geht man nun ins Tal hinunter, so ist es wie ein Wandeln in einem Garten, in einer so reichen und lachenden Landschaft, daß man gern in ihr länger weilen und wohnen möchte. Überall üppige Felder, grüne Berge, blühende Gebüsche und hier und da das hereinstrahlende Meer.

Ein Streifregen zwang uns, mitten im Tal von Capoliveri in ein einzelnes Bauernhaus zu flüchten. Wir fanden dort eine zahlreiche Gesellschaft von Campagnolen, Männer wie Weiber, welche beschäftigt waren, Feigen zum Trocknen zu rüsten. Sie waren flink, uns Brot, Trauben und jungen Wein vorzusetzen, und da uns der Most nicht behagte, holte ein Alter ein großes Steingefäß herbei und schenkte uns daraus einen schwarzen Wein. Es war ein vortrefflicher Aleatico, an Ort und Stelle gezogen.

Wir setzten bald bei dem heitersten Sonnenschein (es war September) unsere Wanderung nach Porto-Longone fort und erreichten diesen kleinen Hafen zur Mittagszeit. Porto-Longone, die zweite Stadt Elbas und die Nebenbuhlerin von Porto-Ferrajo, das Bastia dieser Insel, während Porto-Ferrajo ihr Ajaccio ist, liegt an einer kleinen Bucht unter dem schroffen Felsen, auf welchem die Festung sich malerisch und großartig erhebt. Ein paar Straßen stehen hart auf dem Strande, über dem die Wellen nahe bis zu den Häusern schlagen. Da herrscht eine große Stille und Verlassenheit, einige Schiffe schaukeln auf dem Wasser, Matrosen oder Fischer bessern umgestürzte Barken aus und singen ein eintöniges Schifferlied. Überall stehen Blumenscherben vor den Fenstern und auf den kleinen Balkonen, die nicht ohne historischen Grund an Spanien erinnern, und die kleinen Häuser verlieren sich weiterhin ganz und gar in die üppigsten Gärten, wie die Häuser auf dem Eiland Procida. Die Natur erscheint um Porto-Longone südlicher als um Porto-Ferrajo. Dort wächst die Aloe in einer Pracht und Fülle, die mich wahrhaft in Erstaunen setzte; denn eine ganze Allee von Aloestauden zu beiden Seiten der Fahrstraße führt über eine Höhe zum Hafen Longone. Da ihre hohen Blumenschafte, welche großen Kandelabern gleichen, in voller Blüte standen, war ihr Anblick prächtig und feierlich. Noch nie zuvor, selbst nicht in den südlichsten Gegenden Korsikas, hatte ich so viel Aloestauden beisammen gesehen, und ein gleicher Anblick sollte mir erst in Sizilien werden, wo eine Reihe von blütenvollen Aloegewächsen, in absichtsloser Ordnung der wilden Natur, auf den einsamen Tempel von Segesta führte. Auch Palmen wachsen hier.

Zur Festung Longone klimmt man auf einem steilen und rauhen Pfade. Sie ist oben auf dem Plateau eines mächtigen Felsens gebaut und sieht mit ihren Mauern und verwitterten Türmen altertümlich und majestätisch aus. Die Spanier haben sie gebaut unter Philipp IV. und Philipp V. Es ist eine wunderliche Tatsache der Geschichte, daß dieses kleine Elba zu ein und derselben Zeit unter drei Herren geteilt war; denn während die Insel dem Fürsten von Piombino gehörte, trat derselbe Porto-Ferrajo im Jahre 1557 an Cosimo von Medici ab, der König beider Sizilien dagegen besaß Porto-Longone. Nun fiel im Jahre 1736 Elba samt dem Fürstentum Piombino an Neapel, kam aber im Jahre 1801 an das Königreich Etrurien, bis Elba im Jahre 1805 mit Frankreich vereinigt wurde.

Weil nun die Spanier so lange Zeit in Porto-Longone lagen, hat sich die Erinnerung an sie dort frisch erhalten, und die Longonesen gebrauchen noch heute das »Don« bei der Anrede.

Die Festung soll stark sein, was ich wohl glauben will, weil ihre Lage sie unzugänglich macht. Sie schließt die eigentliche Stadt ein, die ein wüstes Bild von Trümmern, Zerstörung und Verlassenheit darbietet. Ein großer Teil der Festungswerke selbst wurde im Jahre 1815 auf Befehl Napoleons gesprengt, nachdem er die Insel verlassen hatte. Manchen Sturm hat übrigens die Festung erleiden müssen, als die Franzosen zur Zeit Ludwig's XIV. auch hier die Spanier bekriegten. Signor C., Offizier der toskanischen Besatzung, ein wohlgebildeter Mann, in dessen liebenswürdiger Familie wir einen schönen gastlichen Tag verlebten, zeigte uns die Festungswerke. Er war Rektor der Strafcompagnie, welche in Longone liegt und aus der er die hoffnungsvollsten Sträflinge zu einer Militärschule vereinigt hat. Er überzeugte uns mit großer Freude von den Fortschritten seiner Zöglinge, welche bei ihm Schreiben, Lesen, Rechnen und die Elemente der Wissenschaften lernen. In der Festung fanden wir ein Häuflein toskanischer Veteranen, von welchen einige aus der Napoleon'schen Zeit her Deutschland kannten und die Schönheit seiner Gegenden wie die Reinlichkeit seiner Städte rühmten. Was uns unser Wirt von der innern Einrichtung seiner Compagnie, von ihrer Bewirtschaftung, ihren Verhaltungsregeln, ihrem Code pénal zeigte, war ein wahres Muster von Soldatendressur; da hatte Alles sein Gesetz und jedes Ding bis auf die Eisen zum Krummschließen und den fatalen Prügelstock, seinen angewiesenen Ort.

Das Jahr 1849 hat auch politische Gefangene nach Porto-Ferrajo und nach Longone gebracht. Mit einem dieser Herren reiste ich nach Livorno zurück; er hatte seine Strafe eben verbüßt und war frei; sein totenbleiches Gesicht und sein langer Bart erzählten die Geschichte seiner Gefangenschaft.

Auch in Longone hatte Napoleon einen sogenannten Palast, ein unansehnliches Haus, in welchem er abstieg, so oft er aus seiner Hauptstadt hinüber geritten kam. Die Umgebung dieser Festung sagte ihm besonders zu und er pflegte unterhalb des Bergs auf einem angenehmen Ort im Freien zu speisen, wie Valery in seiner Beschreibung von Elba erzählt, auf einem in den Fels gehauenen Sitze (Canapé genannt), um welchen her er in einem Halbkreise Maulbeerbäume gepflanzt hatte. Dort beobachtete er mit seinem Fernrohre die Umgebungen, die Schiffe, welche vorübersegelten, und die Küsten von Italien.

Dem Golf von Longone gegenüber liegt das kleine Fort Fucardo mit einem Hafenlicht für die einfahrenden Schiffe. Malerische und grandiose Ufer rings umher und nach der Landseite zu die wildesten und schroffsten Berge, welche an manche Felspartie in Capri erinnern, ohne freilich jene südliche Wärme des Farbentons zu haben. In diesen romantischen Wildnissen, hart am Wege, der zu den Eisengruben von Rio führt, liegt unter Zypressen und im Gebüsch der wilden Blumen eine Einsiedelei, Monserrato genannt, eine Stiftung der fanatischen Spanier. Die Phantasie kann sich nichts Wilderes denken, als diese Eremitenschlucht in der starrenden Felsenwüste.

Wir wanderten mit unserm Wirte diese Felsen hinunter, um nach Rio zu gelangen. Der Weg führt durch ganz schweigsame Gegenden, über Haiden und über Quellen, welche üppiger Pflanzenwuchs überrankt. Eine dieser Quellen führt den Namen Barbarossa, aber nicht von dem deutschen Kaiser, sondern von dem berühmten Meerkorsaren, welcher im Jahre 1544 Porto-Longone überfiel. Sein Name lebt noch auf mancher Insel des Mittelmeers, vielleicht wird man sagen dürfen auf jeder einzelnen, denn es gibt wohl keine in jenen Gegenden, welche der kühnste aller Piraten nicht heimgesucht hätte.

Über manche Haide und manchen Felsenhügel gingen wir also, geführt von Signor C., immer erfreut durch wechselvolle Ansichten von Fels und Tal und die Schönheit des Meeres, bis wir in das reiche Tal von Rio hinabstiegen, das wieder ein kleiner Armidagarten zu sein scheint. Hier braust von den Höhen, auf welchen der ansehnliche Ort Rio steht, ein Bach in das nahe Meer hinunter, um sich in den Hafen zu ergießen. Von ihm hat der Ort seinen Namen. Man sagt von diesem lebendigsten Bache Elbas, daß er nicht auf dieser Insel entspringe, sondern von Korsika herkomme, wo er in unterirdischen Kanälen aus dem Zentrum der Schwesterinsel unter dem Meere fortströme, bis er in Rio zu Tage kommt. Kastanienblätter und Zweige, die das Wasser mit sich führte, zeigten deutlich seine korsische Herkunft. Wie dem auch sei, diese neue Arethusa von Rio scheint sich mit poetischem Sinne auf Napoleon's Schicksal selbst deuten zu lassen.

Noch eine andere Beziehung knüpft die Eisenminen von Rio an Korsika; denn hierher flüchtete sich einst Peter von Korsika oder Petrus Cyrnäus, wie er nach seinem Geschichtswerk genannt wird, der eleganteste Geschichtschreiber der Korsen, aus dem 15. Jahrhundert, dessen vielbewegtes Flüchtlingsleben einem Romane gleicht; seinem Stiefvater entfliehend, kam er als Kind nach Rio und fristete sein Leben in jenen Eisenminen, indem er die Eisenerde auf Eseln nach dem Hafen brachte.

Schon verriet der rote Boden, auf welchem wir gingen, daß wir uns auf der eisernen Erde befanden – überall nichts als dieser eiserne Staub, die Hügel ringsum schwärzlichbraun oder rötlich, mit unzähligen Aloestauden überdeckt, welche mit ihren straffen, stahlbläulichen Blättern, die in lange Dornspitzen auslaufen, ebenso viel Bündel von Dolchen oder Schwertern zu sein scheinen. Alles, was uns begegnete, trug diese Eisenfarbe, die Arbeiter von Rio, von der Eisenerde rot gefärbt an Kleid, Gesicht und Händen, selbst die Hunde, die uns entgegenliefen. Auch der Hafen, zu dem wir hinabstiegen, ist rot vom Eisenstaub, und am Ufer liegen Haufen von Eisenerde, welche dort in die Schiffe verladen wird.

Wir suchten den Direktor der Werke auf. Er ist ein Deutscher, Herr Ulrich, und daß er es war, machte mir eine doppelte Freude. Der Deutsche allein ist der wahre Bergmann unter den Völkern; er allein versteht es, in den Schacht des Lebens zu steigen und in den dunkeln Herzkammern der Natur ihren tiefsten Sinn zu spüren. Da gräbt er nach, bis er das lautere Erz gefunden hat, und selbstvergessend versäumt er den schönen Frühling draußen. Manchmal schläft er in der Tiefe

ein wie Epimenides, oder wie der Kaiser Barbarossa im Kyffhäuser, jener alte deutsche Bergmann mit der goldenen Krone und dem langen, durch den Tisch gewachsenen Bart, oder wie der Tannhäuser im Venusberg.

Nun trat uns Herr Ulrich entgegen, ein eisenhaltiger deutscher Mann von echtem Schrot und Korn; auch sein Händedruck war eisern, seine Rede kurz und positiv und seine Stimme wahrhaft gewaltig. Er nahm uns als seine Landsleute gastlich und herzlich auf, führte uns in die Werke und erklärte uns ihre Beschaffenheit. Erst seit kurzem stehen die Eisengruben von Elba, welche eine toskanische Compagnie für ihre Rechnung bewirtschaftet, unter seiner Leitung. Er übernahm sie in einem verwahrlosten Zustande und hat sie in wenigen Monaten so weit gefördert, daß schon jetzt der jährliche Gewinn mit Sicherheit auf 35,000 Tonnen berechnet wird, während die Gruben sonst nur 22,000 Tonnen lieferten. Täglich werden 120,000 Pfund Eisen herausgezogen, aber im Sommer stockt bisweilen die Arbeit, weil der Ackerbau die Arbeiter, größtenteils Männer aus Rio, in Anspruch nimmt. Im Winter werden die Werke eifriger betrieben.

Seit den grauen Zeiten des Altertums ist der Eisenberg von Rio ausgebeutet worden, ohne seine Unerschöpflichkeit zu verlieren; ein Berg von etwa 500 Fuß Höhe, welcher ganz Eisenmaterial ist. In seiner Nähe gibt es noch andere nicht minder reiche Flötze, die von Terra-Nera, von Rio-Albano und den Calamita, den wahrhaften Magnetberg. Schon die Etrusker beuteten die Werke aus; sie schafften das Material nach Populonium, in dessen Gebiet die Insel Elba gehörte, und dort wurde das Eisen herausgeschmolzen. Der Holzmangel in Elba erlaubte keine Schmelzwerke auf der Insel selbt, und auch heute wird das Eisen nicht in Elba geschmolzen, sondern drüben in Fabriken in der Nähe des alten Populonium, oder das Material wird nach Neapel, nach Genua, nach Marseille, nach Bastia verladen.

Herr Ulrich belehrte uns über die verschwenderische Wirtschaft, welche die Alten und ihre Nachfolger mit dem Eisenlager getrieben haben. Ganze Hügel von Eisenerde hat man unbenutzt aufgehäuft und die Erzflötze mit ihnen verdeckt. Diese vergeudete und weggeworfene Erde ist aber so stoffhaltig, daß sie immer noch ein vortreffliches Material gibt. Herr Ulrich griff eine Handvoll Erde von dem Boden auf, über dem wir standen, zeigte sie uns und sagte: »Sehen Sie, Erde, die ich hier von der Oberfläche aufgreife, gibt immer noch ein besseres Eisen, als die Franzosen in der Auvergne aus dem schwersten Erz gewinnen.« So liegt also hier das Mineral eigentlich auf der Oberfläche, und Millien weit in der Runde steht und geht man auf Eisen. Die Minen von Rio sind reicher als die berühmten Werke Demidoff's in Sibirien, und vielleicht möchte ihres Gleichen überhaupt nicht gefunden werden.

Noch hält sich der Bau also an der Oberfläche, und unterirdische Werke gibt es keine als ein paar Galerien; doch sieht man die prächtigsten Erzlager frei zu Tage ausgegraben. Wer sich unter den Werken von Rio Bergschachte und Stollen mit allem romantischen Zubehör von Bergknappen und Grubenlichtern denkt, hat also Falsches sich gedacht, wie ich es mir vorstellte, ehe ich diesen merkwürdigen Eisenberg sah.

Ich warf einen Blick in seine Umgebung; weit und breit erscheint sie öde und melancholisch, und die Werke selbst, diese rötlichschwarzen Hügel, der eisenfarbige Grund, der glitzernde Eisenstaub erzeugen das Gefühl des Öden und Wüsten, wie die Lava- und Aschenfelder eines Vulkans. Eine graue verwitterte Burg, vielmehr ein verwitterter Turm, blickt düster von dem hohen Gipfel eines Felsens geradeüber auf die Eisenwerke herab. Dies ist der Turm des eisernen Gottes Jupiter. Vor diesen schauerlichen Minen, von woher die Furie des Kriegs fort und fort Schwerter, Speere und Kugeln in die Welt getragen hat und von denen das eiserne Zeitalter ausgegangen zu sein scheint, wie es die Dichter besungen haben, sollte man Napoleon ein Denkmal errichten, ganz aus Eisen, einen Koloß von Elba, und man sollte auf das Piedestal jenen Befehl des Etruskerkönigs Porsenna schreiben, daß fortan das Eisen nur zu Geräten des Landbaus und der Industrie verwendet werden solle.

Diese schöne historische Sage, die menschlichste des eisernen Rom, erinnert mich an ein geschichtliches Factum aus dem hellenischen Altertum, an eine andere Friedensbedingung. Denn als Gelon von Syrakus den Karthagern nach der Schlacht von Himera den Frieden diktierte, war eine seiner Bedingungen diese, daß sie fortan aufhören sollten, dem Moloch Menschenopfer zu schlachten. Auch dieses Gebot sollte man auf das Piedestal jenes projektierten Eisenkolosses von Elba schreiben, daß die Völker aufhören sollen, dem Moloch Menschenopfer zu schlachten.

Aber ich weiß nicht, ob je ein solches Ikarisches Zeitalter eintreten und ob die Oliven Elihu Burritt's Wurzel schlagen werden. Denn kaum scheinen mir die Völker moralisch größer geworden, als sie es zur Zeit des Porsenna und des Gelon von Syrakus waren. Dem politischen, wie dem religiösen Moloch zu Ehren schlachten sich die Nationen heute wie gestern, und die Blüte ihrer Jugend läßt sich vom Schwert so ruhig niedermähen, als könnte das Menschenleben wie die Hydra hundertköpfig und hundertfältig sich erneuen.

Doch scheiden wir von der Eiseninsel, und wahrlich, wir tun es mit einer Anklage an die Menschheit, wenigstens mit einem ironischen Lächeln über die enthusiastischen Lobredner unserer Gegenwart, wenigstens mit dem Ruf Porsenna's: Keine Schwerter und Speere mehr, Industrie, Ackerbau, und keine Menschenopfer irgend einem Moloch!

FRANZ TUMLER
VOLTERRA – WORTE, BENENNUNG, SCHRITTE; UND LANGSAM ERINNERTE ICH MICH, WIE ES DORT WAR

1965

1. *Ansedonia und Volterra.* – Die Sonne ist noch am Himmel, aber man sieht sie nicht mehr, sie geht am Himmel schon unter in der Zone aus Staub, die sich über der winterlichen Erdhälfte nicht mehr löst; – gestern noch über dem Meer: auf seinem Horizont, der als Berg aufstieg, setzte die Sonne einen weichen Fuß auf und sank langsam ein; und das grüne Leuchtfeuer auf dem Vorgebirge war zu erkennen, und das rote Leuchtfeuer vor dem Hafen, das wegweisende und das hemmende Feuer, sie blitzten schon lange herüber; und jetzt male ich es dir auf die Scheibe: grün, rot, und dazwischen die Stadt, über die du gegangen bist, eine ebene Tafel: Ansedonia auf dem Hügel von Cosa; Mauerwerk, Pflaster, Rinnsal: die hochgehobene Stadt, verlassen, ausgegraben, der Stein an den Tag gelegt, von wem bewohnt –

Ansedonia: ich war zuerst allein oben. Ich ging zu Mittag in die Höhe zwischen Geröll und Gestrüpp, die Zikaden schnellten mir auf die Haut und sprangen ins Laub ab; Dornenstrauch, Heidekraut, rote Erde; Kirschenfrüchte, orangefarben, stachlig: Paradiesesbaum; ein Dornenwall versperrte mir den Einstieg in die kyklopische Mauer. An ihrem Fuß fauliger Müll, der Meerhorizont aus Kreide, eine Rauchfahne, ein Inselrücken wie ein Schlammhaufen, die Rauchfahne rückt vor, und nun erinnere ich mich: so weit draußen gehen die Schiffe vorüber –

Volterra: Es war Sonntagnachmittag und Herbst. Wenig Fremde im Land, da bekommt es sein eigenes Leben zurück.

Erde und Himmel trocken, das Laub gelichtet, von Dürre geschrumpft, auch die Äcker abgeräumt, die Früchte geerntet. Vor dem Bauernhof liegen die Maiskolben auf den Steinen; ein Nest fauliger Feigen in dem geschlitzten Weidenkorb auf dem flachen Dach zieht die Wespen an. Die struppigen Hunde zittern an der lang gelassenen Kette. Gefaserte Rindenhaut der Zypresse über dem Grabhügel, dann kommt der Ginster und die Asche aus zwei Jahrtausenden, eingeäscherte Zeit, Mondbahn, die schräg ziehenden schwefligen Rauchfahnen aus Erdspalten, und weit draußen der rotgoldene Glanzstrich des Meeres. Davor die Stadt Volterra auf der Erdkralle, die dunkle Halskrause ihrer Festung, die ein Zuchthaus ist: eisern geschmiedeter Reif, gelbe Erde, blaue Straßen, ungetauft, Vorhölle, Limbo; der Ort, zu dem Christus hinabstieg. Deutlich sind in dem Land nur die Gräber: schwerer Grabdeckel mit dem weißen Engel, vor dem die rote Magdalena erschrickt – ihr Gewand in der Farbe der Liebe, dasselbe Rot wie auf den

Flügeln der Engel, die als gefiederte Geschosse das Sterbelager Mariae umschwirren. Volterra – eine Stadt, die lebt: mit Häusern, Sonntagsruhe, aufgehängter Wäsche zwischen den etruskischen Mauern. Das etruskische Tor, breit genug für das Postauto, das in Richtung auf das Meer zu fährt. Dort weit draußen die andere Stadt, unbewohnte Klippe, Weideplatz zwischen den Mauern. Der Unterschied ist nicht groß –

Ansedonia: Als ich zu Mittag kam, gelang es mir nicht sobald, den Einstieg zu finden. Der Ort war als Viehweide benutzt worden, nun hatte man ihn mit Dornenverhau verrammelt und nur eine schmale Pforte offen gelassen. Ein Stall aus Zement an die Mauer geklebt. In seinem Schatten ein Fahrrad, eine Weinflasche, eine Vogelflinte. Eine aus Beton gegossene kreisrunde Plattform mit der vertieften Gradeinteilung der Himmelsrichtungen: ein Geschützsockel aus dem Krieg; und hier schläft ein Mann, den Kopf in den Ellbogen gedrückt, den Hut im Gesicht.

Der Wächter schlief. Ich sah das Innere der Stadt. Sie war eine ebene Tafel, von den Mauern emporgehalten und eingeschlossen, aber wo früher Stadt gewesen war, wuchsen Ölbäume, Sträucher, Gräser und Blumen. Der umgrenzte Platz war nur dem Himmel offen, er lag lang gestreckt wie das Verdeck eines Schiffes auf der Klippe über dem Meer. Zeichne ich es dir auf, ist es ein Schiff, von dem die Aufbauten abgeräumt oder in Gestalten aus anderem Stoff übersetzt sind. Vorne am Bug, wo die Mauern spitz zusammenlaufen, ist ein unbenutzbarer Rest, wie Versteinerung, noch geblieben; aber in der Mitte, wo sie sich öffnen, erfüllen Hain, Wiese und Wildnis den alten Umriß. Gras, das nicht gemäht wird, Blumen, die niemand pflückt. Früchte, die der Wind erntet, decken den Stein, der hier nicht verwittert, mit dem Abfall, der sie selbst sind, mit Duft und Krume.

Ich sah es im Mittaglicht vor mir: weiße Steine, langes, wehendes Gras, in dem die Stämmchen der Ölbäume wie in

Wasserflut gebrochen eingetaucht waren; Laub und kleine Wolken schwirrender Vögel. Die Stadt blühte und summte in der Klammer der Mauern.

An dem Wächter sich vorbeizustehlen ins Innere: Ein tiefer schmaler Graben zuerst, der mit seinem Abstich das Fundament eines Hauses freilegt – oder was es sonst war; ein Körper aus Stein. Dann abgenutztes Pflaster, an seinem Ende eine Stufe und in ihr ein winziger Kreis, vertieft, eingeschliffen in den Stein.

Der Besucher denkt: Eine Türangel, ein Tor. Gern würde er es zu jemand sagen; er hat etwas entdeckt, diesen Kreis, der ein Tor anzeigt – da erblickt er oben auf dem Erdhaufen den Wächter, der nach seinem leisen Schlaf aufgestanden, der von Schritten geweckt worden ist und nun hersieht.

Einen Augenblick ist es unentschieden, wie es weitergehen wird. Aber dann deutet der Besucher auf den Kreis im Stein und sagt: Das war doch ein Tor hier?

Der Wächter kommt langsam herunter, er tritt auf Ziegelscherben, Erde bröckelt; er sagt: Ja. Das Tor.

Von da an geht es in Worten dahin: Wiederholung, Benennung, Schritte. Das Tor, eine Straße, die Stadt. Ein Theater, Säulenstümpfe, die zu einem Tempel gehörten; Zisternen, ein Wasserspeicher; Ziegelröhren, durch die das Wasser floß; kleine Steinchen, zusammengekittet zu einem Stück Fußboden; aber alles verstreut, entlegen. Der Wächter, der schläft, bewacht die Stadt Ansedonia, die auf dem Hügel von Cosa schläft, in der niemand wohnt.

Aber es wohnt jemand da, sagst du. Ich weiß, du sagtest es damals schon. Es war am Abend, wir gingen zusammen hinauf. Das Fahrrad war weg, der Wächter war nicht mehr da. Nun waren es Ölbäume, Wiese und gesellige Sträucher. Der Hain bewohnt von Sträuchern, die auf der Klippe den Wind aushalten müssen. Der Baum von geflügelten Früchten voll wie von hölzernen Stimmblättchen, die gegeneinander schlagen und sprechen. Das harte Laub, das schnattert. Der blaue Himmel, das Meer, tief, fern. Alle Geräusche unten. Nur der Wind, ein Sausen, ein Sprechen in den Lüften.

Ich sagte: Es sind die Sträucher. Es ist das harte Laub an den Sträuchern, das immerzu spricht. Die Zikaden und das Laub sprechen, der Stein rieselt und spricht.

Aber es wohnt jemand da, sagtest du wieder. Du sahst es sofort, du wolltest es mir auch zeigen. Aber ich konnte es nicht sehen. Vielleicht kannst du es mir jetzt zeigen?

2. *Von wem bewohnt.* – ›Ich sah es sofort. Der Wächter war nicht da. Wir stiegen über den Graben. Als ich mit dem Fuß drüben war, brach Erde hinter uns ab, und immer noch rieselte etwas nach wie von Schritten: Echo und leises Reden von Erdteilchen. Ich spürte sofort, daß jemand außer uns da war. Ich sah die Mauern links und rechts und spürte, daß es hier innen anders war als draußen. Du wolltest mir alles von dem Ort erklären, wie es dir der Wächter erklärt hatte; ich wollte es auch gern verstehen und ging dir nach. Aber dann sah ich, daß jemand hier schon vor uns gegangen war, und ging nicht nach deinen Schritten, sondern nach den Schritten dieser andern, die du nicht sahest. Es waren so viele, sie gingen immerzu hin und her, oben auf dem Platz aus Stein, und unten im Gras; sie waren an jeder Stelle, ehe ich hinkam, schon da; und es waren immer Personen und Namen; mit Blicken, Abstand, Anwesenheit und Einladung zur Person.

Ich war zum ersten Mal an dem Ort, aber ich war an ihm wie zu Hause. Ich wurde ganz ruhig. Am liebsten wäre ich wie die andern hin und her gegangen auf diesem Platz aus Steinplatten zwischen den Mauern, und lieber noch unten im Gras, wo es breiter war, immer hin und her zwischen den Mauern; und du wunderst dich ja auch, warum ich auf einmal dort innen so viel gehe, und es mir nicht Anstrengung macht, wo ich doch sonst nicht gern weit gehe. Aber es ist anders, wenn man draußen geht, und immer einmal umschauen und nachrechnen muß, wo man ist, und wie weit man schon ist; oder vorausschauen, wie weit man noch hat; überhaupt: man weiß nicht, wo man ist, wenn man draußen geht – man muß es erst ausrechnen. Hier innen brauchst du nichts zu rechnen, dich auch nicht umzuschauen, du kannst ruhig hin und her gehen; jemand anderer hat es ausgerechnet, gezählt, festgemacht; du weißt, wo du bist, du bist innen, gehst innen hin und her auf diesem festen Platz; und er ist immer noch da.

Ich sage dir, ich war nie ruhiger als dort, im Innern der Stadt; ich konnte es dir nur nicht erklären, weil du glaubtest, es spricht das Laub; und als ich dir sagte: Nein, nicht das Laub; es nun an mir sehen und von mir haben wolltest; aber das ging nicht. Ich dachte: wenn wir einmal nicht mehr weggehen müssen, und wenn auch nicht immer das Laub spricht, oder die weißen Steine sprechen, könntest du es selber sehen und dann auch verstehen, daß ich es dir nicht zeigen konnte; und wirst verstehen, daß ich es dir zeigen wollte, damals schon; und ich wollte auch nicht weg.‹

Ich konnte es nicht sehen. Vielleicht, wenn ich noch einmal anfange. Ansedonia auf dem Hügel von Cosa: grün, rot, die Tafel, über die du gegangen bist, Mauerwerk, Pflaster, Rinnsal, die hochgehobene Stadt, der Stein an den Tag gelegt, von wem bewohnt;

– aber ich kam zu Mittag hinauf und konnte den Einstieg nicht finden, und dann hatte ich etwas entdeckt und wollte es gern jemand sagen, und von da an ging es in Worten dahin – auch am Abend, als wir zusammen kamen; ich wollte es dir erklären:

das Tor, die Straße, die Stadt. Was von einer Stadt übrigbleibt: die Brunnen verschüttet, tief in die Erde gestopft; Säulenstümpfe, wo einst ein Tempel war; eine Hufeisenspur, wo man Theater spielte. Eine besondere Art Erdreich: es nährt den

Thymian, den Rosmarin, den Ölbaum, die Sträucher mit den klappernden Früchten. Versteinerung und Krume, ein Name, und ein Wächter, der schläft.

3. Dieselben Worte. – Wiederholung, Benennung, Schritte. Es sind dieselben Worte. Der Polizist in Volterra steigt von seinem Podest auf der Straßenkreuzung und sagt: Ja, das Tor. – Er meint, man kann durchfahren, und er zeigt auf das Postauto, das die steile gepflasterte Straße hinabrollt, das Tor passiert und sich von der Klippe abstößt gegen das Meer –

Dort die andere Stadt: Ansedonia. Der Wächter deutet auf das Pflaster, über das ich gegangen bin, und zeigt auf den Körper aus Stein und sucht nach einem Ausdruck. Dann sagt er: Oh ja, das Tor auf dem Kapitol! – Aber das Kapitol gab es in Rom, stelle ich mir vor; auch hier? – Er zeigt auf die kleinen, in Stein gehöhlten Wannen auf dem Absatz der freigelegten Mauer und sagt: Das sind Gräber, kleine Gräber von Kindern! Ich sehe den hochgelegenen Steinplatz, den Mauerkranz, mit Gräbern gepanzert, die gehärtete Stelle hier an der höchsten Spitze der Stadt. Der Bug des Schiffes, das Kapitol, die Scheibe aus Zement mit der Gradeinteilung; als zwei Punkte schwirren Flugzeuge über das Meer die Küste entlang –

Volterra: Der Polizist sucht nach Worten, um zu erklären, daß man in der Stadt besser zu Fuß ginge. Er beschreibt einen Weg, der außen an einer Terrasse entlang führen soll; er sagt: Die etruskische Mauer; und es ist zu verstehen, daß man dann oben auf der Mauer dahin geht; es ist der bessere Weg, der Platz innen ist nicht Viehweide, sondern ein mit Stein ausgefüllter und von schmalen Gassen geritzter Körper. Die Gassen kreisen um gewisse Zentren: Dom, Baptisterium und Zisterne; man muß achtgeben, daß man nicht im Kreis geht. Der Polizist sagt: Die Zisterne, die Terrasse, dann rechts, links, wieder links!

Die Zisterne kreiselt in die Tiefe. Sie steht hier auf einem

Platz vor dem Rathaus, der jetzt ein Parkplatz ist. Der Mann, der ihn bewacht, reißt einen Zettel von einem Block. Die Fremden recken sich die Köpfe aus nach den Wappen, die von den grauen Wänden blicken. Es sind bunte hochgeklebte Teller, und wenn man genauer hinsieht: Gesichter unter Visier –

Der Wächter in Ansedonia kann sieben Zisternen vorzeigen. Stacheldraht, Blumenduft, die kreisrunde Öffnung in die Tiefe –

Volterra: Das Baptisterium steigt aus der Tiefe. Hier ist die Besichtigung eben zu Ende. Aber der Mann mit der Mütze hat die Tür noch nicht geschlossen. Er geht noch einmal zurück und beginnt seine Erklärung von neuem: Man wurde mit dem ganzen Körper eingetaucht und getauft –

Der Wächter in Ansedonia klettert über Schutt in das Gewölbe des Wasserspeichers, er klopft an die harte glatte Wandverkleidung und ruft das Echo aus der Tiefe hervor.

Ansedonia: Die Zisternen sind leer. Volterra: Die Taufschale im Baptisterium, fugenlos, tiefgewölbt, ist trockener Stein.

Ansedonia: Säulenstümpfe, von denen Eidechsen blitzen; der Wächter verläßt die Steine, die früher Straße waren; seine Schritte knicken die Gräser. Volterra: Antike Säulen, Steinchen, die in der Höhlung glänzen; draußen die in den Körper der Stadt geritzte Schattenstraße. Eine Stiege geht von ihr ab. Unter dieser Straße kreist eine andere Straße, ihre Richtung läßt sich nicht ausmachen, aber hinter der Ecke steht der Polizist auf seinem Podest.

Es ist dieselbe Stelle. Der Polizist winkt. Er zieht einen Stadtplan hervor und deutet auf einen Namen. Er meint, wir suchten eine bestimmte Sehenswürdigkeit. Aber wir haben den Namen, auf den er zeigt, niemals gelesen. Er spricht ihn weich, ganz vorne auf den Lippen, aus: Le Balze – der Abgrund. – Er deutet etwas an von Erdbewegung und Blick in die Tiefe.

Einstweilen ist es ein Name, ohne das Deutliche, in der Vorstellung lange schon Vorweggenommene, das, mitschwebend aus der Ferne her, als Erzeugnis der Einbildungskraft die vielen andern Namen begleitet. Nun, in der Nähe, verschwindet es, Volterra, ein Name; Schritte über die von dem Alabasterstaub hellen Pflastersteine. Der Polizist meint, man könne es mit Schritten erreichen.

4. *Die Knaben.* – Der Polizist meint Jetzt und Hier, er regelt den Verkehr, aber wir waren nach Volterra auf einer Straße gekommen, die es nicht gab. Es war die direkte Straße: ein grauer gebrochener Strich auf der Karte, aber in Wirklichkeit war sie ein Weg, der aufhörte. Ein Stück war noch Hohlweg. Ein wenig später kamen Spuren eines Traktors, der auf einem Acker gewendet hatte. Einmal kam ein Stück, das durch Schlagbäume abgetrennt war und als Auslauf für Pferde diente. Aber wir hielten uns an den grauen Strich, und wenn

wir ihn nicht finden konnten, sahen wir am Himmel Volterra, und hatten nur Furcht, daß es sich nicht einholen ließe.

Wir waren auf der alten Straße, die es von früher noch gab und die nicht mehr befahren wurde, gekommen. Erst als wir Volterra verließen, sahen wir die neuen blauen Straßen, auf denen es schnell zu erreichen war: sie lagen alle drüben auf der andern, lebenerfüllten Seite der Stadt. Wir waren auf ihrer nicht mehr benutzten Seite angekommen; und diese nicht mehr wahrnehmbare, nicht mehr wirkliche Seite ließ uns alles erkennen – der nicht mehr wirkliche Zugang führte uns hinein:

Moderiger Abstich, Verschmutzung durch blaue Trauben, die Furchen von Spinnennetz überzogen, die metallische Haut des Berges von fauligem Müll überschwemmt, Blechdosen, Glasscherben, die Stadt fern, der Name verschleiert, falschzeigende Schilder, die Schilfnester aus Bambus besetzen höhnisch den Berghang.

Hier, auf dem Wein- und Schilfhang, über den es hinauf zur Stadt ging, waren wir zum ersten Mal den fremden Gesichtern begegnet. Sonntagnachmittag, die Stadt schickt ihre Spaziergänger aus. Die Straße führte in eng gezogenen Kurven, der Hang war bedeckt von den krüppeligen Girlanden der Weinreben, die jede doppelt zu sehen waren: sie hingen mit fleckigem Laub, und schwer von den blauen Trauben, zwischen den Bäumen, und zeichneten dieselbe Figur als Schatten noch einmal auf die braune Erde. Aus dem Dickicht der Gärten quoll der Hopfen wolkig grau durch die Zäune; das anders graue, vom Staubhauch belegte Laub des Efeus kroch über die Steinmauer. Hohe ausfahrende Schilfstücke standen am Straßenrand und gaben jeweils nur ein kurzes Stück Sicht frei. An jeder Krümmung mündete ein Geflecht von Abkürzungswegen, wie sie von Fußgängern ausgetreten werden; und an einer solchen Stelle kam uns die Schar der halbwüchsigen Knaben entgegen – jeder auf seinem eigenen Weg, als sei die Verästelung der Wege für sie vorbereitet worden. Sie schwangen Stöcke und Laubbuschen und drängten sich mit freundlichem heftigem Lächeln dicht an den Wagen. Sie trugen schwarze Anzüge und hatten alle auffällig gelbe Gesichter; sie schienen lebhaft zu sprechen. Wir konnten von ihren Stimmen durch die Scheibe nichts hören, aber wir sahen: ihr Lächeln war nur in den Gesichtern, nicht in den Augen. Und es veränderte sich auch nicht: es lag auf jedem Gesicht wie eine ihm einmal eingedrückte und dann erstarrte Bewegung. Bei einigen erlosch es: etwas Unsichtbares, daraus es sich speiste, schien erschöpft zu sein. Plötzlich belebte es sich wieder. Ein Erwachsener, Aufsichtsperson oder Lehrer, war aus dem Schilf hervorgetreten. Langsam wandten sich die Knaben ab. Einige zögerten, ihr Lächeln traf uns noch, als wir weiterfuhren – ein fremd empfangenes Leuchten: die Augen blieben stumm, die Phosphorstirnen blickten uns regungslos nach.

5. *Der Abgrund.* – Ich erzähle dir jetzt von Volterra, aber es ist lange her, ich brauchte so lange, bis ich mich auskannte, wie es dort war. Jetzt erst, im Winter, vor dem schwarzen Mauerstück, über dem die Sonne schon untergeht in der Hülle aus Staub, frage ich dich, wie es anfing. Die knöchernen Äste auf dem Baum, der von unten heraufreicht, und die schwarze Amsel, die in der Kälte ihren Körper aufplustert . . . Du wolltest etwas anderes als ich, höre ich dich sagen. Die Zweige brechen wie Glas. Ein Mann und eine Frau, aber sie sehen nicht mehr so aus, als ob sie zusammengehörten. Man merkt es an den Schritten, die jedes für sich macht, auch wenn sie nebeneinander gehen. Der Frau taten die Hunde leid, weil sie verhungert an der Kette hingen. Der Mann merkte es nicht sofort. Aber die Frau lief an den Wagen, zerrte ihr Essen heraus und riß es in Stücke und legte es den Hunden an den Holzstoß. Feindselige Gesichter in den Fenstern, die Wespen in dem geschlitzten Weidennest auf den fauligen Feigen – ein Gewimmel wie auf Aas.

Der Mann sieht in die Baumkrone, die hinter dem Holzstoß aus dem Graben heraufwächst; die dunkelgrünen Blätter zittern an den Stielen, die kleinen Früchte leuchten wie Pfauenkopfputz hervor.

Wie heißt dieser Baum hier, ich kenne ihn, ich komme nur nicht auf den Namen . . .

Der Mann sagt etwas; aber es wird immer etwas anderes als in den Worten gesagt. Die Brust der Amsel und aus ihr der süßeste Ton. Aber es gibt kein Leben außer der Armut, und lieber bin ich bei denen, die Erde fressen; er erkennt seine Brüder, die nicht mit erlöst wurden: die Geschwister Adams, die nicht mitreden.

Nicht erlöst, nicht Mitsprache; aber es hält sich fest an der Erde.

Ich erzähle dir jetzt von Volterra, warum wir überhaupt auf dieser Straße gefahren sind, frage ich dich; ich bin der Meinung, wir hätten uns einfach verfahren damals. Aber nein, sagst du, wir sind nach der Landkarte gefahren, und damit hat es angefangen: an dem Bauernhof hätten wir abzweigen müssen, es war sogar ein Schild dort, und die Leute gaben uns Auskunft; aber du wolltest ja so fahren, du sahst überhaupt nur den grauen Strich auf der Karte und sagtest zu mir: es ist der direkte Weg. Und schließlich hast du ja recht behalten.

Nun erinnere ich mich: der graue Strich auf der Karte, und die Straße, die keine war, aber am Himmel Volterra. Ich brauche so lange, bis ich mich auskenne, was war. Volterra, ein Bergrücken, der eine Stadt einlädt, sich auf ihm niederzulassen. Davon wird der Ort deutlich. Er bekommt einen Namen, und seinem Umriß wird etwas hinzugefügt, das dauert. Aber der Ort will sich ganz deutlich machen: mit Mauern und Abmessungen; und damit man es besser unterscheiden kann, darf, was außen liegt, nicht mehr gelten: das Land wird zum Meer, und die Stadt wird ein Schiff im Meer. Weit draußen auf der Klippe das andere Schiff: Ansedonia – dort sind die Aufbauten weg, nur noch der Grundriß ist eingezeichnet, überblüht von Blumen. Hier in Volterra kann man die Aufbauten noch alle erkennen: vorne die Zitadelle, in der Mitte der hohe Turm. Aber hinten wird etwas leer. Man kann nicht sehen, wo es anfängt, es ist kein Unterschied in den Dächern und Fenstern, die Umrisse der Häuser sind fest, aber man fragt sich plötzlich, aus welchem Stoff diese Körper aus Stein sind, ob er die Figur nicht nur vortäuscht. Es ist Täuschung darin, Einladung, hier könne man leben; und tatsächlich versuchen es welche; es zeigen sich Menschen auch hier, sie fürchten sich nicht. Man sieht sie als Silhouetten, der Körper aus Stein bricht ab, es kommt eine freie Strecke, aber alles ist verführerisch, sie sieht wie ein Aussichtsplatz aus.

Auch wer droben in der Stadt geht, merkt nichts. Er sieht die geschlossenen Tore und die Bretter vor den Fenstern. Aber immer noch sind es Häuser, und daß ein Haus bewohnt wurde, verwischt sich an ihm nicht so schnell. Solange es steht, wohnt auch etwas in ihm. Auf der freien Strecke wird das Gras gemäht, und die Kirche mit dem Rad aus Glas und steinernen Speichen über dem Eingang ist geöffnet. In ihrer Tiefe brennt die rote Ampel. Und in dem letzten Haus, an dem die Risse in der Erde sind, sehen aus jedem Fenster Augen. Hier ist ein Kommen und Gehen, die Mädchen beugen sich aus den Fenstern, sie sind vorbereitet, wir nähern uns und werden erwartet. Aber hinter dem Haus sind es zehn Schritte, und dann ist es der Abgrund, der uns umarmt, und in den die Stadt Volterra versinkt, und von dem die Vögel gegen unsere Brust stoßen, die über seiner Tiefe kreisen.

Wenn ich es dir aufzeichne, ist es ein Schiff, Volterra, hochschwebend, unter dem sich die Erde bewegt, ein Wirbel aus der Tiefe, langsame Drehung, die sich mit Regenflüssen hereinmahlt, unmerklich; es geschieht nicht oft, aber es geschieht schon lange, und es entleert die Stadt. Es zieht von ihrem Ende herein und beginnt irgendwo – als Stille in den Häusern: der gelähmte Körper.

Wir sahen es, aber nur das Einzelne; wir erkannten nicht, daß es die Lähmung war und die Öffnung des Grabes. Dabei waren uns alle Zeichen gegeben worden. Aber erst jetzt, wo ich nichts mehr sehe, und es dir nur erzähle und aufschreibe, weiß ich, was es war.

Unerlöst. Wenn jemand hinabstiege, aus dem Grab wiederkäme, aus der Mühle, wo sie warten.

6. Auf der Terrasse. – Angekommen auf der Straße, die es nicht gab, an dem nicht mehr wirklichen Zugang. Es mit Schritten einzuholen. Der Polizist hatte es uns mit Namen eröffnet. Die Bilder sahen uns zu, das Rot der Engel; der Ort, wo es nicht mehr wichtig ist.

In Volterra war es zuletzt die Prozession. Sonntagabend, sechs Uhr, der Polizist regelt den Verkehr, der zu dieser Stunde in der Stadt hauptsächlich eine Bewegung von Fußgängern ist, ein Hin- und Hergehen im Innern der Stadt bis zur unsichtbaren Grenze einer Strecke, die als der Corso festgelegt ist. Es ist Wiederholung und Festlegung, es sind immer dieselben Schritte. Die Fremden halten es nicht für wichtig. Aber schon in der Nebengasse ist davon nur ein Echo zu hören, und sie merken: die Gassen kreisen in die Tiefe; man muß sich vorsehen, daß man nicht gefangen wird und im Kreis geht. Auf der Terrasse ist Stille.

Innen in der Gefangenschaft gehen oder außen auf der Mauer – es geht immer nur in Worten dahin. Außen auf der Mauer zwei Mädchen, und etwas, an das ich mich nicht erinnere. Ein Tier vielleicht, unwahrnehmbar, weil es nicht in Worten dahingeht, und auch nicht im Stein ist. Die grünen Augen der Mädchen haben es zur Zwiesprache; du sagst, es war ein Hund;

aber nun ist es zu Worten schon abgeführt über dem Pflaster und dem roten Wetzen der Sonne, die sich am Bergrand reibt, ehe sie weich einsinkt. Die Katze schnurrt am Fenster, die Stimmen der Mädchen bleiben zurück, es ist Vergangenheit. Die Dämmerung, grauer Schaum, liegt zwischen den gefurchten Bergen; Schwefelrauch, und weit draußen der rotgoldene Glanzstrich des Meeres, entzündet. Die Stadt, dem Ort zum Hinschauen aufgeprägt, regt ihre Glieder. Die Bergrücken wie Tiere, der Stadt feindlich, warten auf den Augenblick, in dem sie sich nicht unterscheidet von ihnen. Der Umriß aus Stein ist Täuschung, und der Bergrücken, dem sich Volterra aufgeprägt hat, wird von den andern umlauert; in der Tiefe ist er ein Ort der Wildnis wie sie; und nicht der Stein, aus dem sie alle sind, unterscheidet sie, sondern etwas, das weniger ist als ein Hauch – der Name. Die Katze geht über die Terrasse, sie schmiegt sich an den vom Tag warmen Stein – schon ist er Wildnis.

7. Die Prozession. – Die Dämmerung kam rasch, und was an dem Ort sein sollte, wußten wir nicht. Wir hatten das Tor gesehen und waren über die Mauer gegangen – die Namen, für die wir Bilder mitbrachten, lagen hinter uns. Wir hatten übersehen, daß ein Name geblieben war: Abgrund – davon gab es kein Bild.

Leere, wo etwas aufhörte, wo der Boden aufhörte, auf dem wir gingen – daraus ließ sich ein Bild nicht ziehen. Es war ein Teil dabei, den wir uns nicht vorstellen konnten, und der als Name zurückblieb. Wenn die Straße aufhörte, oder die Klippe, auf der Volterra lag, abbrach, setzte sich unten etwas fort, es kam nicht Leere. Dieses Wort Leere ging nicht auf in einem Bild, es konnte den Ort nicht geben.

Aber nun sahen wir Leute, die auf ihn zugingen, und andere, die schon warteten. Sie standen abseits der Straße in kleinen Gruppen auf der Wiese, die hier nach allen Seiten hin ohne Befestigung gegen den Hang zu abbrach, an keiner Stelle von

Mauern gehalten; nicht einmal die Kirche mit dem großen Radfenster hatte Mauer oder Stufen, sie stand wie ein Pilz in der einförmigen grünen Fläche. In dem Fenster spiegelte sich der über der Dämmerung noch weiße Himmel; die steinernen Rippen lagen auf dem Glas wie leeres Speichenwerk, hinter dem wieder Himmel kam.

Der Wiesenrand war Nähe, dicht über den Gräsern schimmerten entfernte Bergketten; und vorne, an dem kleinen Haus, ging die Blendung des Lichtes herab, so daß wir erst unter seinen Fenstern von dem Kommen und Gehen an ihm etwas sahen; und zugleich den Abgrund, wo es aufhörte: die Grasbüschel, die geöffnete Tiefe.

Es war kein Bild, sondern die Leere, heraufgespiegelt im Fließen der Erde, der aufgerissene Stern, Versteinerung, starre Furche; die Mühle: Kegel, Mütze und Gelenke aus Stein; der Schwefelrauch, und weit draußen der Blutstrich des Meeres.

Wir gingen zurück an das Haus, sahen den abgebröckelten Verputz, die feuchten Flecken in der Mauer, und wieder das scheinbare Leben an ihm; aber dann plötzlich dieses andere Kommen und Gehen:

das Rot der Engel, wie es durch die Wiese heranschwebte und bis an den Abgrund flog und wieder zurückging.

Es kam mit den Leuten, die an der Straße gewartet hatten; es leuchtete von dem Bild, das sie dem Zug ihrer Prozession vorantrugen. Sie gingen hinaus bis an den unbefestigten Rand und hielten das Bild gegen die Tiefe.

Wir begegneten dem Zug zum zweiten Mal, als wir auf dem Weg zur Stadt waren. Diesmal war die Prozession bis an die Häuser gegangen und, wo der Stein anfing, umgekehrt, und ging nun einen Weg wie zuvor: durch die Wiese hinaus bis zu einer andern Stelle über dem Abgrund. Es waren keine weiten Wege, und es dauerte nicht lange, waren sie zurück und gingen wieder hinaus; und nun, bei diesem dritten Mal, sahen wir unter neu Hinzugekommenen plötzlich die fremden Gesichter wieder: Knaben in schwarzen Anzügen und mit gelber Haut und gierig freundlichem Lächeln; sie gingen in der Reihe der Beter und gestikulierten lebhaft in der Fingerzeichensprache der Taubstummen. Vor ihnen gingen mit lautem Gebet die Schulkinder und Nonnen, hinter ihnen kamen alte Leute mit einzeln schreienden Stimmen. Wir sahen nun aus der Nähe, daß es ein armseliger Zug war: die Schulkinder puppenhaft eitel oder unaufmerksam, die Nonnen antreiberisch, die alten Leute mit der Bettelmiene der Armenhäusler nach dem Geistlichen schielend, der Blicke mürrischer Geschäftsmiene auswarf – alles vielleicht nur obenhin Teilnahme, Partei, Verein oder Gewohnheit. Aber die Schritte wurden davon nicht weniger bei dem Hin- und Hergehen der Prozession. Überall, wohin sie kam, auch wenn die Menschen ohne Gedanken gingen, waren doch wenigstens ihre Schritte gewesen; und solange sie mit so vielen Schritten an einen Ort wiederkommen konnten, gab es ihn. Es war ein Hingehen wie Festhalten.

8. An der Zitadelle. – Wir sahen noch etwas davon an dem Abend – es war, als wir Volterra verließen. Wir fuhren von der belebten Seite der Stadt mit dem Schwung der blauen neuen Straßen den Hügel hinab und kamen an der Zitadelle vorüber. Wir hielten an, es war schon dunkel. An den Mauern der Kasematten glühten die winzigen scharfblendenden Lichter aus der Tiefe der unterirdischen Gefängnisse. Am Fuß der Mauern, auf dem schmalen Grasstreifen über dem Abgrund des Festungsgrabens, gingen Frauen hin und her. Sie riefen zu den Lichtern hinauf und warteten auf ein Zeichen. Plötzlich wehte ein weißes Tuch aus einer der Öffnungen, dann streckte sich ein Arm durch ein Gitter. Die Stimmen außen und innen schrien zusammen, aber schon verschwanden die Zeichen; der Augenblick, der ein Erkennen möglich gemacht hätte, war vorüber. Die Stimmen ermatteten. Aber die Frauen blieben

auf dem Grasstreifen an der Mauer, sie fingen ihr Hin- und Hergehen wieder an.

Du warst so mitleidig und konntest es nicht sehen; so wie zu Anfang nicht, daß die Hunde an der Kette hingen; und nun erzähle ich dir etwas, was damals nicht geschehen ist, aber das ich, seit ich dir von Volterra erzähle, oft vor mir sehe, wie es geschieht: du läufst zu den Frauen hin und fragst, ob ihnen denn niemand hilft, und ob sie die ganze Nacht hier so gehen, und warum. Da sagt eine: Weil die innen auch so hin- und hergehen in ihrem Loch, und weil wir anders mit ihnen nicht reden können. Aber wenn wir draußen dasselbe tun wie sie, und hin- und hergehen, dann merken sie, daß jemand mit ihnen redet. Dann ist es eine Art Verständigung. Der Engel geht durch den Stein.

Wir waren, als wir das hörten, zusammen hingegangen; davon weiß ich, daß Volterra hinter uns lag, so wie es am Nachmittag bei den Hunden, die an der Kette liefen, begonnen hatte – dort dieser Ort schon war, an dem das Rot der Engel vorgehen will und umkehren muß. Sie versuchen es immer wieder und gehen hin und her auf dem unbefestigten Grund und wollen ihn mit ihren Schritten festmachen. Aber er ist schon eingeschränkt, immer bröckelt etwas ab, die Wege werden enger, so daß sie nun bald im Kreis gehen wie die Verdammten, ob es außen auf der Wiese ist oder in den Gassen der Stadt, die um etwas kreisen, das aus der Tiefe steigt: Baptisterium, Zisterne – es hilft ihnen nichts. Aber es ist auch in den hilflosen Schritten eine Mitteilung und Verständigung, heraufgespiegelt aus dem Ort in der Tiefe, Nachricht von denen, die in der Gefangenschaft gehen.

9. *In Ansedonia.* – Wiederholung, Befestigung, Schritte: ich wußte es lange schon in Worten, aber nicht, wie es war. Ich brauchte so lange, bis ich mich auskannte. Volterra, ein Erdrücken, das verstand ich allmählich. Aber in welcher Gesellschaft wir in Ansedonia waren, es schläft auf dem Hügel. Es wohnt jemand da, sagst du. Ich kann es nicht sehen. Du mußt es mir zeigen.

Du sagtest: ›Ich weiß es von Ansedonia. Wir waren zehn Schritte vom Graben ins Innere gegangen, und ich drehte mich um. Aber ich brauchte die Schritte nicht zu zählen. Der Boden war fest und glatt, es war Erde mit kleinen Ziegelstückchen darin, und dann war es ganz gewöhnliche Erde, aber das Gras kam anders heraus als auf einem Boden im Freien. Ich sah das Innere: es war ein umgrenzter Platz zwischen den Mauern, nur dem Himmel offen; eine ebene Tafel, hochschwebend über dem Meer. In den Schritten war keine Nachricht, aber sie waren immer da und maßen den Abstand, auch die Höhe und Tiefe; es war ein Hin- und Hergehen auf gefestigtem Grund. Er war Stein, Abfall und Erde gemischt, aber nicht wie draußen: was sich an dem Ort geändert hatte, war zwischen den Mauern geschehen. Es war immer noch die Stadt. Und wenn es auch keine Häuser gab, es fehlte nichts. Alles was an ihre Stelle gekommen war, hatte seinen bestimmten Platz; der Ort war deutlicher eine Stadt als mit Häusern. Auch das Gestrüpp, und was an Wildnis hereingeflogen war, hatte sich im Augenblick verändert, saß im Abstand fest und war nicht mehr Wildnis. So habe ich es damals gesehen:

die Steine weiß wie Muscheln, sie lassen sich nicht aufheben, sie sind wie mit Wurzeln in der Erde,

in den Steinen festgeklammert die Sträucher, und das Flußbett wird ein Weg. Wenn der Regen etwas wegnimmt und auswäscht hier, es kann doch nur ein Weg entstehen . . .‹

Ich hörte es; Worte, Benennung, Schritte; und langsam erinnerte ich mich, wie es dort war.

MARIO LUZI
DER MONTE AMIATA

*

Von Siena her gesehen, ist der Monte Amiata eine gewaltige und zarte, aschgraue Form, die in die leeren und windzerzausten Räume einsinkt, die die Stadt umgeben. Die Mädchen in den Internaten, die Schüler in den Klassenzimmern der Schulen, die fast alle an den äußersten Rändern des Wohngebietes liegen, treten oft ans Fenster, lehnen die Stirn an die Scheiben und verweilen, um ihn zu betrachten. Manche sind von dort, und für sie wimmelt seine ferne, massige Gestalt, einsam im Blau der tiefen Region, von alten Dorfgeschichten; für andere ist er ein Geheimnis. Nicht umsonst liegt dazwischen das riesige und unwirkliche Orcia-Tal mit seinem urbar gemachten Lehmboden, den weiten Saatfeldern, dem Brachland, mit der ständigen Bewegung der Anhöhen, die den Himmel einnehmen und freigeben: während die Farbe der Erde von allerfeinstem, verbranntem bläulichen Grau ist, so daß das nicht absorbierte Licht sich in violetten Schwingungen darauf ausbreitet, die sich jenseits der letzten, fernen Silhouetten verlieren und das Gefühl von Weite und Einsamkeit verstärken. Eine Erde, die wirkt wie der tiefe Grund des Gedächtnisses oder ein Ort des Traums, wo ein dunkel erregter Sinn den Schauer eines geheimnisvollen Lufthauchs verspürt.

Doch der Monte Amiata ist ein viel irdischeres Reich: sein überaus hoher Kegel, dicht bestanden mit Buchen und ganz unten mit Kastanien, läuft aus in sanften und steil gekrümmten Abhängen, die in ihrer Bewegung Mulden und enge, tiefe kleine Täler formen, wo sich, bei Wasserreichtum, dichte, frisch sprießende Pflanzungen einschleichen, oder, bei Trockenheit, Weinstöcke und Olivenhaine gedeihen; im Süden läuft er in unfruchtbare Wälle aus, die die Maremma überblicken, und

dort herrscht die große Eiche vor, zwischen Fleckchen bescheidener Kastanienhaine, und auch wieder der Olivenbaum, der Weinberg, und in den schattigen Erdfalten der Gemüseanbau. Dort wo der Blick begrenzt ist, kann man nichts Lieblicheres finden: die vollkommene Frische des grünen Gewirrs von kleinen Tälern, wo der Landmann die Pergola richtet, Selleriestauden und Salatköpfe gießt mit dem Wasser des Brunnens oder der primitiven Wasserleitung, während weiter oben der große mediterrane Sommer auf den Steilhang der ganz mit einem Gespinst aus Sonnen- und Schattenflecken überzogenen Straße brennt, nimmt deutlich Sinne und Seele gefangen und erneuert das uralte Thema von Seligkeit und ländlichem Müßiggang. Wo der Horizont offener ist, und der Blick sich in den blauen Breiten des Sieneser Landes verliert, oder auf der anderen Seite in den trostlosen, so weit wie das Auge reichenden Ausläufern zur Maremma, zwischen denen sich die mageren Gebirgsbäche Albegna und Fiora schlängeln, da ruft die bedrohliche Nähe von soviel Raum eine gewisse Schwermut in der Seele wach.

Es gibt nur wenige Bauernhäuser dort; selten ist das wenige bebaubare Land, im allgemeinen den Kastanien oder den Eichenwäldern abgerungen, in Höfe aufgeteilt. Öfter handelt es sich um kleine Stücke, denn da, wo es fruchtbar ist, möchte jeder ein eigenes haben und es mit Sorgfalt und großer Liebe bebauen, mit dem Gefallen an Eigentum und der Leidenschaft für Land, die Leuten eigen ist, denen es an Land mangelt. Sie wohnen alle in den Dörfern, die auf sechs- bis achthundert Metern Höhe den Berg wie einen Ring umschließen oder auf seinen äußersten Hängen in vorderster Front stehen: manche haben auch einen Beruf, sie sind Schuster, Schneider oder Barbier, doch wenn es Zeit ist für die Landarbeit, kommen auch sie, rittlings auf dem Esel sitzend, zu ihrem winzigen Grundstück herunter und kehren bei Anbruch der Nacht mit Körben und Grasbündeln beladen zurück. Dann hallt das Pflaster der alten Dörfer vom Hufgetrappel wider, während wenige schroffe Grußworte ausgetauscht werden, wie unter Leuten, die der gleichen Familie angehören und demselben Schicksal unterworfen sind. Erst später, beim abendlichen Treffen in den großen verräucherten Küchen, oder auf dem Dorfplatz, oder in der Schenke wird die Unterhaltung reger, in jener klaren und starken Sprache, die dennoch in ihrer rituellen Weise den Ausdruck eines lebhaften und scharfsinnigen Geistes gestattet, der ebenfalls rituell ist, mehr dem Volksstamm als dem Einzelnen eigen. Aus ihren Unterhaltungen entsteht das Dorf wie ein Universum im dichten Netz seiner Verwandtschaften, in der Tiefe der Generationen, die in seinen grauen Häusern aufeinander gefolgt sind, in der Geschichte der Besitztümer, in den Schwankungen des Glücks der Familien, in den Krankheiten, den Geburten, den Toden, seinen sagenhaften Greisen; und alles wird als Ritus betrachtet, als Tribut, der dem Leben und der Zeit zusteht. Und wieviel bedeutet zum Beispiel die Pflege der Kranken, die Totenwache, wenn alle, die Gevatterinnen, die Männer und sogar die Kinder die richtigen Worte des Ritus zu finden wissen, die rituell mit jenem innigen Mitleid trösten, das nicht aus dem Herzen kommt, sondern aus der uralten und kummervollen Religion der Gattung.

Am Morgen oder um die Mittagsstunde herrscht großes Schweigen, nur unterbrochen vom Hämmern des Schmiedes, vom Kreischen des Sägewerkes, vom Gesang einer Frau; im dichten Schatten, den das unverputzte Haus aus nachgedunkeltem Stein wirft, oder der Kastanienbaum oder die darüberliegende kleine Anhöhe aus jener mit Pflaumenbäumen und jungen Eichen dichtbestandenen roten Erde, könnt ihr die Alte am Spinnrad sehen, und daneben den an den Ring oder den Pflock gebundenen Esel, während der Brunnen beständig Wasser speit: in der Sonne die Roste mit den zum Trocknen ausgelegten Feigen, die Gefäße mit den Konserven, die Maiskolben auf der Matte oder dem Leinentuch.

Der in der Stadt aufgewachsene Junge ist bezaubert in dieser Welt, wo ihm nichts fremd ist, wo ihm alle Häuser gleichermaßen offenstehen; und er sieht, daß die Taten des Menschen einen Sinn, klar und umrissen eine Ursache und ein Ende haben zwischen wenigen atavistischen Gegenständen und Bildern, zwischen wenigen wesentlichen Leidenschaften, die stets lebendig bleiben: und er möchte gar nicht mehr fort: nie zuvor schien ihm die Erde so wahrhaftig Erde, der Wein Wein, die Freundschaft, die Verwandtschaft so wahrhaft Freundschaft und Verwandtschaft in der gemeinsamen Bescheidenheit aller, wo sogar Armut ohne Bitterkeit sein kann. Der Junge aus dem Dorf dagegen träumt davon, in die Stadt zu entkommen, wie es schon viele vor ihm getan haben, manchmal mit einem gewissen Gewinn; doch auf jeden Fall wird er sich nicht wirklich lösen können, er wird auch weiterhin Teil der lebendigen Gemeinschaft sein, wird sie in seinen Gedanken tragen, wird

im ununterbrochenen Gedächtnis des Dorfes bleiben, das alles überliefert, ohne irgend etwas zu verlieren. Bis jetzt erleben der eine wie der andere ihre vollkommene Erdverbundenheit: sie erforschen die Steilhänge, verbergen sich im Laub des Unterholzes oder schlüpfen durch winzige Holztore in den Weinberg, in das Gärtchen, wo das Wasserbecken unter den grünen Zweigen hervorlugt und Früchte sie zur Mahlzeit verlocken. Wenn dann die tiefen Schatten in Bewegung gekommen und dunkelblau geworden sind, kehren sie zurück und machen auf dem Platz halt, reihen auch sie sich ein in den Kreis um die feierlichen Alten, die, unter dem noch entflammten Himmel auf dem Mäuerchen oder auf den Stufen der Freitreppe sitzend, Geschichten aus anderen Zeiten erzählen und die alte und ewige Weisheit des Menschengeschlechtes weitergeben.

ECKHARD HENSCHEID
ÜBERDAUERN IN TOSKANA

1983

Auf einmal ruhte sein Auge auf einer Stadt. Hammer peilte sie scharf an, ging strackser auf sie zu. Die Stadt glich einer Zinnenburg. Auf einem flachen Hügel. Felder reiften vorgelagert, mit Mauern stark bestückelt. Sechs Türme waren bald zu zählen, rosa Hauch wie Korn. Gelbbräunlich stand der Mond im Himmel – Hammer kam rasch näher. Füße kühlten klar im Bach, Hammer stahl drei Tomaten. Maustot wie ein verendeter Vogel die Katze krumm im Straßengraben. Montegonzi hieß die Stadt. Hier war bestens weilen. Gar nicht schlecht die Chancen.

Frühabendlich ermattet, samtbräunlich lilaschwer umschattet: Wie ein Gemälde lag das Herbergszimmer. Deckbalken schimmernd milde Lohe, großwabig rötliche Kassette. Das Fenster war ganz aufgeschlagen. Bläulich gerippt ein Hügelduo, sanft neigte es sich zueinander. Flüsternd kroch ein sehr langschenkeliges Dreieck über die Dunkelwand zur Rechten; fleckige Scharten übertuschend, sich selber um die Nase huschend. Das quergestellte Breitbrett nah am Fenster saugend viel spätes lila Licht. Die Milch der Baumwolldecke fliedrig. Wie indische Rosette flackernd. Tupfer aus Purpur, Ocker, Farnen. Zurückgeschlagen wellte bauschig, sehr faltenfroh und wehmutslüstern: die sanfte Kuschelknuddeldecke. Kopfkissen gab es ihrer zwei. Erwartungswachsam aufgetürmt. Viel Lichtschnee heimlichtuisch sammelnd.

Welch ein scharmant verschwärmter Bau. Alles aufs Tüchtigste bereitet. Fehlte nur noch die Madonna. Matratzenfroh zu wirbeln. Nach Weise der Mätressen.

Hammer ging nach unten. Vom Speisezimmer aus bespähte er den Marktplatz. Die Stadt schien äußerst winzig. Jetzt machte sie sich sicher schön. Hammer hatte Zeit. Der Tageszeitung entnahm er derweil, zu Ottawa sei ein Schwertwal vor Liebe krank geworden. Der Wein schmeckte sehr harzreich. Die mit Spannung erwartete Begegnung zwischen dem männlichen Schwertwal und zwei neuen Gefährtinnen aus Island hatte, hieß es, zu einem Coup de foudre geführt – und der war übel ausgegangen: Hyak, getrennt durch einen Maschendraht von Finna und Bjossa, hatte einfach die Nahrung verweigert. Hammer schämte sich. Er war drauf und dran gewesen, sich ein sattes Mahl zu ordern. Nichts da! Was Hyak recht, war Hammer billig. Heute gab es nichts zum Spachteln!

Die Ortschaft schien nicht mehr sehr bewohnt. Hammer placierte sich samt Tageszeitung vor dem Gasthof. Zwei Rentner spielten seitwärts Karten. In einem Arkadeninnenhof hüpften drei Kinder ewig um einen säulengerahmten Brunnen.

Hammer grübelte ein wenig abgespalten. Die Wahrscheinlichkeit, daß sie hier erschiene, taxierte er auf 51:49, dann auf 1:1 Million; dann wieder doch auf 3:7. Kurz darauf glaubte Hammer die Entdeckung zu machen, daß die schönsten und edelsten Gefühle dann sich einzustellen pflegten, wenn ein erinnertes Detail des Madonnesken nie mehr zu sehen noch zu hören sein würde können – ›nevermore‹, murmelte Hammer, erschrocken über seinen Satzbau. ›Die mörderische Zeit‹, setzte er unlustiger nach. Indessen, gegen 23 Uhr meinte er an sich zu bemerken, mit eben diesem Eingedenken des Faktors Zeit überriesle ihn ›Liebe nach Bedarf‹. Tatsächlich, es rieselte fast eine halbe Stunde. ›Ist Liebe eine Sache von Technik geworden?‹ Hammer vertagte die Antwort, denn gleichzeitig konnte er kaum glauben, wie alt er zwischenzeitlich doch geworden war. Truglos webte herbe Luft, grau schweifende Wolkenschlieren. Sein, Hammers, rarer Plan war reif: Vor Sehnsucht bald zu explodieren! Ja, das wollte er! Sehnsucht kraft der zielstrebigen Steigerung – selbst zu einem Wahn von Glücksweh hochzuputschen, daß – irgendein Umschlag eintreten

mußte, mußte, mußte! Und – ›Horst Tempes soll der Zeuge sein!‹ Hammer setzte gerade dazu an, sich Tempes' hünenschönes Bild zu Gemüt zu führen – da passierte nicht Erwartetes. Unfreiwillig sehnsuchtständelnd hatte Hammer einen machtvollen Klumpen Herzschmerz zusammengezaubert, der, nach seiner Meinung und Erinnerung, akkurat die Wucht jenes weiland Schmerzes besaß, welcher vor vierzehn Jahren die Trennung schon begleitet hatte! Hallo!

Der Herzkrampf war schwer zu ertragen. Hammer vergaß das Rauchen. Fast mutwillig gerufen, schien der Schmerz jetzt auf seinen Rechten zu bestehen, um ad infinitum zu werkeln, sich einzufressen, einzuigeln. Des Igels Stacheln kratzten brünstig, dann wieder kitzelten sie ein bißchen. Gleichzeitig schien das böse Tier das Herz – die Lunge? – schnaubend einzuschnüren. Nochmals wechselte es die Strategie. Es kratzte mit glühenden Stacheln – vor Schmerzbereitungsfreude die eignen Waffen selbstaufopfernd –

Nach fünf Minuten war alles vorbei. Hammer schnaufte durch. Ängstlich noch vor der Wiederkunft des Krampfs – zu Scherzen schon wieder aufgelegt. Der Mond schwamm seinerseits gepreßt durch schwarztiefblaue Hackfleischwolken. Er könnte, schmunzelte Hammer sich vor, ja beim Sehnsuchtaustragen dadurch ein wenig die Zeit sich vertreiben, daß er sich auf allerlei Ladendiebstähle kaprizierte, sich erwischen ließ und eingesperrt dann würde, um nach seiner Freilassung der Gemeinde für allerlei niedere Aufgaben zur Verfügung sich zu stellen und –

Kurz nach Mitternacht sah Hammer still aus seinem Zimmerfenster. Nachtschatten platschten wider Mauern. Das Himmelsragout war zum krummen Wolkenkotelett umgehackstückt. ›Klasse‹, dachte Hammer fröhlich, ›wieder nichts gewesen. Außer Schmerz und Spesen.‹ Lautlos murrte Wind dawider. Fern hügelig die Sommerau! Frisch fand Hammer im Doppelbett, quergelegt und schräggerollt, viel Schlaf und viel Erquickung.

Hurtiger stöberten Flocken von Sonne, eilig war Hammer ja schon auf den Beinen. Um 9 Uhr wanderte er scharf weiter, hüpfend durch knallwarme Superluft. Prunkend nach der einen Seite hin mit seinen Türmen, nach hinten lief Montegonzi sehr weichlich aus. Sträßchen durch die Vorstadtgärten. Hammer pfiff sich flott des Wegs. Grabschschwippwusch! Aus dem vollen dichten Schlehenbusch am Gartenzaun – verschlungen tauchte eine blonde Frau. Schmiegsam streckte sich der Leib, dieweil die Hand die Brust bestrich. Heftete den Blick auf Hammer – blitzschnell mit rundlich blauen Augen. Es war, es war – sie nicht. Nicht war es sie; mitnichten. Die Frau stand rank und schlank nicht krank. Rosa erhitzt im Gärtnerkleidchen. Sie wirkte kaum verlegen: auch gar nicht unzufrieden. Nur immer noch: reichlich verschlüpft. War direkt aus dem Busch gekommen. Hatte sich sicher selbst gesucht – und jetzt war –

Zart grüßend nickte Hammer. Nein, sie war es wirklich nicht. Nur eine hübsche Bauernfrau. Sah sie ihm nach umschäkernd? Herzklopfen wie verspätet rückte Hammer auf den Pelz. Fahrig stocherten die Beinchen. Nein, nicht umsehn! Jetzt kein Techtelmechtel! Die Bauernfrau war Vorbotin – Natur dicht an der Wahrheit –

Hammer griente wohlrasiert. Schlenkerte das Reisetäschchen. Bald war er von einem Feldhohlweg verschluckt, schluckspechtartig felsgefaßt. Schon sengte strahlend Sonne. Was Blumenwirrwarr ohnegleichen! Roch da allschon nicht Heu?

Zwei Stunden später machte Hammer Rast. Tröstender Duft des Kiefernwalds. Spöttisch Böses schwankte drein. Fliegen um die Lache surrend, schwirrend wie im Sommermanöver, worein sich, zu seinem Elend, auch ein braunvioletter Falter noch verflogen hatte. Angelehnt an Felsenhain ließ eine Kalkbrennerei sich ahnen. Vielleicht auch eine Mühle gar. Blinkend rauschend aus den Erlen?

Erde, Moder, Dung; safrangelbe Sonnenkeile. Gelb streckten Hügelfelder sich, linolschnittfurchig, gutdurchkämmt. Wie das letzte Häuflein einer Prozession ließ eine Mannschaft schwarzer Zypressen sich müd den Hang hinunterfallen. Partout wollten ihm Fliegen in den Mund. Verstockt ging Hammer querfeldein. Der Hitzeknoten in der Seele, Verknotigung des Lebens. Ännchen von Mariehausen, ach! Auf seinem Rücken eine blecherne Botanisiertrommel – die stünde ihm sehr gut. Auf grüner Wiese ruhten sieben Entchen fein. Reckten gleichzeitig ihm Hälse zu, Flaum blond über Wirbelsehnen. Mit gutem Humor schritt Hammer rasch fürbaß. Dann ging er barfuß weiter, die Schuhe in der Tasche. Schweißschleier netzten bald die Augen. Doch Tränen ließen warten.

Trat rasch durch eine Lichtung. Ein fahles Haus auf falber Höhe. Ein Stapel von Benzinkanistern, Alteisen und Autoreifen. Ölbaumschatten schottenmustrig fiel auf sie wie Sickerwasser. Vermutlich eine Leprastation. Flammenfarbene Gänseblümchen, sehr reizende Einsamkeit.

Drei Zigeuner auf fahriger Weide, ein Fuhrwerk schlich in müder Qual. Hammer wich quick aus. Weide tat wie blondes Haar – im Winde weh'n, o weh, weh. Kaum mehr erträglich wollte etwas platzen. Und doch war es nicht Sehnsuchtsgram. Vermutlich Krampf an Traurigkeit.

Bedrückendes Schweigen toste berückend. Und freilich umgekehrt. Ein Schwarm schwachrosa Schmetterlinge stäubte hoch, Ballon aus einem Tümpel. Hammer schwante Madondänes. In den Schacht eines Mauslochs geklemmt stak einsam eine Colabüchse. Scheint's mit aller Gewalt hatte das Tier dies Bollwerk hineingestemmt, Schutz zu suchen vor dem Gröbsten: das seinen Bau umschleichende ach bös sehrböse Untier. Überm Horizont begann's zu tagen, äh: zu rauchen. Wahrscheinlich entfachte irgendeine dumme Sau ein Freudenfeuer, mitten in der Juniglut. Casa Dei – Menschmensch, leck mich doch am Arsch.

Doch niemand ließ sich sehen. Alles sicherlich am Hupfen, volle Kinderwerferei. Lange klebrige Sekunden. Die Hand am Reisetäschchen schwitzte. Kurzfristig quälte Hammer der Verdacht, ein italienischer Geländetrupp möchte ihn leicht von hinten umlegen. Oder ein Jäger – strafend richtend auf dem Hochsitz. Klug mied Hammer ergo Wald. Und wurde sogleich belohnt: Fast zur Gänze braun trat einsam eine Kuh entschlossen auf ihn zu. Blieb fragend, kontrollierend stehen, setzte die Beine zierer. Die Kuh schob den Kopf nach Hammer hin. Die Nüstern blähten linde. Die Augen blauten warm. Sehr himmelreich die Lider, Maul käute leise wieder. Lehrhaft ihr Blick versenkte sich in Hammer.

Je dümmer der Mensch, desto schwieriger wird es für eine Kuh, ihn halbwegs richtig zu verstehn. Hammer erreichte einen Feldweg. Wohlig schmorte Hitze sehrend, sengend segelte viel Glut. Ein Wolkenbovist fast durchscheinend rechterhand auf halber Höhe. Ein Pfifferling zur Linken. Fasern grünten gelb und waagrecht, rosiger zum Hügel hin. Genau über Hammers Schweißhaupt ins hohe Blau hinein kreuzte massig ein Insekt aus Dunst, schien sich auf den Pilz zu stürzen. Sekunden später war es weg, hatte flink sich selbst verspeist. Jetzt glühte Himmelsblau wie Lack – lachhaft wie ein Lehrlingsstück. Ein etwas trainierterer Geselle korrigierte schon den Irrtum. Zog zarte Strähnen durch den Lack, rippig und fast parallel, milchig, weißlich, laugenfarben – hatte wohl Chemie studiert. Oxymora in Siedeluft, sieriger Widerhall von Zeit.

Lautloste etwas? Nein, 's war nichts. Jemand schnaufte auf und durch. Der Schatten, den er setzte, war nicht der Rede wert. Verlassenheit, erwünschte, sie war jetzt sehr perfekt.

Ängstig streifte ein sehr junger Hund um ein vielleicht verlassenes Haus. Er und Hammer gingen sich aus Gründen aus dem Weg. ›Da heißt es Abschied nehmen‹, spintisierte Hammer heiter und übersprang einen kleinen Bach. Ölfaß hing halbwegs in ihm. Maulwurf trotzte trotzdem allem. Verdrießlicher das Sparrenwerk, sehr sparsam dürre Föhren. Hammer zog das Tempo an. Ihn freute, weil ihn an den Brustspitzen schauerte. Nicht: schauderte? Nöö, schauerte.

Steppe aus Grün und Immortellen. Spitzwegerich war auch zugange – Wegelagerich mitnichten. Vor Blasejägern blindlings-ballernd bangte Hammer am hämmerndsten, haha! Ein schmaler, schaler Teich, von Binsen ganz vernagelt. Echslein huschten ihren Weg, saugten schon Moskitos? Eichenhaupt schwankte besinnlich. Bedeutender die Eschenkrone, verwittert in den Hitzefladen.

Hammers Weg führte zu zwei Ruinen. Auf einem kleinen Plateau zwischen ihnen standen sieben bunte Autos, durchwegs kleine Fiats. Die beiden Ruinen schienen unbewohnt. Die linke mochte ein ehemaliges Motel oder eine abgestorbene Tankstelle, die rechte eine Art Basilika sein. Ihr Turm war stark baufällig. Aus dem Hauptbau wurde Murmeln hörbar, Murmeln wie ein sterbend Tier. Himmel strotzte meerblau, Wolkenprackeln dreie. Über die Vorplatzfliesen kreuzottergleich schoß eine Ringelnatter. Sehr trocknen Mundes summend Hammer intonierte einen Tango. Entschlossen trat er in den Bau.

In Bänken weilten cirka dreizehn Menschen. Ein struppelköpfig fetter Mann im weißen Nachthemd und mit lila Stola las auf der obersten Altarstaffel aus einem schweren goldenen Buch. Ein dürrer Zivilist im Hawaihemd streckte es ihm vor die Nase, eine Sonnenbrille auf der eignen. Der Fette hielt sich in der Mitte zwischen Lautlesen und Singen. Der Dürre wechselte sehr häufig sein Standbein, wischte sich mit dem Taschentuch über das bleich schwitzende Gesicht. Nach etwa zwei Minuten hörte der Dicke auf – und siehe, die dreizehn in den sechs Bänken antworteten mit anhaltend zufriedenem Grummeln. Kein Wort war zu begreifen.

Nun waren die auf dem Altare wieder dran. In einem kürzeren Singsang erwähnte, soweit Hammer es verstand, der Fette die süße Hoffnung. Erneut drückten die dreizehn ihre Zustimmung aus. Ein älterer Mann in glänzendgrüner Lederjacke war stehend unter ihnen. Neben ihm hockte sein Sohn, in himmelblau wattierter Skisteppjacke, ein Band umfing die Stirn. Erst jetzt ersah es Hammer. Die Gruppe der brummelnd Respondierenden ward jeweils von einem sehr kurz geratenen Manne dirigiert, der, in der vordersten Bank zur Linken sitzend, den Rhythmus in etwa in die Luft hieb und nebenher dem Duce ziemlich ähnlich sah. Der Gottesraum roch lind nach Weihrauch.

Vorübergehend trat nun eine Pause ein. Der Fette am Altar kniete sich auf einen Schemel, schaute Richtung Tabernakel, dieser war aber nicht zu sehen. Eilends der dürre Assistent verschwand hinter einer offenen Türe. Hammer gab sich zu bedenken, ob seine Sehnsucht ähnlich sirrte, wenn sie nicht Annemarie, sondern ›Monika Sülzer‹ hieße. Oder ›Rita

Wurst‹. Oder ›Jutta Pfandl‹. Ein Kind mit rosa Häubchen und sehr androgyn vergreisten Zügen in der letzten Bank beugte sich zurück und sah Hammer, der immer noch nah der Türe stand, gähnend achtlos an.

Plötzlich aber stürzten zwei sehr alte Frauen, beide bräunlichschwarz in Kutten, auf den linken Beichtstuhl los. Es kam sicherlich drauf an, wer als erste da sei; auch wenn vorerst der Beichtiger noch fehlte. Sie knieten beide auf der Beichtbank, schlugen Kreuze, schlugen die Hände vors Gesicht. Fast gleichzeitig kamen sie wieder hervor, griffen in das für den Beichtiger vorgesehene Abteil und nahmen etwas mit. Offenbar ein Bildchen. Symmetrisch gegenüber gab es noch einen anderen Beichtstuhl. Auf seinem hinteren Knieschemel lag ein alter beiger Sporthut.

Inzwischen hatte sich auch vorne wieder was getan. Der Dürre war mit einem Mikrofonständer wiedergekommen und stellte diesen vor den schon einsatzbereiten Fetten. In den

Bänken standen alle auf. Jetzt hob der Fette an zu singen, das erstklassig präparierte Mikrofon machte die Stimme warm und voll, gar nicht mal zu laut. Ziemlich weißbestickt stand der Altartisch. Der Fette ließ die Stimme schwellen, schien vorübergehend schon zu frohlocken. Der dürre Zivilist lockerte schlackernd seine Beine, schien sich ein bißchen Auslauf verschaffen zu wollen, ehe es dann dick kam. Nutzlos ruckelte er auch am Mikroständer und ließ erst davon ab, als der Singende ihn mit dem Ellbogen stieß. Dieser gedachte, jetzt wieder ruhiger, vermutlich der Verstorbenen. Dessen schienen die dreizehn in den Bänken vollauf zufrieden – die meisten setzten sich. Das vergreiste Kind sah nun ausschließlich und rücksichtslos zu Hammer zurück. Der Hawaihemdige nahm die Sonnenbrille ab, setzte sie bessernd wieder auf. Hinterm Altar ließ sich zur Hälfte eine große Trommel sehen.

Hammer trat ein paar Schritte nach vorne. Der Duce war zwischenzeitlich eingenickt, sein Glatzkopf lag recht schräg. An der linken abgesackten Hand baumelte eine Henkeltasse. Backen fielen schwer nach unten, die Nickelbrille hielt die Stellung.

Links in der Kirchenhinterecke hatte es einen Zeitschriftenstand. Drei Schriften standen da zur Auswahl. ›TV-famiglia‹ bot als Cover einen Mann und eine Frau, überstreut von viel Konfetti. Auf ›2001 Odissea nello Spazio‹ war King Kong gut erkennbar. Auf dem Titelblatt der ›Famiglia Cristiana‹ warben der gegenwärtige Papst und Jesus gemeinsam farbig für das ›Anno Santo‹.

Ruhiges Brummen in den Bänken. Das vergreiste Kind hatte jetzt dauerhaft den Mund geöffnet, auf dem Altarplateau flüsterte der Zivilist dem Lilafetten was ins Ohr. Hammer verließ sachte die Kirche. Horchte verhallenden Stimmen nach, verwehend in viel Warmluft.

Abendlicher schwamm der Sonne Auge. Schmelzlicht fern besäumte Berge, obskurantisch gilbe Schleier. Zum wiederholten Male frug sich Hammer, wann und warum eigentlich alles hatte enden müssen. Schneeig glomm ein ferner Gipfel. Er wußte es ums Verrecken nicht. Und seufzte misogyner.

Ein paar vereinzelte Bettfedern – unstet tanzten sie des Wegs wohin. Duft nach Verbranntem? Nicht nach – Myrrhe? Zum Zeitvertreib schlug Hammer sich klagend die beiden Hände vors Gesicht. Blickte ins warme Flickenland – oblag sehr seinem Vorwärtskommen. Im Hause Gottes mittendrin erspürte Hammer Weiches. Sehnsucht nach dem Riesengebirge, den Bronzegipfeln der Beskiden. Schleunig schlossen Blumen ihre Kelche, Dämmerung tastete den Horizont. Rosablaues Kuschellicht. Hammer schritt nun rascher aus. Not zu lindern galt es. Sehnsucht zu entfachen. Bis zum Gehtnichtmehr. Heiter war ja sein Gemüt. Kummereingenistet zwar. Doch vom nestelnd zärtlichsten.

Das Städtchen Castellina, welches Hammer eine Stunde später erreichte, schien wenig geeignet, Süßes, Blondes aufzustöbern. Deshalb zog Hammer es vor, etwas außerhalb der Ortschaft zu siedeln, in einem Stalle Unterschlupf zu finden. Wenn sie wollte, konnte sie ja zu ihm stoßen. Im süß knisternden Heu konnte er ja gut sie nageln, sofort und glashart ungeschaut.

Milder keusch der Weißlichtmond, Geilheit schäumte, schämte sich. Elfen, Sylphen, Silberweiden, Hauchmadonnen sonder Zahl. Noch das Nahgehölze von ihrem Atem kühn erfüllt. Den durchaus mittelmäßigen Stoff seines Lebens durch schöne Folter oder noch besser durch pure Betrübnis zu veredeln und endlich und glücklich zum Zerschleißen zu fördern: Dies schien Hammer jetzt die Hauptaufgabe, dieses war sein Plan. Scheißen? Neinneinnein: zerschleißen! Hammer hatte sich zwei Flaschen Weißwein mit ins Heu gebracht, trank, sah aus der Luke. Rosa Hülle überm Schwarzwald – Anstich eines Hochofens? Der Wein war bestens, nicht zu süß. Das Zitterwimmern kleiner Bäume. Schäfchenrippenwolken gab es. Sie

formierten sich zu Dingen: Erst zu einem Röntgenbrustkorb, dann zu einem Fischskelett. Hammer kam nicht auf den Sinn.

Nah aus dem Städtchen kam Musik. Schön blies Trompeter aus dem Fenster, schöner sang die Nachtigall. Die Sehnsucht war die größte Lust. St. Hiobs morbus gallicus. Verschämt, vermutlich vor sich selber, lugte Hammer aus der Luke. Sterne flammten recht gemütlich. Gemütsgestört fühlte sich Hammer fliegenumzingelt pudelwohl. Der Grillenkrankheit Steckenpferd – die Ochsentour zum Seelenkater. Menschmensch, fick mich doch ins Knie.

Hammer überflog die Möglichkeiten, die es ihm gestatteten, in der Toscana vollends zu verbleiben. Sich gleich Tempes als Hausknecht zu verdingen, als ferner Mitarbeiter bei ›Argo‹ sich zu bewerben, ein Zimmer sich zu mieten – ungeschmälert so zu überdauern: Jawohl, das war die Losung! Und dies war auch die Lösung. Und doch: was war die Liebe?

JULIUS AMBROSCH
CHIUSI –
DIE AUS DER OBERWELT VERSCHWUNDENE ÜBERWINDERIN ROMS

1829-1833

Die Nebel der Nacht schwammen noch von Bergen zu Bergen, als wir bereits im raschen Trabe dem nur fünf bis sechs Miglien entfernten Chiusi zueilten. Eine gleichsam hörbare Stille schwebte über der Natur; die näheren Höhen lagen noch wie verschleiert, und nur die gewaltige S. Fiora schaute weit hinter uns klar und scharf, hoch über Gebirge und Wolken empor. Endlich aber drang der Morgenstrahl über die östlichen Bergketten herüber und, wie vom schaffenden Demiurgos angehaucht, erglänzte nun auf einmal das reizende Land in wunderbarem Farbenspiel, welches sich vom tiefen Dunkelgrün der Täler bis zum bläulichen Schimmer der olivenumkränzten Höhen hinauf mit jeder Minute, jedem Standpunkte anders gestaltete. Vom Zauber der herrlichen Natur umschlossen, waren wir schneller, als wir dachten, dem auf einer mäßigen Anhöhe gelegenen Städtchen genaht und ritten unbehindert und ungefragt in das offenstehende Tor hinein, obgleich man hier auf die Papalini, d.h. auf die nahen Grenznachbarn des Kirchenstaates, nicht eben gut zu sprechen ist, indem man sie im allgemeinen für schlechte Wirte und arme Schlucker hält, und ihnen mithin die in Chiusi vorkommenden Diebereien in die Schuhe schiebt. Die überall dicht geschlossenen Laden und Türen verrieten, daß es für die chiusinischen Schläfer noch nicht Tag sei, selbst das stattliche Gasthaus war noch fest verriegelt, und wir donnerten eben, nachdem wir schon einige Male etwas bescheidener gepocht, vernehmlich genug an die Tür, als eine weibliche Stimme von innen grellheftig

»pazienza, pazienza!« kreischte und, den gewichtigen Riegel zurückschiebend, mit vor Ärger glühendem Gesichte öffnete. Kaum jedoch erkannte Signora Rosa Morandina, die ziemlich bejahrte, aber äußerst humoristische Wirtin, meinen Freund, als sie ihn unter dem für zarte Ohren unübersetzbaren Ausruf: »Diamine! Siete voi, bucherato sofistico« ohne weiteres um den Hals fiel und trotz alles Widerstrebens weidlich herzte. Freilich war er ihr ein sehr lieber Gast. Schon oft hatte er sich in Chiusi aufgehalten, war immer bei ihr abgestiegen, hatte sich hier wie anderswo durch seine vortreffliche Art, mit den Leuten umzugehen, die allgemeine Zuneigung erworben, und wenn er die schon an sich nicht eben unverschämten Rechnungen der Signora Rosa durch seine Kenntnis des Wertes der Landesprodukte immer noch etwas billiger zu stimmen wußte, so rächte sich diese ihrerseits dadurch, daß sie ihn nie anders als den sofistico titulierte. Jetzt brachte sie, Trepp' auf Trepp' ab tobend und mitten in ihrem Wirtschaftstrubel dann und wann in unser Zimmer stürmend, um ein paar Worte mit Gerhard zu wechseln, ihr ganzes Gesinde in Alarm; in einem Nu hatten wir Kaffee und Pagnotten und alles was sonst unser Herz begehrte. Dann setzte sie sich zu uns, und nun mußte mein Freund ausführlich berichten, wie es ihm unterdessen ergangen, ob er noch immer unverheiratet sei, und wie er sonst lebe, wobei sie nicht unterließ, ihn von Kopf bis zu Fuß zu mustern, um heraus zu bringen, ob er fetter oder magerer geworden sei. Da nun die frühe Tageszeit noch nicht erlaubte, die chiusinischen Altertumsfreunde aufzusuchen, und ich wohl merkte, daß mein Gefährte reichlich zu tun haben würde, wenn er nur den zehnten Teil aller an ihn gerichteten Fragen seiner redseligen Freundin beantworten wollte, so machte ich mich auf und davon, um mittlerweile wenigstens Gestalt, Lage und Umgebung des Städtchens etwas kennen zu lernen.

Chiusi erscheint in seiner gegenwärtigen Gestalt durchaus neu; von antiken Mauern nicht die geringste Spur über der

Erde; kaum verraten einige Fragmente von Inschriften aus guter römischer Zeit, die hie und da als Ecksteine verbraucht sind, daß wir auf antikem Boden wandeln. Und wer möchte sich gerade darüber wundern? Liegt doch in Rom das antike Pflaster an vielen Stellen 20 bis 30 Palmen und mehr unter dem jetzigen. Dort begrub sich die antike Stadt, in wahrem Sinne des Wortes, unter ihren eigenen Ruinen; und Clusium scheint ein ähnliches Geschick betroffen zu haben. Auch hier fand man, wie mir der Gonfaloniere Sozzi aus eigener Erfahrung mitteilte, erst in der Tiefe von drei bis vier Ellen die antiken Straßen, also ungefähr eben so tief verschüttet, wie die Gassen von Tusculum. In gleicher Tiefe stieß man in der Nähe des Doms auf mächtige Fundamente aus kolossalen Werkstücken.

Die ehemalige Überwinderin Roms ist also fast noch mehr als Tarquinii und Vulci aus der Oberwelt verschwunden. Aber wie wir dort das Leben der Vorzeit in der Tiefe ihrer tausend Gräber wieder antreffen, so erhält man auch hier erst einen Begriff von der Bedeutsamkeit dieser Stätten, wenn man die Monumente betrachtet, welche aus ihren Grüften bereits hervorgingen und noch täglich hervorgezogen werden. Ein günstiges Geschick führte hier, in der sonst ziemlich unbedeutenden Landstadt eine Anzahl von Männern zusammen, welche, ohne gerade besondere Altertumskenner zu sein, teils aus materiellen Interessen, teils aber auch aus reiner Liebe für die vaterländische Vorzeit, eine große Menge von Gräbern ihrer Altvordern aufgraben ließen, und die darin gefundenen Monumente in zum Teil recht artig eingerichteten Kabinetten zu ihrer und anderer Freude und Belehrung aufstellten. Der eine von ihnen, Domherr Mazzetti, ein Mann von sehr ruhigem und gemessenem Äußeren, befand sich, als ich heimkehrte, zum großen Verdruß der Frau Morandina, bereits bei meinem Freunde. Bald gesellte sich dazu der Vikar Pasquini, ein alter würdiger Herr, den die antike, wie die christliche Vorzeit in gleicher Weise beschäftigte; und nun besuchten wir mit einander, nachdem wir erst Mazzettis Sammlung in Augenschein genommen, die Herren Paolozzi, Sozzi und Casuccini, welche uns mit großer Zuvorkommenheit ihre Kabinette zur völlig freien Benutzung für unsere Studien überließen. Alle diese Sammlungen sind für den Freund altitalischer Kunst und Sitte von hohem Interesse, wenn auch nicht von gleichem Werte und Charakter. Jene von Mazzetti und Sozzi, welche sich, da ihre Besitzer auch vorzüglichere Stücke derselben um annehmliche Preise losschlagen, von Jahr zu Jahr anders gestalten, bieten mehr ein interessantes Allerlei als ein geordnetes Ganzes dar. Dagegen zeichnet sich das kleine von Paolozzi besonders durch eine Reihe schöner Bronzen aus. Alles aber was die Kunst des alten Clusium in die Gräber niedergelegt: Sarkophage, Aschenkisten, Altäre, etruskische und hellenische Gefäße, Grabmalereien, Bronzen und Skarabäen, zeigt in schönster Auswahl und Ordnung das Museo Casuccini. Dies befindet sich auch nicht, wie die übrigen, im Hause des Besitzers, sondern in einem für die Aufstellung von Antiken geschmackvoll eingerichteten Lokale, und seine Benutzung wurde uns so wenig erschwert, daß man uns erlaubte, mehrere Stunden lang ganz allein darin zuzubringen.

Sehr verschieden von dem Eindruck, den man durch die Monumente von Tarquinii und Vulci empfängt, ist der, den die alten Künstler von Clusium in uns hervorrufen. In jenen Städten herrschte im allgemeinen die Malerei vor, hier die Bildhauerkunst. Hier arbeiteten die Künstler vornehmlich in Marmor, Stinkstein (stufaccia), Ton und Bronze; hier, wie in Volterra und anderen Städten des inneren Etruriens, wandte sich ihre Tätigkeit überwiegend auf das Relief, mit welchem nicht nur die größeren Sarkophage, die Aschenkisten und Altäre, sondern auch Gefäße von schwarzem Ton und bisweilen auch Bronzen und mancherlei kleinere Goldsachen geschmückt erscheinen. Auch die Steinschneidekunst wurde in Clusium nicht ohne Erfolg geübt, ebenso die Gravierung, besonders bei Metallspiegeln und bei mancherlei Geräten aus Bronze.

Auf den zierlichen Gebilden der Vulcenter Töpfer verriet sich oft und vielfach nicht nur Geist und Zunge, sondern auch die Hand von hellenischen Künstlern; in Clusium aber erscheint jener hellenische Charakter gewissermaßen markiert, nicht nur durch die Technik, sondern mehr noch vielleicht durch eine gewisse schwer zu beschreibende Ungefügigkeit des etruskischen Künstlers, wenn anders es Künstler im hohen Sinne des Worte waren, welche das Erhabene und Anmutige hellenischer Götter- und Heroengestalten nicht selten in das Massive und Schwülstige verbildeten. So verschieden demnach der Charakter dieser Kunstwerke von demjenigen ist, den uns die Malereien auf den Vulcenter Gefäßen offenbaren, so sinnverwandt zeigt er sich im allgemeinen mit den Grabgemälden von Tarquinii. Hier wie dort wird teils durch bedeutsame Symbole teils durch mancherlei der Wirklichkeit nachgebildete Szenen der Gedanke des Schauenden auf den Schmerz der Scheidestunde, auf die Schrecken des Todes, auf die schauerliche Welt des Jenseits hingelenkt. Jene bedeutsamen Tiergestalten, die wir über den Pforten der tarquinischen Grüfte wahrgenommen, Panther, Chimären, Greifen, Sphingen, diese erscheinen auch in Clusium unter den Bildwerken der Aschenuhren und Sarkophage, und ihnen gesellen sich, höchst wahrscheinlich in verwandten Beziehungen auf die Schicksale nach dem Tode, Skyllen und Hippokampe.

Sind nun schon diese helldunklen Symbole ernst und poetisch zugleich, so erscheinen dagegen jene der Wirklichkeit nachgebildeten Szenen oft wahrhaft rührend. Hier ahnt man, daß mitten aus einer fröhlichen Tafelrunde ein Gast abscheiden soll, dort drücken Verwandte einem sterbenden Vater oder Gatten die Augen zu; anderswo liegt der Hingeschiedene bereits auf der Bahre, und die Schar der Klageweiber tanzt in gewaltsamer Bewegung ihren geisterhaften Todesreigen um

ihn her; noch andere Reliefs zeigen uns die dunkle Todespforte selbst, vor welcher der Hinscheidende seinen Lieben das letzte Lebewohl sagt. Ihn bis hierher zu geleiten, war jenen vergönnt; jetzt aber treten die furchtbaren Dämonen der Tiefe dazwischen; die Pforten der Unterwelt sind aufgetan; noch ein Händedruck und die unerbittliche Todesgöttin rafft die trauernde Seele mit sich hinab. Diese letztere Vorstellung, welche auf einem der größten und ausgezeichnetsten Sarkophage des Museo Casuccini ergreifend ausgeführt ist, war nicht bloß in Chiusi sondern in ganz Etrurien beliebt; wir fanden sie auf Graburnen von Städten, die einander sehr entlegen waren, und ihr Grundgedanke: »der Abschied liebender Gatten« ist auch von römischen wie hellenischen Künstlern nicht unbenutzt geblieben. Allein diese letzteren stellten uns die scheidenden Gatten in der Regel entweder ganz allein oder doch nur mit angedeuteter Pforte des Todes vor; die Wehmut des Augenblicks genügte ihnen. Die Etrusker aber verlangten mehr als

Schmerz: ihnen sollte sich auch das Grauen der Todesminute zeigen, und sie verkörperten es durch jene höllischen Dämonen, die, bewaffnet mit Schwert, Fackel und Hammer, in mancherlei Gestalt, männlich und weiblich, nicht bloß Sterbebett und Todespforte umschwärmen, sondern überhaupt, gleich unbarmherzigen Opferpriestern, überall da erscheinen, wo dem Todesverhängnis sein Opfer fällt oder bald fallen soll.

Unter dem Beschauen und Vergleichen und Aufzeichnen einer so bedeutenden Anzahl von Monumenten war uns der Vormittag wie im Fluge entschwunden. Jetzt eilten wir mit gefüllten Reisebüchern zur Signora Rosa zurück, um uns an ihren vortrefflich bereiteten Schüsseln auf die antiquarische Heerschau des Nachmittags zu stärken. Der Tisch war bereits gedeckt; bald umdampfte uns eine nicht nur aromatische, sondern auch genießbare Krautsuppe, und die launige Wirtin verfehlte nicht, dann und wann bei uns einzusprechen, um unsere schon an sich hinlänglich gewürzten Speisen durch ihre unversieglichen Scherze und Witze noch pikanter zu machen. Doch dauerte ihre und unsere Freude abermals nicht allzulange; schon beim Fritto stellte sich einer und der andere unserer Altertumsfreunde ein, um sich und uns die Zeit mit allerhand antiquarischen Ansichten und Bedenken zu verkürzen. Kaum aber erfreuten wir uns des einladenden Duftes, der von einem vortrefflich zubereiteten Abacchio aufstieg, als auch schon Mazzetti mit dem Aufseher der Scavi ins Zimmer trat, um uns abzuholen. Gern hätten wir noch einen Bissen genossen; allein der antiquarische Dämon des heidnisch gesinnten Domherrn ließ ihn gar nicht unsere unterbrochenen Tafelfreuden beachten, und so folgten wir ihm denn ohne Murren etwa einen kleinen Miglio weit vor die Stadt hinaus nach einem Hügel, wo man soeben grub. Einige Grüfte lagen schon beinahe enthüllt; Altäre, Aschenkisten und Opfergerät aus Bronze und Ton lagen auf dem aufgeworfenen Erdhaufen umher. Trümmer und Scherben von mancherlei Art bezeichneten, da und dort umher zerstreut, die Stellen, wo man schon früher sein Glück versucht. Es war, um Kleines mit Großem zu vergleichen, ein Anblick wie ihn uns die weithin aufgewühlten Totengefilde von Tarquinii und Vulci in riesenhaftem Maßstabe dargeboten hatten. Auch vermochten uns die kleinen unansehnlichen Gräber nicht lange zu fesseln; weder mit Bildwerk noch mit Malerei geschmückt, gewährten sie, einmal ihres Inhaltes entledigt, nur geringes Interesse. Die bedeutenderen Grüfte aber, deren auch Chiusi einige aufzuweisen hat, lagen teils schon wieder verschüttet, teils auf einer anderen Seite der Stadt. Letztere konnten wir auch ohne die Hülfe der geistlichen Herrn auffinden, und folgten diesen demnach sehr bereitwillig, als sie uns nun auch die Ruhestätten ihrer christlichen Altvorderen zeigen wollten, welche, vor nicht langer Zeit entdeckt, wie billig, das höchste Interesse des Bischofs und des Kapitels von Chiusi erregt hatten. Im Geleite einiger Arbeiter, die teils mit Lampen, teils mit brennenden Holzscheiten versehen waren, drangen wir nun allmählich in die Behausungen vor. Schon bald nach dem Eintritt zeigte uns die große Regelmäßigkeit der Anlage, daß hier wohl nicht an eine Freistatt der ersten italischen Christen zu denken sei. Wir bemerkten keine bedeutenden Abweichungen in der Richtung und den Dimensionen der Gänge, keine Spur, daß diese Räume – etwa wie die ältesten Katakomben Roms – aus alten Ton- oder Steingruben entstanden waren; sondern die lange Hauptgasse zog sich, beinahe schnurgerade und überall gleich hoch und breit, tief in den Hügel hinein, und nahm sodann eine andere, nicht weniger regelmäßige in sich auf, deren Ausgang man noch nicht erreicht hatte. Nicht nur diese Regelmäßigkeit, sondern auch die geringe, durch die Natur des überall mürben Erdreichs gebotene Höhe und Breite, wie überhaupt die exakte Anlage der einzelnen Grüfte erinnerte uns lebhaft an jene relativ jüngeren Katakomben von Rom, deren Ursprung aller Wahrscheinlichkeit nach erst in ziemlich später Kaiserzeit zu suchen ist, wo der vormals so hart geängstigte Christ seine Andacht und seine Seligen nicht mehr vor dem weltlichen Zwingarm oder dem Aberglauben des Pöbels in Einöden und Erdklüfte zu flüchten brauchte. Die wenigen Gräber, welche vor unserer Ankunft eröffnet worden, zeigten nichts besonders Merkwürdiges.

Die Vesperglocke, die nun ertönte, mahnte unseren geistlichen Führer, nach der Stadt und zum Dom zu eilen. So blieben wir denn zum ersten Male seit den Frühstunden uns selbst überlassen und schritten gemächlich am Gestade des Sees hin nach einer Stelle, die man Paccianese nennt. Hier befindet sich, einsam und schön gelegen, eine der am besten erhaltenen Grüfte des alten Clusium, welche durch ihre Form, wie durch ihren Inhalt unser Interesse gleich stark in Anspruch nahm. Aus vortrefflich bearbeiteten und gefugten Werkstücken aufgeführt, scheinen die felsenfesten Mauern, sowie das schöne Tonnengewölbe der länglich viereckigen Zelle wie für alle Ewigkeit gegründet zu sein. Im Innern wie im Äußeren nicht die geringste Spur von Angriffen der Zeit oder Menschenhand. Der Inhalt des Grabes erscheint, wie erst vor kurzem hineingebracht: sieben Sarkophage und Urnen, zum Teil noch angefüllt mit Asche und Gebeinen, und geschmückt mit bedeutsamen Reliefs, stehen dicht aneinander gereiht an den Wänden entlang, auf einer nur um wenige Zoll über den Estrich hervortretenden Erhöhung. Dies alles erscheint in seiner schlichten Zweckmäßigkeit und trefflichen Erhaltung so edel und neu zugleich, daß man die Jahrtausende, die darüber, ohne die geringste Spur zu hinterlassen, hinweg gezogen sind, unwillkürlich vergißt.

Das schöne Grab gewährte uns nicht nur eine Augenweide und reichhaltigen Stoff zur Betrachtung; es schützte uns auch vor dem immer stärker herabströmenden Regen, der uns, trotz des heiteren Morgens auch heute wieder heimgesucht und schon ein paarmal durchnäßt hatte. Dies nebst der beständigen

Anregung und dem angestrengtesten Schauen hatten uns beide in einen gewissen fieberhaften Zustand versetzt. Unsere seit der Wanderung auf Monte Moscone noch nicht ganz genesenen Augen brannten uns wie Feuer im Kopfe, und so harrten wir denn, jeder auf einer Aschenurne sitzend, ziemlich geduldig, bis der Regen gelinder zu fallen begann. Dann eilten wir heim, mit dem festen Vorsatze, für heute zu ruhen und uns von Signora Rosa auf das beste verpflegen zu lassen. Allein wir verrechneten uns gewaltig. Kaum war die Vesper zu Ende, so erschienen auch unsere Altertumsfreunde wieder bei uns; und obgleich das Wetter unfreundlich blieb, so konnten wir doch ihrer freundlichen Aufforderung, auf dem Corso, d. h. auf der einzigen etwas breiteren Straße des Ortes zu lustwandeln, nicht füglich etwas entgegenstellen. Dort befand sich beinahe das ganze geistliche Personal, den Bischof an der Spitze; und nun zog man, von nichts anderem als christlichen und antiken Monumenten schwatzend, in der Straße auf und nieder, bis ein neuer Regenguß uns und zugleich sämtliche geistlichen und nichtgeistlichen Altertumsforscher von Chiusi auf unser Zimmer zusammentrieb. Jetzt war es mit allen Aussichten auf ein paar ruhige Stunden vorbei. Der sehr lobenswerte Plan, die Monumente von Chiusi dem Publikum bekannt zu machen, beschäftigte die Unternehmer viel zu sehr, als daß sie auf die Uhr oder gar auf unsere angegriffenen Augen hätten merken können. Es wurde zehn, es schlug elf; Mitternacht eilte vorüber; Signora Rosa rief ein sehr betontes »Felicissima notte« in das Zimmer herein; alles vergebens, die Beratung dauerte fort, obgleich wir ein Mal über das andere nicht nur gähnten, sondern auch dem Einschlummern ganz nahe waren. Endlich wurden auch die antiquarischen Quälgeister müde und bedauerten nichts mehr, als daß es schon so spät sei. Darin stimmten wir ihnen freilich aus voller Seele bei; denn es war ein Uhr durch, als wir unserem Lager zueilten, und mit Tages Anbruch sollte der Wagen vor der Tür sein.

HIPPOLYTE TAINE
DIESES SO GESUNKENE SIENA IST DIE ERSTE LEHRERIN UND HERRIN IN DINGEN DER SCHÖNHEIT GEWESEN

1864

Von Chiusi nach Siena flacht sich das Land ab, man hat Toskana betreten: die Sümpfe breiten im Fernen ihr schmutziges, krankes Laub. Etwas ferner liegen niedrige Hügel, dann graue Berge, auf denen die Reben ihre dunklen Ranken flechten: es ist eine magere, flache, französische Landschaft. Eine alte von rostigen Mauern umgebene Stadt taucht zur Linken auf einem Hügel auf, und man betritt Siena.

Es ist eine alte Republik des Mittelalters, und oft habe ich auf den Karten des sechzehnten Jahrhunderts ihren steilen, von Bastionen und Festungen gestachelten und mit Zeugen der öffentlichen und privaten Kriege ganz angefüllten Aufriß betrachtet. Öffentliche Kriege gegen Pisa, Florenz und Perugia, private Kriege zwischen den Bürgern, den Adligen und dem Volke, Straßenkämpfe, Rathausgemetzel, blutige Verfassungsänderungen, Verbannung aller waffenfähigen Adligen, Verbannung von viertausend Handwerkern, Ächtungen, Beschlagnahmen, Massenhinrichtungen, Bündnisse der Verbannten gegen die Stadt, völkische Handstreiche, Mutlosigkeit, welche bis zum Aufgeben der Freiheit und zur Unterwerfung unter einen Fremden führt, plötzliche und wütende Aufstände, Klubs, gleich denen der Jakobiner, Vereinigungen, gleich denen der *carbonari*, verzweifelte Belagerungen, wie die Warschaus und systematische Entvölkerungen gleich der Polens – an keinem Orte ist das Leben so unheilvoll gewesen! Von zweimal hunderttausend Einwohnern sank die Stadt auf sechstausend herab. Wie vielen Hasses es bedurft hat, um ein so

lebenskräftiges Volk zu erschöpfen, läßt sich nicht sagen. Der mittelalterliche Italiener war von allen menschlichen Geschöpfen das am reichsten mit tatkräftigem Willen und zusammengedrängter Leidenschaft ausgerüstete, und er hat sich, und man hat ihn, bis auf den letzten Tropfen zur Ader gelassen, ehe man ihn in die monarchische Ruhe bettete. Cosimos II. vernichtete, um Herr zu bleiben, durch Hunger, Krieg und Marter fünfzigtausend Bauern. Auf den Stichen dieser Zeit sieht man dann auf der republikanischen Piazza die prunkvollen Reiterzüge, die mythologischen Festwagen, die Paraden und die Dienertrachten des neuen Fürsten sich entfalten. Der Künstler ergeht sich am Rande seiner Zeichnung in endlosen Schmeicheleien. Die erst resignierten und dann schlaffen Sitten, die fade Galanterie und die allgemeine Trägheit fangen an sich niederzulassen. Siena wird eine von Reisenden besuchte Provinzstadt. Ein Geistlicher, dem ich begegnete, sagte mir, daß Trägheit und Unwissenheit ungeheuer gewesen seien, als er im Jahre 1821 hierhergekommen. Man brauchte zwei Tage, um im *vetturino* von Siena nach Florenz zu gelangen; ein Adliger beichtete und machte sein Testament, ehe er diese Reise unternahm. Keine Bibliothek, keine Bücher. Mein Geistlicher, welcher gelehrt und freisinnig ist, las eines Tages in einer französischen Zeitung; jemand besuchte ihn: »Was, Sie haben eine französische Zeitung«, und der Besucher berührte mit seinen Händen die Zeitung wie ein wunderbar vom Himmel herabgefallenes Ding. Eine Viertelstunde später machte der Geistliche seinen Spaziergang. Der erste, dem er begegnet, sagt: »Ist es wirklich wahr, daß Sie eine französische Zeitung haben?« Und der nächste sagt dasselbe. Das Gerücht hatte sich in einem Augenblick verbreitet wie ein Lichtstrahl in einer Kellerwohnung.

Eine derartig zurückgebliebene Stadt ist wie ein Pompeji des Mittelalters; man steigt hohe, schmale, mit Fliesen gepflasterte und von monumentalen Häusern eingefaßte Straßen herauf und herab. Einige haben noch ihren Turm. In der Umgebung der Piazza stehen sie reihenweise mit ihren ungeheuren Vorsprüngen, ihren niedrigen Vorhallen und ihrer erstaunlichen, von wenigen Fenstern durchbrochenen Ziegelmasse da. Manche Paläste sehen wie Bastionen aus. Die Piazza ist davon eingefaßt, und kein Anblick ist geeigneter, die städtischen gewalttätigen Sitten vor die Phantasie zu bringen. Dieser Platz ist in seiner Form und seiner Bodenhöhe uneben und seltsam und auffällig wie alle natürlichen Gegenstände, welche administrativer Willen nicht entstellt oder gestellt hat. Gegenüber breitet sich der Palazzo Pubblico, ein festes Rathaus, welches gut geeignet war, den Handstreichen zu widerstehen und Proklamationen in die auf dem Platze versammelte Menge hinabzuwerfen. Man hat deren oft genug durch diese spitzbogigen Fenster geworfen und auch Menschenleiber, welche in den Aufständen getötet worden. Ein Zinnenrand zackt ihn aus: die Verteidigung fällt zu dieser Zeit mit dem Schmuck zusammen. Zu seiner Linken erhebt ein riesenhafter Turm seine schlanke

Gestalt und seinen doppelten Zinnenrand bis zu ungeheurer Höhe; das ist der Turm der Stadt, welche auf seine Spitze ihren Heiligen und ihre Fahne pflanzte und durch ihn aus der Ferne mit den benachbarten Städten sprach. An seinem Fuße wird die Quelle Gaja, welche im vierzehnten Jahrhundert unter dem allgemeinen Freudenjubel zum ersten Male das Wasser auf den Marktplatz leitete, von einem zierlichen Marmorbaldachin überdeckt.

Der Abend sank herab, ich bin nur auf einen Augenblick in den Dom getreten. Der Eindruck ist unvergleichlich; der, welchen die Peterskirche in Rom hinterläßt, ist weit geringer: eine erstaunliche Fülle und Erfindungsechtheit, die wunderbarste Blüte der Gotik, aber einer neuen Gotik, welche sich in einem besseren Klima und zwischen kultivierten Geistern entfaltet hat, welche heiterer und schöner und religiös und dennoch gesund ist und sich zu unseren Kathedralen verhält wie die Gedichte Dantes und Petrarcas zu den Liedern unserer Minnesänger, ein Pflaster und Pfeiler aus Marmor, an denen schwarze und weiße Steinschichten abwechseln, eine Legion lebendiger Statuen, eine natürliche Mischung gotischer und romanischer Formen und korinthische Kapitäle, welche ein Labyrinth vergoldeter Bogen und azurblauer gestirnter Wölbungen tragen. Die sinkende Sonne drang durch die Türen ein, und das ungeheure Schiff erstrahlte im Dunklen mit seinem Säulenwald über der Menge, welche in den Seitenschiffen, in den Kapellen und um die Pfeiler kniete; die Menge regte sich unbestimmt in dem tiefen Schatten bis zu dem Fuß des Altars, welcher mit einem Schlage mit seinen Leuchtern und seinen Bronzegestalten und mit den damaszierten Chorröcken der Priester und der ganzen verschwenderischen Pracht seiner Goldschmiedewerke und seiner Kerzen aufragt wie ein Strauß aus magischem Glanz.

Ich habe den halben Tag in dieser Kirche verbracht, man könnte gern den ganzen Tag dort bleiben. Zum ersten Male sehe ich wo anders als auf Stichen die italienische Gotik, die erste der beiden Renaissancen, welche weniger rein als die zweite, aber unwillkürlicher war.

Ein großes, mit Bildsäulen geschmücktes Portal erhebt über seine drei Türen drei spitze Giebel, über diese Giebel drei spitze Dächer, um diese Dächer vier spitze Türme, und alle diese Spitzen sind durchbrochen und gezackt, aber die Türen sind römische Bogen, die Vorderwand hat trotz ihrer verlängerten Winkel lateinische Anklänge, die Verzierungen bilden kein Filigran und die Bildsäulen keine zahllose Menge. Der Baumeister liebt die aufstrebenden Formen, welche von jenseits der Berge kommen, aber er liebt auch die festen Formen, welche ihm die antike Tradition hinterlassen hatte. Wenn er im Inneren seine Säulen zu Pfeilern vereinigt, wenn er an den Fenstern die Kreuze und Kleeblätter reiht und verschlingt und die Fensterrahmen zu Spitzbogen krümmt, so hebt er auch die freie Rundung der Kuppel in die Luft hinauf, schmückt die Kapitäle mit korinthischen Akanthusblättern und verbreitet in seinem ganzen Werk durch die gute Grundlage seiner Formen, durch den gemäßigten Einlaß des Lichtes und durch die leuchtende Buntheit der Marmorgesteine einen Hauch von Freude und Kraft. Seine Kirche ist christlich, aber von einem Christentum, welches anders als das des Nordens ist, weniger grandios und weniger leidenschaftlich, aber auch weniger krankhaft und weniger gewaltsam, so als ob die dem italienischen Geiste angeborene Heiterkeit und der frühreife Schwung weltlicher Kultur den erhabenen Wahn des Mittelalters gemäßigt und der Seele eine Hoffnung auf der Erde bewahrt hätten, während sie ihr ihren Ausblick auf den Himmel beließen. – Wozu sind eigentlich die Regeln? Und wie wenig die Schulschranken auf sich haben! Diese Menschen hier standen mit einem Fuß in der Renaissance und mit dem andern im Mittelalter, sie wurden

nach beiden Seiten hin und her gezerrt, so daß ihr Werk eigentlich hätte mißlingen und sich widersprechen müssen. Aber es mißlang nicht, und seine Widersprüche glichen sich aus. Das kam daher, weil in ihren Herzen beide Empfindungen stark und aufrichtig lebten, das genügte zum Gelingen: Leben erzeugt Leben.

Man tritt ein, und dieselbe Vermählung der Vorstellungen taucht auch in den Einzelheiten wieder auf. Zu beiden Seiten der Tür haben sie zwei wunderbare korinthische Säulen aufgestellt, aber sie haben die griechische Form sich angepaßt, indem sie den Schaft mit einer Fülle kleiner, nackter Gestalten, Hippogryphen, Vögeln und Akanthusblättern bekleideten, welche sich verschlingen und sich bis zur Spitze hinaufschlängeln. – Drei Schritte davon entfernt stehen zwei entzückende Weihkessel: zwei kleine, mit Weintrauben, Gestalten und Blumengewinden geschmückte Säulen tragen auf ihrer Spitze eine Schale aus weißem Marmor. Die eine ist antik, wie man sagt, die andere dürfte aus dem Anfang des fünfzehnten Jahrhunderts sein. Die Köpfe und die Windungen der Gestalten erinnern an Albrecht Dürer, die Füße und die Knie springen etwas vor; es sind nackte Frauen, welche die Hände auf dem Rücken falten; um eine wahre Bewegung zu erreichen, hat der Künstler sich nicht gefürchtet, den Busen etwas zu verderben. So entwickelt sich von Niccolo Pisano bis zu Jacopo della Quercia eine ganze Bildhauerei, eine geformte Kunst, welche schon vollkommen ist wie ein gesundes lebendiges Kind, das sich in seiner katholischen Schale regt.

Und hier steht nun endlich die berühmte Kanzel von Niccolo Pisano, dem Erneuerer der Bildhauerkunst. Was gibt es köstlicheres als diese ersten Werke des modernen Gedankens? Das sind unsere wahren Vorfahren, und man kann erkennen, in welcher Weise sie in dieser Morgendämmerung den Menschen aufgefaßt haben, den wir heute fortsetzen, denn wenn ein Künstler einen Typus erfindet, so ist es, als ob er mit Fleisch und Knochen seine Vorstellung von der menschlichen Natur ausdrückte, und wenn diese Vorstellung erst einmal volkstümlich geworden ist, so folgt alles übrige ihr nach. – Ich habe keine Worte, um von der Eigenart und Fülle der Erfindung zu sprechen, welche diese Kanzel geformt hat, sie ist eben so seltsam wie schön. Die Träger sind zwei Löwinnen, welche ein Lamm in ihrer Schnauze tragen oder ihre Jungen säugen; man erkennt den symbolischen und wunderlichen Hintergrund des Mittelalters, aber aus den Leibern dieser Löwinnen steigen acht kleine weiße und reine Säulen auf, welche sich zu einem reichen Strauß von Blumenzieraten, die in einem ganz neuen Geschmack gehalten sind, entfalten und sich in Kleeblättern wieder verbinden, die zusammen eine Art Arche oder achteckigen Kasten von schlichtester und natürlichster Form tragen. Auf dem Rand jeder Säule sitzt ein Weib, mehrere von ihnen tragen auf dem Haupt eine Kaiserkrone, und alle halten kleine Kinder, die ihnen ins Ohr flüstern. Man vergißt, daß sie aus Stein sind, so lebendig ist ihr Ausdruck; er ist stärker betont als in den Antiken. In der ersten Freude ursprünglicher Erfindung ist man so entzückt von den plötzlich aufschimmernden Gedanken, daß man übermäßig auf ihnen beharrt; es ist ein so großes Vergnügen, zum ersten Male eine Seele zu gewahren und die körperliche Haltung, welche diese Seele offenbart. Man hatte in dieser Zeit noch nicht viele Gedanken, und man vereinigte nur diejenigen, welche man wirklich erfaßt hatte. Der Körper, der Hals und der etwas grobe Kopf zeigen in auffälliger und neuer Weise eine Art dorischer Schwere, aber das steigert nur ihre Kraft. Beim Verlassen der asketischen hageren Heiligen baut der Künstler, die antiken Reliefs nachahmend, schon das feste Knochengerüst, die schönen, wohlproportionierten Glieder und das gesunde Fleisch der Renaissancekörper. In der Bildhauerei jenseits der Berge sind die Gesichter und die Haltungen, welche die Künstler des Nordens erfinden, als ihr Genie im fünfzehnten Jahrhundert aufblüht, zart, seelenvoll, rege und immer auf eine feine Art persönlich. Diese hier haben im Gegenteil die Einfachheit, die Breite und den Ernst der alten heidnischen Köpfe; es ist, als begänne der Italiener in diesem Augenblick, da er zum ersten Male seinen Mund öffnet, aufs neue die ernste und männliche Rede, welche vor zwölf Jahrhunderten auf den Lippen seiner griechischen Brüder und seiner römischen Vorfahren erstarrt war.

Auf den Wänden der Kanzel bedeckt ein Labyrinth gedrängter Gestalten, eine lange, achtmal sich biegende Prozession, die Geburt, die Passion und das jüngste Gericht, den Marmor mit ihrer Marmorbekleidung. Jünger und Jungfrauen, die an den Ecken sitzen oder stehen, vereinigen und trennen die verschiedenen Teile der Legende. Auf den Rändern verschlingt sich eine zarte, blühende Marmorwelt, Arabesken und Blätter, eine reiche Pracht feiner und vielfacher Ornamente. Man tritt erstaunt über diesen Reichtum zurück und bemerkt, daß man auf Gestalten geht. Das ganze Pflaster der

Kirche ist damit eingelegt; es besteht aus einem Mosaik von Figuren, welche mit dem Bleistift auf die großen Fliesen gezeichnet zu sein scheinen. Es gibt welche aus allen Zeitaltern, von der Geburt der Kunst bis zu ihrer Vollendung. Menschen, Prozessionen, Kämpfe, Burgen und Landschaften: die Füße treten auf die Auftritte und Gestalten des vierzehnten und der beiden folgenden Jahrhunderte. Die allerältesten sind natürlich starr wie auf den mittelalterlichen Wandteppichen: Simson und sein Eselskinnbacken, der an seinen Haaren aufgehängte, große und einfältige Augen öffnende Absalon und die erwürgten Kindlein erinnern an die Gliederpuppen der Missalen; aber je weiter man geht, desto mehr sieht man Leben in die Glieder dringen. Die großen, weißen Sibyllen auf dem schwarzen Pflaster haben den Adel und den Ernst von Göttinnen. Eine Menge anderer Köpfe fallen durch ihren großen und festen Charakter auf. Der Künstler sieht in dem menschlichen Geschöpf noch nicht mehr als das allgemeine Gerüst, er wird noch nicht wie wir abgelenkt durch die Menge der Abstufungen, durch die Kenntnis der unendlichen Biegungen der Seele und der unzähligen Brechungen des Gesichtsausdruckes. Deshalb kann er Wesen gestalten, welche durch ihre Ruhe über dem Treiben des Lebens zu stehen scheinen: eine ursprüngliche Seele bildet auch ursprüngliche Seelen. Zur Zeit Raffaels ist diese selbe Kunst vollkommen, und der größte der Steinniellirer Beccafumi hat die Umgebung des Hauptaltars und den Kuppelplatz mit seinen Zeichnungen bedeckt. Seine halbnackte Eva, seine Israeliten, welche niedergemetzelt werden, weil sie midianitische Weiber geheiratet haben und sein opfernder Abraham sind prachtvolle Gestalten ganz heidnischer Auffassung, welche noch einfach sind und oft Körper und Stellungen in Michelangelos Art zeigen. Nur in dieser Zeit hat man Körper zu machen verstanden.

Auch der große Mann selber hat hier gearbeitet; man schreibt ihm eine wunderbare kleine Kapelle zu, in der sich kleine Figuren in muschelförmigen Schiffen zwischen feinen Arabesken übereinander reihen, welche sich auf dem weißen Marmor entlangschlingen. Seine Vorgänger, die ruhmreichsten Wiederhersteller der Kunst, begleiten ihn: unter dem Altar einer niedrigen Kapelle prägen ein heiliger Johannes von Donatello und andere kraftvolle Gestalten mit gespanntem Hals und knotigen Muskeln dem Geist ihre Kraft und ihre Jugend auf. Wenn man dieses Pflaster, diese Wände, diese derartig angefüllten und beladenen Altäre und die Reihen von Gestalten und Köpfen sieht, welche wie Blüten an den Kapitälen aufschimmern, sich an den Gesimsen entlang ziehen und das ganze Gesichtsfeld bedecken, so erkennt man, daß die bildenden Künste die natürliche Sprache dieser Epoche sind, daß die Menschen sie ohne Anstrengung sprechen, daß sie die natürliche Form ihres Denkens ist, und daß dieses Denken und diese Phantasie, zum ersten Male fruchtbar, mit einem unerschöpflichen Gebären von Formen nach außen wuchern und so wie Jünglinge sind, deren Zunge sich löst und die nun zu viel sprechen, weil sie noch nie gesprochen haben.

Es gibt gar zu viele schöne und seltsame Dinge hier, das ist ein Wort, das einem immer wieder einfällt: zum Beispiel die *Libreria*, welche dem Dome anhängt und am Ende des fünfzehnten Jahrhunderts erbaut worden ist. Dort sind zehn Fresken von Pinturicchio, die Geschichte Pius II., viele sehr keusche und sehr zierliche Frauengestalten, aber das Werk ist noch beengt und trocken. Der Maler behält die Trachten der Zeit: er stellt den Kaiser in dem vergoldeten Gewand und der übertriebenen Pracht des Mittelalters dar. Pinturicchio verwandte Raffael zu seinen Kartons, man berührt hier den Übergang der alten zur neuen Schule; die Entfernung vom Meister zum Schüler ist endlos, und Augen, welche soeben den Vatikan verlassen haben, fühlen diese Entfernung um so stärker.

Dieses so gesunkene Siena ist die erste Lehrerin und Herrin im Dienst der Schönheit gewesen. Hier und in Pisa findet man die älteste Schule. Niccolo Pisano ist von seines Vaters Seite her Sienese. Der Wiedererfinder des Mosaiks im dreizehnten Jahrhundert ist Jacopo da Turrita, ein Franziskaner Mönch aus Siena. Die älteste italienische Malerei, die man kennt, ist ein gekreuzigter Christus mit gebundenen Gliedern und geneigtem Kopf in der Kirche von Assisi von Giunta, einem Pisaner. Hier in San Domenico hat Guido da Siena im Jahre 1271 ein sanftes und reines Madonnenantlitz gemalt, welches die mechanische Kunst von Byzanz schon weit hinter sich zurückläßt. Dieser Winkel Toskanas hatte sich vor dem ganzen übrigen Italien aus der mittelalterlichen Barbarei befreit. Schon im Jahre 1100 trieb Pisa, die erste der Seerepubliken, Handel mit der ganzen Levante, führte Krieg, erfand einen Baustil und baute seine Kathedralen. Ein Jahrhundert später besaß Siena schon seine Stärke und warf Florenz 1260 in der Schlacht von Montaperto nieder. Es waren neue, wie das alte, handeltreibende und kriegerische Athene, und Schaffensgeist und Empfindung für das Schöne entstand hier wie dort in der Berührung mit kriegerischen Unternehmungen und Gefahren. Eingeschlossen in unsere großen Verwaltungs-Monarchien, zurückgehalten von der langen, literarischen und wissenschaftlichen Tradition, deren Kette wir schleppen, finden wir nicht mehr die Kraft und die schöpferische Kühnheit in uns, welche damals die Menschen beseelte. Wir werden durch unser Werk selber bedrückt. Wir begrenzen mit unseren eigenen Händen unser Tatenfeld. Wir wollen nicht mehr, als nur einen Stein zu dem ungeheuren Gebäude hinzufügen, welches die aufeinanderfolgenden Geschlechter seit so vielen Jahrhunderten erbauen. Wir wissen nicht, was das menschliche Herz und der Geist an tätiger Energie entfalten, was die menschliche Pflanze auf einmal an Wurzeln, Ästen und Blüten treiben kann, sobald sie dem Boden und der Jahreszeit begegnet, deren sie bedarf. Als der Staat noch nicht eine große, aus bureaukratischen und nur der reinen Vernunft verständlichen Einrichtungen zusammengesetzte Maschine, sondern eine den Sinnen wahrnehmbare und den gewöhnlichen Fähigkeiten des Individuums angepasste Stadt war, liebte sie der Mensch nicht stossweise wie heute, sondern alle Tage und mit allen seinen Gedanken, und der Teil, den er, sein Herz und seinen Geist erhebend, an den öffentlichen Angelegenheiten nahm, erzeugte in ihm die Gefühle und die Vorstellungen eines Stadtbürgers und nicht die eines »Bourgeois!« Der Schuster gab Geld, damit die Kirche seiner Stadt die schönste würde, und der Weber putzte abends sein Schwert mit dem Entschluss, nicht der Untertan, sondern einer der Herren der benachbarten Stadt zu werden. Bei einem gewissen Grade der Spannung ist jede Seele eine schwingende Saite; man braucht sie nur zu berühren, um die schönsten Töne aus ihr hervorzulocken. Stellen wir uns diesen Adel und diese Tatkraft in allen Schichten einer Stadt verbreitet vor, fügen wir das bestehende und wachsende Gedeihen, das Selbstvertrauen und das Gefühl der Freude hinzu, das den Menschen durchdringt, wenn er sich stark fühlt, befreien wir unsere Augen von dieser Anhäufung von Überlieferungen und Errungenschaften, welche heute ebenso sehr unsere Not wie unser Reichtum sind, betrachten wir den freien und sich selbst überlassenen Menschen in jener Wüste, die der Verfall zurückgelassen hatte, und wir werden begreifen, warum hier, wie zu Äschylos Zeiten, die Künste inmitten der Geschäfte entstanden, warum ein unbearbeiteter Boden, der mit allen politischen Dornen überwuchert war, mehr hervorgebracht hat, als unser so gepflegter und überwachter Acker, warum Parteimenschen, Kämpfer und Schiffahrer, inmitten ihrer Gefahren, ihrer Beschäftigungen und ihrer Unwissenheit, die schönen Formen mit einer Sicherheit des Instinktes und einer Fruchtbarkeit des Schaffensgeistes erfunden und erneuert haben, welche unsere Musse und unsere Gelehrsamkeit heute nicht mehr zu erreichen vermögen.

Langsam und mühsam entwickelt sich unter der Bildhauerei und der Baukunst die Malerei: sie ist eine umständlichere Kunst. Zeit war nötig, um die Perspektive zu entdecken, und ein sinnlicheres Heidentum, um die Farbe zu empfinden. Zu dieser Zeit war der Mensch noch vollkommen christlich, Siena ist die Stadt der Jungfrau und stellt sich unter ihren Schutz wie Athen unter den der Pallas Athene; unter verschiedenen Sittenlehren und Legenden ist die Empfindung dieselbe, und der lokale Heilige entspricht dem lokalen Gotte. Als Duccio im Jahre 1311 seine Madonna vollendet hatte, holte das Volk sie in seiner Freude aus seiner Werkstatt und trug sie in einer Prozession in die Kirche, die Glocken läuteten, und viele Anwesenden hielten Kerzen in ihren Händen. Der Maler hatte unter sein Bild geschrieben: »Heilige Mutter Gottes, gib den Sienesen Frieden, und Leben dem Duccio, da er Dich dergestalt gemalt hat.« Seine Jungfrau zeugt von einer noch ungeschickten Hand und ähnelt den Messbuchmalereien, aber neben ihr und neben dem Kinde, welches sie in ihren Armen hält, sind viele Heiligenköpfe schon seltsam schön und still. Siebenundzwanzig Abteilungen, die ganze in der gegenüber liegenden Kapelle aufgestellte Geschichte Christi begleiten sie. Der Himmel ist von Gold, und goldene Heiligenscheine schweben über allen Gestalten. In diesem Licht erscheinen die fast schwarzen Gestalten wie eine ferne Vision, und als sie einst auf dem Altar standen, mußte das kniende Volk, welches aus der Ferne ihre ernsten Reigen gewahrte, vor diesen menschlichen, von der Helligkeit des ewigen Lichtes sich abhebenden Schatten die geheimnisvolle Unruhe und erhabene Bangigkeit des christlichen Glaubens empfinden.

In dem Instituto delle Belle Arti hängen die Bilder Duccios, seiner Zeitgenossen und seiner Nachfolger, die ganze Reihe der alten Sieneser Meister, welche man fast alle aus Klöstern zusammengebracht hat. Die Nonnen haben in diesen Malereien mit ihren Nägeln und ihren Scheren die Augen der Dämonen ausgeschnitten und die Gesichter der Verfolger zerfetzt. Man bemerkt nur geringen Fortschritt, das Gemälde ist noch vielmehr Gegenstand der Religion als Gegenstand der Kunst: man ersieht das auch aus diesen naiven Verstümmelungen. Die Gemälde im Ratshause von Siena wirken am stärksten. Ein Museum ist immer nur ein Museum, und die Kunstwerke wie die Werke der Natur verlieren die Hälfte ihres Lebens, wenn man sie aus ihrer Daseinssphäre reißt. Man muß sie in ihrer Umgebung auf der großen Wand sehen, deren Kahlheit sie beleben, vor dem spitzbogigen Fenster, das sie erhellt, in den Sälen, in denen sich die Stadträte versammelten, welche gekleidet waren wie die gemalten Gestalten. Man könnte zwei Monate in diesem Palast mit dem Studium der mittelalterlichen Sitten verbringen, ohne alle die Gedanken zu erschöpfen, die er erregt: Gestalten und Trachten, junge Ritter und alte Waffenknechte, Schlachtordnungen und religiöse Aufzüge.

Trübe, ernst und sogar düster, starr und erstarrt, das sind die Worte, welche einem dieser Kunst gegenüber einfallen; es ist das vierzehnte Jahrhundert, welches sich hier in den Malereien festgesetzt hat, und man fühlt in ihnen die dauernde Gegenwart des Kampfes, den gezwungenen Aufenthalt im Schoß der Gefahr und die fruchtlose Anstrengung nach einer höheren Schönheit und einer freieren Harmonie. Es ist das Zeitalter der grauenhaften Bürgerkriege, der condottieri und der Visconti, der ausgedachten Martern und der furchtbaren Tyranneien, des wankenden Glaubens und des zerfallenden Mystizismus und der auftauchenden, versuchten und mißlungenen Wiedergeburt. Boccaccio gibt mit seinen tragischen, skeptischen, sinnlichen, in ciceronischen Perioden geschriebenen Geschichten ein wahres Bild davon. Sie enthalten die Gestalten und das Sehnen der Zeit.

Simone Martini, der Maler Lauras und der Freund Petrarcas, hat in der Sala del Gran Consiglio die Jungfrau unter einem Baldachin gemalt, umgeben von Heiligen, edlen und ernsten, im Geschmack Giottos gehaltenen Köpfen und etwas weiter Guidorizzio, einen Feldhauptmann der Zeit, auf seinem herausgeputzten Pferde, eine wirkliche Gestalt: man sieht hier die Malerei weltlich werden. – Einer der Lorenzetti hat daneben Waffenhaufen und Volksschlachten zusammengestapelt, und Spinello Aretino hat in der Sala di Balia den Sieg Alexanders II. über Friedrich Barbarossa dargestellt: der Kaiser liegt vor dem Papst auf dem Rücken und dahinter sind Seegefechte und Truppenaufzüge: die Kunst wendet sich zur Historie und zum Realismus. – Ambrogio Lorenzetti hat in der Sala della Pace die gute und schlechte Regierung dargestellt, sein Bild zeigt einen Aufmarsch hoher Persönlichkeiten, welche unter einer liegenden, bereits schönen, in ein weißes Gewand gehüllten Frau mit einem Lorbeerzweige in ihren blonden Haaren, vorüberziehen; alles das ist nach dem von Petrarca so geschmähten und den sich immer mehrenden Freidenkern so lieben Ariost gemacht: die Malerei scheint dem philosophischen Strom zu folgen. – Ich übergehe eine Menge anderer, in denen der Sinn für das wirkliche Leben, für lokale Geschichte, für antike Wissenschaft, kurz, in denen das Herannahen der Wiedergeburt sichtbar ist; aber wie sehr sie sich auch mühen, sie erreichen sie nicht, sie bleiben vor der Tür. Eine heilige Barbara von Matteo da Siena aus dem Jahre 1478, welche sich in San Domenico befindet, ist anmutig und rein, aber flach und von Gold umgeben, sie ist noch nicht mehr als eine hierarchische Gestalt. Und Leonardo da Vinci ist schon siebenundzwanzig Jahre alt! Wie soll man dieses lange Zurückbleiben begreifen, woher kommt es, daß die Maler seit Giotto mit so vielen Versuchen nicht dazu gelangen, auf ihre Leinwand feste Leiber und lebendiges Fleisch zu setzen, was hat sie auf halbem Wege, trotz so vieler Anstrengung, nach jenem allgemeinen und glücklichen Aufschwunge zurückhalten können? Diese Frage wird unwiderstehlich, wenn man in diesem selben Palast, in dem Istituto delle Belle Arti und in San Domenico die Fresken Sodomas betrachtet, eines vollkommenen Malers, der ein Zeitgenosse Raffaels und der erste Meister des Landes war. Sein gegeißelter Christus ist der prachtvolle, nackte, lebendige und leidende Körper eines antiken Ringers, seine heilige Katharina in Verzückung, seine Heilige zwischen zwei Heiligen unter einem hellen Säulentor, kurz, seine ganze Malerei drängt augenblicklich jene andre in die unbestimmte Region der unvollendeten, unzureichenden, nicht lebensfähigen Wesen zurück. Noch einmal, warum haben die Menschen, nachdem sie zur Malerei gelangt waren, hundertundfünfzig Jahre mit geschlossenen Augen vorübergehen lassen, ohne den Körper zu gewahren? Man muß Florenz und Pisa sehen.

LULLIU DE CHATEAUVIEUX
DIE MAREMMEN – LAND DER ERINNERUNGEN UND TRÜMMER

1813

Den schon früher entworfenen Plan, meinen Weg nach Siena über Volterra zu nehmen, und die so geheißenen Maremmen, d. i. das Land, wo die verpestete Luft herrscht, zu durchwandern, habe ich nun wirklich ins Werk gesetzt

Die Maremmen erstrecken sich längs dem Mittelmeere von Livorno bis Terracina, und reichen landeinwärts bis an die erste Kette der Apenninen. In diesen Gegenden eröffnet sich dem Reisenden ein weiter Schauplatz von Ruinen der alten Welt und ihres längst vorübergegangenen Heldenruhms. Das Land, welches seinen Blicken sich auftut, ist zur Stunde einzig noch ein Land der Erinnerungen und Trümmer. Die Natur, durch eine Reihe von Anstrengungen erschöpft, ist müde geworden, sich frisch zu bekleiden und neue Erzeugnisse in ihrem Schoße zu schaffen. Öde und unfruchtbar liegen die Felder, keine ländliche Wohnungen schmücken die Landschaft; Fäulnis brütet über dem von Schwefel gelb gefärbten Gewässer, und die Waldgegenden sind einzig noch hier und da mit alten, aus den Stürmen ganzer Jahrhunderte geborgenen, Eichen bevölkert.

Doch besser, als durch bloßes Wortgepränge, hoffe ich, mein Freund, Ihnen durch eine einfache Beschreibung meiner Reise ein Bild dieses Landes der Vergangenheit zu entwerfen.

Von Pisa nahm ich meinen Weg bis Empoli, dem linken Ufer des Arno nach, aufwärts. Hier verließ ich den Heerweg von Florenz, um die Straße über Volterra und Piombino einzuschlagen. Diese Straße, ein Werk Leopolds, ist die einzige, die nach den Maremmen hinführt. Sehr kunstreich zieht sie sich an den Hügelabhängen hin, und ist, obwohl bei einer

Breite von nicht mehr als neun Fuß, mit solcher Sorgfalt unterhalten, daß man eher in den Lustanlagen eines Gartens, als auf einer großen Landstraße zu wandeln glaubt.

Von Empoli aus führte der Weg uns in gerader Richtung nach Süden und näher an die Hügel hin, deren Kette die Einfassung des Arno-Tales bildet. Eine Weile noch ging es zwischen dem grünenden Laubwerk, das die Ufer des Flusses verschönert, und alsdann hinan auf den Hügel, der den Anblick dieses reizenden Tales von Toskana nun bald wieder unsern Blicken entreißen sollte. So wie wir mehr aufwärts gelangten, ward auch das Pflanzenleben dürftiger und seltener. Zwar grünten noch in unsrer Nähe der Ölbaum und der Weinstock, dies Grün aber war blaß, wie der Boden, aus dem es hervorging. Jenseits des Hügels hatten wir mehrere kleine, auch noch durch Dörfer, Weinberge und Felder belebte, und von einigen Kanälen bewässerte, Talgründe zu durchreisen. Hier haben jedoch die Wohnungen schon ein minder gefälliges Aussehen, als in der Tiefe. Sie stehen zusammengedrängt um die Kirchen. Kein Blumenflor, keine niedlichen Bäuerinnen und Mädchen erheitern hier mehr das Gemälde. Noch erblickte ich einige Schlösser und Landhäuser, die von ferne her sich durch lange Zypressen-Pflanzungen ankünden, übrigens einsam und verlassen stehen.

Der Boden ist in dieser Gegend noch in einzelne Besitzungen abgeteilt, und wird von Pächtern beworben. Das Land bringt gute Weine, etwas Öl, Mais, Mohrhirse und Getreide hervor; diese letztern Erzeugnisse sind aber nicht von der preiswürdigsten Beschaffenheit, und die Kornaussaat liefert nur einen dreifachen Ertrag. Auch Spanischer Klee wird gebaut. Diese Gattung von Futter, deren Gebrauch jedoch sehr beschränkt ist, dient für die Pferde, deren es hier, da alle Transporte auf dem Rücken gemacht werden, sehr viele gibt. Vier Meilen über Empoli hinaus, bis nach dem Burgflecken Castel Fiorentino, bleibt die Natur sehr malerisch. Castel

Fiorentino selbst liegt an den Grenzen der Wüste. Von da an hat aller Anbau ein Ende, und man tritt in die Maremmen ein. Hier ist die Oberfläche des Bodens mit großen wellenförmigen Furchen durchschnitten, die den ungeheuern Wogen eines tiefen Ozeans gleichen, vermöge des Verlaufes der Zeiten aber, und in Folge der Anstrengungen früherer Geschlechter, insgesamt etwas mildere Formen angenommen haben mögen. Auf den höchsten Punkten dieses Bezirks sind hin und wieder Einfassungen von altem Gemäuer zu sehen, zwischen dessen zusammengefallenen Wänden hindurch, unter dem Schutze einiger alten Türme, hier und da eine Wohnung hervortritt.

Auch in der Tiefe dieses Furchenlandes kommen in weiten Zwischenräumen von einander zerstreute Häuschen zum Vorschein, in deren Nähe weder ein Garten blüht, noch ein Wiesengrund aufgrünt; sondern höchstens etwa ein kleiner Strich Mais oder Mohrhirse, als Andeutung, daß von den unglückseligen Einwohnern wenigstens einige den Untergang ihres Vaterlandes überlebt haben, bepflanzt und beworben wird.

Die übrigen Anhöhen ringsum beherrscht insgesamt der Berg, von welchem die Trümmerstadt Volterra emporsteigt. Von weitem schneidet diese alte Stadt mit einer ungeheuren Masse von Glocken- und anderen Türmen in den Horizont ein. Man glaubt, den Hauptort des Mittelalters, eine Stadt zu erblicken, die sich selbst durch eine Einöde von allen ihren, den Sitten ihrer Vorfahren und der Achtung für die Vergangenheit untreu gewordenen, Umgebungen getrennt habe.

Nachdem ich meine Reise bis nach Sonnenuntergang fortgesetzt, beschloß ich, in einem einzeln stehenden Hause, Castaneo genannt, mein Nachtlager aufzuschlagen. Schon hatte die ungesunde Luft angefangen, ihren verderblichen Einfluß verspüren zu lassen. Die Eigentümer der Besitzungen waren aus denselben entwichen und hatten sich nach San Gimignano zurückgezogen. Ein einziger Mensch, von blassem Angesichte, und schon seit langen Jahren ein Ebenbild des Todes, dabei von hohem Wuchse, war auf Befehl seines Herrn in dem Hause zurückgeblieben, um allfälligen Durchreisenden mit den nötigen Hilfeleistungen an die Hand zu gehen. Mein einziger Reisegefährte war mein Führer. Meinem Pferde ward Sattel und Gebiß abgenommen; alsdann mochte es auf gut Glück um das Haus herum weiden. Kaum daß ich unter diesem Dach, wo mir die Gastfreundschaft mit so viel als leeren Händen entgegentrat, eingegangen war, so nötigte mich eine durch ein dreimaliges Erdbeben verursachte Erschütterung der Mauern, wieder das Freie zu suchen. Diese Stöße waren hier eben nicht stark, ließen sich aber anderwärts weit heftiger verspüren, und bewirkten zu San Casciano den Einsturz eines Hauses und eines Teiles der Kirche.

Ich hatte mich auf den Stamm eines Baumes niedergesetzt. Von dieser Stelle aus konnte ich die wilde, mich umgebende Natur mit Muße betrachten. Diese ganze Besitzung gehört zu denjenigen Bezirken, welche die Italiener le Machie nennen. Hier und da erhebt sich eine Buche von einem Gewächse, das die jetzige Zeit nicht wieder erneuert; denn da dies Land dem Viehe zur Weide dienen muß, so wird, was immer von jungen Bäumen emporsproßt, sofort wieder abgeätzt. Jene Bäume aus dem Altertume aber, die einzigen noch übrigen Spuren vormaliger Wälder, weisen durch ihre Gegenwart auf eine Epoche hin, da der Mensch sein Eigentum zu verteidigen noch im Stande war, was er heut zu Tage unversucht läßt.

Ich saß noch an dem nämlichen Plätzchen, und war in ein trauriges Betrachten der düstern Natur versunken, als ich ein kleines Fuhrwerk, von der im Arno-Tale gebräuchlichen Gattung, ankommen sah, das, wie ich, zu Castaneo eine Nachtherberge suchte. In dem kleinen Karren lagen zwei Kinder, welche die Mutter, ein zwar noch schönes, aber blasses und abgemattetes, und, wie es schien, von der Last der Schmerzen danieder gedrücktes Weib, neben dem Wagen herschreitend, nicht einen Augenblick aus dem Gesichte verlor. Mit Sorgfalt hob sie ihre Kinder aus dem Wagen und verlangte Milch für dieselben. Da keine zu finden war, so mußte sie, um ihnen den Durst zu stillen, zu gelbem Schwefelwasser ihre Zuflucht nehmen. Nicht ohne Unruhe sah sie die Kinder jenes Getränk zu sich nehmen, und zählte jeden Tropfen, den dieselben davon einschluckten. Diese ihre Kinder, erzählte mir die unglückliche Mutter, seien von einem tollen Hunde gebissen worden, und nun stehe sie im Begriff, dieselben nach Volterra zu bringen, wo ein Nagel von dem echten Kreuze Christi aufbewahrt werde, der, mit solchen Wunden in Berührung gebracht, die Kraft in sich schließe, gegen die Folgen des Bisses wütender Tiere zu verwahren. Auf meine, gegen die Wirksamkeit dieses Heilmittels geäußerten Zweifel, versicherte sie mich, daß man sich jenes Nagels in Toskana schon seit undenklichen Zeiten mit einem guten Erfolge bedient habe. Und als ich ihr hinwieder bemerkte, daß es Leute gebe, welche das Brennen solcher Wunden für ein noch untrüglicheres Heilmittel halten, so erklärte sie, daß auch jene heilige Reliquie, bevor man sie an die Wunde bringe, in's Feuer gelegt und darin gehalten werde, bis sie glühend sei. Nun hatte ich nichts weiter einzuwenden, und zweifelte nun auch nicht länger, daß man sich des Kreuznagels bei jenen gebissenen Kindern mit Erfolge bedienen werde. Demnach wäre eines der allerneuesten Geheimnisse der Arzeneikunst, das Brennen mit glühendem Eisen, in Toskana schon von langem her bekannt und geübt gewesen, und die Entdeckung, daß dem also sei, einem Zufalle und einer Reise nach Volterra, wo so selten ein Mensch hinreist, zu verdanken!

Der Verfall der Maremmen-Bewohner schreibt sich von der Epoche der Pest des sechzehnten Jahrhunderts her, deren verheerende Wut einen bedeutenden Teil der damaligen Bevölkerung hinwegraffte. Von da an ist die Volksmenge nie wieder so bedeutend geworden, daß sie einen Damm gegen den Einfluß der ungesunden Luft hätte abgeben können, der nun mit jedem

Jahre stärker und in eben dem Maße überhand nimmt, in welchem der Widerstand, den Zivilisierung und Bevölkerung leisten könnten, sich mindert.

So wie die Einwohnerzahl abnahm, und die Konkurrenz aufhörte, fingen auch die Preise der Grundstücke an zu sinken. Diesen Zeitpunkt benutzten die Toskanischen Reichen, um sich in den Besitz derselben zu setzen, und von eben diesem Augenblicke an hat sich auch, und zwar allem Anscheine nach unwiederbringlich, alle produktive Tätigkeit von diesem Boden verloren. Die wiederholten, von Leopold angestellten Versuche, um Kolonien in den Maremmen zu begründen, blieben insgesamt ohne Erfolg, und die Angesiedelten verstarben, noch ehe sie festen Fuß in ihren Niederlassungen hatten fassen können. Aus dem Erdreiche will keine Frucht mehr hervorgehen, und durch die lange Bearbeitung von Menschenhänden scheint seine Kraft und Fruchtbarkeit sich erschöpft zu haben. Der Boden hat sich in eine reine Tonerde verwandelt, deren Weiße bloß mit einer Beimischung von Schwefel versetzt ist, dergleichen diese Regionen in überschwenglicher Menge erzeugen. Mit eigenen Augen kann der Wanderer diese Schwefelquellen der Erde entspringen sehen. Durch ihren Geruch und einen das ganze Aussehen der Landschaft verdüsternden Rauch künden sie sich schon von fern an. Der Anblick dieser Solfataren hat etwas Schauerliches. Sie scheuchen alles, was Mensch heißt, aus ihren Umgebungen weg. Zugleich mit den Rauchwirbeln lodern aus denselben übelriechende Flammen empor. Die kleinen Trichterschlünde sind mit schwefeligen Krusten umgeben, zwischen deren Ritzen ein schwarzgelbes Wasser hervorsprudelt.

Das einzige noch übrige Mittel, von diesem Boden, nachdem derselbe einmal durch die Natur entvölkert und Eigentum der großen Güterbesitzer geworden war, noch eine Partie zu ziehen, bestand darin, daß der Ertrag desselben auf das, was er von selbst und ohne fernern Anbau erzeugen würde, beschränkt, und einer nomadischen Völkerschaft zum Aufenthalte angewiesen wurde, welche bloß die gesunde Jahreszeit auf demselben verbrachte, und was durch das Zutun der Natur allein an Gräsern und Kräutern hervorwuchs, durch ihre Herden verzehren ließ.

Die Vegetation wird hier den ganzen Winter hindurch durch ein herrliches Klima begünstigt. Diese Zeit über findet zwischen den Ebenen der Maremmen und den Gebirgsgegenden der Apeninnen ein Menschentausch statt, vermittelst dessen beide Gegenden so gut benutzt werden, als es unter dem Vorwalten solcher Umstände noch möglich ist.

Es waren nämlich die weitläufigen Bergweiden dieses Reviers Eigentum von Gemeinden, deren Interessen es nicht zusagte, ein Mobilien-Kapital zu besitzen. Den großen Güterbesitzern in den Maremmen war mit Kapitalen solcher Art eben so wenig gedient. Dies hatte zur natürlichen Folge, daß nomadische Hirtenvölker und herumziehende Schäfer, die kein anderes Eigentum hatten als ihre Herden, und diese, je nachdem es die Jahreszeit erfordert, von den Gebirgen in's flache Land hinunterrücken lassen, in's Mittel traten. Von diesen Leuten wird zu Stückpreisen so viel von jenen Weideplätzen mietsweise erstanden, als sie zum Unterhalt ihrer Herden bedürfen. Viele der großen Grundherren in den Maremmen haben die, sich zwar lediglich auf ein Wiederausleihen der Weiden beschränkende, Bewerbung ihrer Güter an Pächter übergeben. Einige halten sich neben dem Pächter auch noch einen Verwalter, der ihnen über die Wirtschaftsbesorgung Rechnung abzulegen hat.

So viel von dem Zustande der Industrie in den Maremmen. Eine andere Industrie, als die eben beschriebene, dürften weder die Natur der Dinge, noch auch die örtlichen Verhältnisse gestatten. In der Gestalt aber, in welcher dieselbe gegenwärtig besteht, wird sie sich ohne Zweifel forterhalten. Allgemeine und besondere Umstände verbürgen dies in gleichem Grade. Das vereinte Bedürfnis der gesamten Umgegend verschafft der ganzen Masse von animalischen Erzeugnissen der Maremmen einen ununterbrochenen Absatz, und würd einmal diese Art von Erwerb aufhören, so müßte die Gegend sich vollends veröden. Vier Mal hunderttausend Hämmel und dreißigtausend Pferde finden, nebst einer großen Anzahl von Kühen und Ziegen, in diesem Landstriche ihr Futter, und kommen dem gänzlichen Mangel an Viehzucht in dem Tale des Arno wohltätig zu Hilfe.

Es hat zwar freilich diese Art von Land-Ökonomie zur Folge gehabt, daß aus dem Herzen von Italien eine Wüste hervorgegangen, und daß diese Wüste die eine Hälfte des Jahres hindurch mit einer Art halb wilder Wesen bevölkert ist, die man, mit langen Lanzen bewaffnet, und mit Kleidern von grobem Wollenzeuge und unverarbeiteten Häuten angetan, nach der Weise der Tartaren, diese Einöden durchkreuzen sieht. Man darf jedoch nicht vergessen, daß diese Ökonomie nicht so fast ein Werk des menschlichen Willens, als der Natur selbst war, und es bedurfte verständiger Maßregeln, um sich eines Landes, gleichsam trotz seiner eigenen Einsprache, zu bemeistern, das für alle künftigen Zeiten ausschließlich der Gerichtsbarkeit des Todes anheim gefallen schien.

Wenn aber auch dieser Boden der Maremmen aufgehört hat, Pflanzen und Kräuter zur Nahrung der Menschen hervorzubringen, so hat er sich dagegen in eine chemische Werkstätte verwandelt, aus welcher immerfort eine gewaltige Menge Schwefel, Salz und Alaun hervorgeht.

Und dieser Industrie-Zweig, obgleich er nur während der Jahreszeit betrieben wird, in welcher man von dem Einflusse der ungesunden Luft nichts zu gefahren hat, ist es, der einem bedeutenden Teile der Landeseinwohner seinen Unterhalt verschafft.

Nicht ohne Verwunderung bemerkten wir, daß unweit Volterra der Weg eine weiße Farbe annahm, welcher das Sonnenlicht gerade zu der Zeit einen blendenden Glanz verlieh. Bei näherer Ansicht zeigte es sich, daß man die Straße mit Alabaster überschüttet hatte. Das Innere dieses Berges besteht nämlich ganz aus diesem Steine, und auch die Blöcke, deren sich die Bildhauer und Modellierer bedienen, werden aus seinen Eingeweiden hervorgezogen. Eine solche mit Alabaster gepflasterte Straße schien die Anfahrt zu einem Feen-Palaste zu sein, und verschaffte der ganzen, ohnehin etwas sonderbaren, Umgebung ein fantastisches Aussehen.

Nach einem beinahe stündigen Klettern hatte ich die oberste Höhe des Berges, auf welcher Volterra gebaut ist, erstiegen. Im Schutte liegende Klöster, verlassene Gärten, einzelne Olivenbäume, altes Gemäuer und Paläste, denen es an Dachung fehlt, erinnern an den Glanz einer Stadt, in deren Mauern zur Stunde kaum noch dreitausend Menschen, größten Teils Landleute oder Alabasterarbeiter, ihr Leben dahinschleppen.

Nirgends liegen die Spuren jener dumpfen, die Werke der

Schöpfung ihrer ganzen Zierde beraubenden, Zerstörung auf eine so auffallende und zugleich so unfreundliche Weise vor Augen, als in und an den Mauern von Volterra.

Blaß wie Schattenbilder irren die Einwohner umher unter den Trümmern einer majestätischen Größe. Durch den Anblick einer solchen Masse von Ruinen entmutigt, lassen sie es sogar unversucht, von ihren eigenen Wohnungen das gleiche traurige, auch sie bedrohende Schicksal abzuwenden; sie überlassen ihre Häuser den Elementen zur Beute, und erwarten mit ruhiger Ergebung jenes periodische Strafgericht, durch welches die Natur den ihr gebührenden Zehnten alljährlich von ihnen einfordert.

In der ganzen Stadt fand sich kein Gasthof. Eben war ich beschäftigt, mich nach einer Nachtherberge umzusehen, als ich auf einen wohlgekleideten Mann stieß, der mich in französischer Sprache anredete. So wie auch er durch meine Antwort die ihm befreundete Mundart erkannte, fühlten wir uns, einer dem andern, durch diese Übereinstimmung der Sprache, dieses großen Vereinigungsmittels der Nationen, näher gebracht, und aller zwischen so neuen Bekannten sonst stattfindende Rückhalt war sofort verschwunden. Von diesem Manne vernahm ich, daß es zu Volterra wirklich keinen Gasthof gebe, weil jeder Wirt daselbst Hungers sterben müßte. – Mit Dank ward demnach seine Einladung, mich bei ihm einzuquartieren, angenommen.

Mein freundlicher Gastwirt war Steuereinnehmer des Bezirkes, und da er sich mir einzig in dieser Eigenschaft zu erkennen gegeben hatte, so war ich nicht wenig verwundert, so viel Leben und Regsamkeit in seiner Wohnung wahrzunehmen, und eine so große Zahl stark beschäftigter, ab- und zugehender Arbeiter in seinem Hause, einem vormaligen Klostergebäude, dessen vier Fassaden einen weiten Hofraum mit Hallen in sich schlossen, zu erblicken. Dieser Umstand aber klärte sich, zu Folge der eigenen Erzählung meines Wirtes, dahin auf, daß er

neben seinem Berufe auch noch Besitzer einer Fabrik war. Vor wenigen Jahren war er nämlich einmal spazieren gegangen, um in den Umgebungen der Stadt ein paar Stunden seines wenig beschäftigten Lebens hinzubringen. Auf seinem Wege näherte er sich einer der Solfataren, und bemerkte die Menge Schwefel, welche das Aussieden des Wassers auf den Rand derselben hinwarf. Er wußte, daß diese Substanz niemanden angehörte, auch gerade damals seltener zu werden anfing, weil Sizilien und Ägypten aufgehört hatten, Schwefel nach Frankreich zu verschicken; ließ sich, schon vorher im Besitze einiger chemischen Kenntnisse, über Livorno Chaptals bekanntes Werk herbeischaffen, und legte mit Hilfe desselben eine Schwefelstangen-Fabrik an. Sein Unternehmen hatte den gewünschten Erfolg. Er versandte Muster seiner Arbeit nach Marseille; bald gingen beträchtliche Bestellungen ein; die Arbeit wurde mit größerer Lust fortgesetzt, die Anstalt immer mehr erweitert, und gegenwärtig werden wöchentlich fünfzig Zentner jener Ware fabriziert, die portionsweise nach der Provence abgehen.

Abends besuchten wir das Schauspiel. Auch das armseligste italienische Städtchen ist mit einem Theater versehen. Die Bühne von Volterra war groß genug; allein aus Mangel an Beleuchtung mußte man beim Hineingehen im Finstern tappen. Dafür kostete der Platz auch nicht mehr als fünf Sous. Späterhin wurden indes vor der Bühne einige Lichter angezündet, und alsdann der Vorhang aufgezogen. Der Saal war mit Zuschauern angefüllt. Man gab ein Melodrama des Ambigu-Comique, die »Minen von Polen« betitelt, in italienischer Übersetzung. Original-Stücke werden in Italien selten mehr verfertigt; man begnügt sich mit Übersetzungen von Stücken, welche auf den Pariser Boulevards und im Theater Feydeau aufgeführt werden. Kleidungen und Dekorationen waren recht schön. Die Acteurs spielten mit ungemein viel Natur und Wahrheit, und wußten meine ganze Aufmerksamkeit zu fesseln. Noch einen ungleich lebhaftern Eindruck brachten sie bei dem bäuerischen und leicht aufzuregenden Parterre hervor, dessen Sprecher weinten, von ihren Sitzen aufstanden, die Heldin des Stücks durch ihr Geschrei im voraus die Gefahren, welche sie zu bestehen hatte, ahnen ließen, in die Hände klatschten, und sich gegenseitig über das erfreuliche Ungefähr, wodurch es der Gewandtheit des Herrn Pixérécourt gelungen war, die Prinzessin zu retten, beglückwünschten. Italien dürfte das einzige Land sein, wo es sich der Mühe lohnte, Melodramen aufzuführen.

Von Volterras Türmen eröffnet sich eine weite Aussicht über ein ödes Steppenland und einen Boden, dessen einförmige Nacktheit einzig etwa durch einen Zypressenhain oder ein Gehölz von Steineichen unterbrochen wird, das bestimmt scheint, der großen Trauerstätte gleichsam ihre Weihe zu verschaffen, und dessen dunkeles Grün mit dem gelblichen Boden der Landschaft einen grellen Gegensatz bildet. Aus der Tiefe der Talgründe steigt ohne Unterlaß der Rauch der Solfataren empor, der bald sich umherwälzt, wie Meereswogen zur Zeit des Orkanes, bald säulenförmig, gleich einem Opferrauche, zum Himmel emporwallt. Überhaupt ist alles überraschend und sonderbar in einer Gegend, die den Kelch ihres Lebens bis auf den Grund ausgeleert zu haben scheint, und langsamen Schrittes zu jenem Zustande der Verödung zurückkehrt, in welchem zuletzt der ganze Erdkreis das Ende seiner Bestimmung scheint finden zu müssen. Wer weiß nämlich, ob nicht eine Zeit kommen wird, da der Boden, durch eine wiederholte Bearbeitung von Menschenhänden gänzlich erschöpft, nicht länger vermögend sein wird, die zur Bildung des Pflanzennahrungssaftes erforderlichen Grundstoffe zu erzeugen; während hinwieder aus seinen chemischen Zusammensetzungen fortwährend bloß untätige und schädliche Substanzen hervorgehen werden, welche geeignet sind, die Quellen des Lebens in ihrer Reinheit zu trüben, und die Gegenden, welche die Vor-

sehung solcher Gestalt dem verheerenden Zahn der Zeit Preis gibt, langsam zu entvölkern.

Es sind zwei im höchsten Grade kontrastierende Gestalten der Natur, die dem Wanderer hier mit Einem Mal vor Augen liegen. In der einen erscheint sie ihm als durch Zivilisierung gebändigt, in der andern als von selbst zu ihrem Urzustande zurückkehrend, gleich als ob sie sich der Sorge, das Menschengeschlecht durch die ihr angeborene Fruchtbarkeit zu ernähren, hinfort nicht mehr beladen wollte. Die Gottheit aber scheint diese beiden Bilder darum so nahe zusammengestellt zu haben, damit der Mensch der Schranken seiner Macht sowohl, als seiner Ohnmacht fortwährend eingedenk bleiben möge.

JOHANNES VON WIDMANN
LEICHT UND SANFT GEHEN DEN BEWOHNERN PISTOJAS DIE TAGE HIN

1913

In Pistoja, das heute eine Stadt von 14 000 Einwohnern ist, sagten es uns schon die Wasserflaschen im Gasthof durch ihre Gestalt, daß wir uns im alten etruskischen Lande befanden. Und daß es zugleich die Toskana sei, das sagte die schöne reine Sprache, die in musikalischen Lauten überall auf der Straße, auch aus dem Munde des gemeinen Volkes dialektfrei klingend, an unser Ohr schlug. Dasselbe verkündete ferner das luxuriöse Pflaster, schöne Fliesen aus *pietra serena.* Man geht auf diesen Straßen der toskanischen Städte wie auf Parkett. Auch die dünnsten Sohlen einer Dame werden nirgends durch einen scharfen Stein auf die Probe gesetzt, und die Wagen rollen leicht und sanft dahin. Leicht und sanft gehen auch den Bewohnern Pistojas die Tage hin. So wenigstens darf man vermuten, wenn man überall heitere Gesichter, lachende Augen sieht; aus den Fenstern der Häuser tönt Musik; in den Gärtchen, die meistens mit geschmackvoller Berechnung in die Architektur des Hauses hineingenommen sind, lustwandeln schlanke Frauengestalten zwischen Orangengebüsch, oder sie blicken von den Loggien auf die Straße hinab. Als ich am Giardino Galli vorüberkam, füllte man eben einem jungen Mädchen die Schürze, die es immer wieder in einen großen Korb ausschüttete, mit den herrlichsten gelben und roten Rosen, und das Mädchen selbst war ganz umgeben von Azaleen. In vielen Gärten steht als schönster Schmuck in der Mitte ein prächtiger Magnolienbaum, dessen große weiße Blüten weithin ihren zitronenähnlichen Duft verstreuen. Darüber der milde Himmel der toskanischen Ebene und die Hitze doch gemäßigt durch kühlende Lüftchen, die vom nahen Apennin herunterwehen. Überall blicken die grünen Höhen in die offene Stadt herein.

Für den leichten, frohen Sinn der Einwohner spricht auch die Tatsache, daß Pistoja drei Theater hat, von denen zwei luxuriös ausgestattet sind. Das eine hat fünf Galerien über einander mit Balkonlogen. Um nun gleich diejenigen zu beruhigen, welche die leichtlebigen Pistojesen schon mittelst dreier Theater direkt zur Hölle fahren sehen, sei erwähnt, daß die Zahl der schönen Kirchen – ich zähle nur die kunsthistorisch wichtigen – acht bis zehn beträgt. Und diese Kirchen stehen nicht leer. Der Dom besonders, den wir am Sonntag beim Frühgottesdienst besuchten, war gedrängt voll Leute, und merkwürdigerweise überwog die Zahl der Männer bedeutend.

Ich beschreibe diese Kirche nicht, zähle auch ihre Kunstmerkwürdigkeiten, wie die bildhauerisch herrlichen alten Kanzeln (von Niccolo Pisano u. a.) nicht auf. Die Dinge gehören dem glücklichen Auge, das sie sieht, oder dem Stift des Zeichners oder der Platte des Photographen, die sie zu kopieren und vervielfältigen imstande sind, nicht aber der Feder des Schriftstellers, die nur *eine* Art hätte, solche alte Denkmäler der Kunst wieder aufleben zu lassen: das geschichtliche Schauspiel und die geschichtliche Novelle, wie sie C. F. Meyer kultivierte. Etwas wie eine solche Meyersche Novelle wird einem lebendig, wenn man auf dem Platze vor dem alten Dom steht und sich rings von großartigen Gebäuden des Mittelalters umgeben sieht; dem Dom gegenüber ein aus weißem und schwarzem Marmor erbautes Baptisterium, weiter links der Palazzo Pretorio mit seiner ungeheuren Tribunalhalle, seinen Treppen, die an den Dogenpalast erinnern und mit den vielen hundert originellen Wappen, die in den Bogengängen, an der Decke und an den Pfeilern prangen. Gegenüber der Munizipalpalast der Stadt, dazu ein bischöflicher Prachtbau und so weiter, alte, burgähnliche Bauten der Vorzeit, einige mit trotzigen Türmen. Auch ein herrlicher, von Della Robbia herrührender Fries gemalter Terrakottareliefs über den Loggien des Spitalgebäudes ist gar nichts, wenn man davon bloß liest auf grauem Papier in schwarzen Lettern, während er dem plötzlich seiner ansichtig Werdenden eine wahre Festfreude in die Seele wirft mit all seinem Glanz unter dem blauen Himmel, der solchen schönen Werken so viel Licht spendet.

Der Domplatz, den wir Sonntag nachmittags ganz still und einsam trafen, als wir zum zweiten Male unsere Schritte dorthin lenkten, war am Vormittag von einer festlich erregten Menge erfüllt gewesen. Mit Bannern in allen Farben und mit Musik zogen viele und zahlreiche Männervereine in den erwähnten alten prähistorischen Palast. »Wem gilt das Fest?« wandte ich mich fragend an den Nächststehenden. Es war ein hübscher Mann von etwa dreißig Jahren. »Mein Gott!« sagte er, indem er seine lustigen Augen wie nach einem Gedanken suchend am Himmel und an den hohen Palästen ringsum spazieren ließ, »mein Gott! es ist eben ein Fest. Wissen Sie! so ein Fest! Vereine . . . nun ja! mein Gott! . . . es ist ein Fest! Fahnen! Musik! Sie sehen ja! es ist ein Fest.« Ich dankte ihm lächelnd für die genaue Auskunft und ging weiter, indem ich im stillen dachte, der junge Mann sei wahrscheinlich hier so fremd wie ich selbst. Doch jener alte, feingekleidete, ehrsame Bürger mußte mir jedenfalls vortrefflich Bescheid zu geben wissen. »Wem gilt das Fest, wenn ich fragen darf?« fragte ich, indem ich ihn höflich begrüßte. »Ha, hm! ha, hm! Sì, sì, hm, das Fest, ha, hm, sì, sì, das Fest! Ein schönes Fest! Alle Vereine der Stadt, Sie sehen! Und drei Festmusiken und mehr als zwanzig Fahnen.« Das war seine Antwort und mehr nicht aus ihm herauszubringen. Und doch, da an den Fahnen lange schwarze Trauerschleifen wehten, da ferner der Festzug diesen Morgen schon zu einem bestimmten Hause der Vorstadt gezogen war, mußte das Fest seinen ganz besondern Anlaß haben.

Ich fragte mich durch das dichteste Gewühl durch bei Leuten herum mit weißen und mit schwarzen Bärten, bei Bürgern und Bauern, bei Laien und Geistlichen, bei reichen Herren und Tagelöhnern. Alle wußten, was ich ohnehin sah, daß es ein Fest sei. Ein einziger, ein dicker Herr in den Fünfzig, konnte beifügen, es gelte einem Verstorbenen, der schon seit langer, langer Zeit verstorben sei, so daß man unmöglich wissen könne, was er gewesen und was er getan. Genug! Er wurde gefeiert. Alle waren fröhlich, man blies in die Trompeten, man ließ die Fahnen flattern, Turnvereine zeigten ihre hübschen Gestalten in kleidsamen Trikots, Zuavenmützen und Dekorationen glänzten im Sonnenschein. Das befriedigte jede Pistojerseele, und nur solche Bären von der andern Seite der Alpen konnten so unangenehm pedantisch darauf halten, zu erfahren, was eigentlich die Veranlassung des Festes sei.

Als ich schon längst jede Hoffnung aufgegeben, diese lustige Trauerfeier zu ergründen, kam ich später, der Kirche San

Andrea gegenüber, mit dem Unterpräfekten ins Gespräch, der unter der Pforte seines Amtsgebäudes stand. Von ihm erfuhr ich endlich, man feiere einen vor sechzig Jahren verstorbenen tragischen Dichter namens Benedetti, der in schlechten Zeiten ein guter italienischer Patriot gewesen sei. Eigentlich sei er ein Bürger von Cortona gewesen und habe Pistoja weiter keine Ehre erwiesen, als daß er in einer Vorstadt Pistojas sich umbrachte, als ihm die Drangsal des Lebens zu viel wurde. Da aber Cortona ihn vor vierzehn Jahren gefeiert habe, seien die pistojesischen Turn- und Gesang- und Schützen- und »Männerzofingervereine« eifersüchtig geworden und hätten beschlossen, diesem Benedetti ebenfalls ein Fest darzubringen. Und in gewissem Sinne hat er doch Pistoja eine Ehre angetan, wenigstens, wenn er sich mit einer Pistole erschossen hat. Denn Pistoja, ehemals durch seine Waffenschmiede berühmt, soll den Pistolen den Namen gegeben haben.

Um die Mittagszeit aßen dann in unserm Gasthof zum Globo und zwar in einer großen Orangenlaube, einer wundervollen natürlichen Festhütte, die Honoratioren der festfeiernden Vereine, wohl gegen hundert Herren, zum Gedächtnis des tragischen Dichters und Selbstmörders ein lukullisches Mahl, bei dem es übrigens fein und artig herging auch noch beim Dessert. Soviel ich bemerken konnte, störte niemand die stille Festwehmut des andern mit Toasten. Alle saßen sie mit feinen, klugen Gesichtern um die wohlbesetzten Tische, unterhielten sich in gemütlichen Gesprächen, tranken mäßig Wein und gaben mir von dem taktvollen Aufstand der Männerwelt Pistojas den besten Begriff. Aber das Fest, bei dem niemand nichts weiß von dem Gefeierten, will ich mir gut merken. Bei uns kommt ja wohl nichts dergleichen vor.

Die Stadt, die man anfangs für klein hält, umschließt zum Teil ungeheure Plätze, wie sie in solcher Ausdehnung eben nur südliche Länder kennen. Der größte dieser Plätze ist der bei der Kirche San Francesco; so groß, daß auf demselben, jährlich am Jakobsfeste, Pferderennen gehalten werden. An schönen Abenden wimmelt die ungeheure grasbewachsene Rotonde des Platzes von Menschen. Viele sitzen auf den zahllosen Steinbänken. In der Mitte springen Wasserkünste; im Hintergrund auf einem Hügel hat der erste Napoleon Bäume pflanzen lassen, die jetzt eine große Zierde des Platzes bilden und den kleinen nachgemachten Tempel fast verdecken, den er ebenfalls aufführen ließ.

VICTOR HEHN
ACH, BELLA, DEIN NAME IST DEIN SEIN

1839

Sei dieses eines der schönsten Blätter meines Tagebuches, wie dieser Tag einer der schönsten war, den meine Augen gesehen. Ich glaubte nicht mehr in Italien zu sein, da ich jenseits des Ponte Molle mich befand, und ich habe heute noch einmal das volle Gefühl dieses Landes gehabt. Das Arnotal zwischen Florenz und Pisa gehört gewiß zu den reizendsten Gegenden der Halbinsel, und so angebaut, so gartenmäßig es ist, so viele Blicke gewährt es trotzdem voll der eigentümlich italienischen, braunen Landschaftspoesie.

Die fünfzig Miglien zwischen den beiden Städten sind ein fortlaufender Garten von Wein, Feigen und Ölbäumen, zwischen denen das mit der Schaufel bearbeitete Land in streifigen Borten sich fortzieht. Die überall zerstreuten Wohnungen sammeln sich zu Ortschaften, zu Städtchen, die sich ununterbrochen folgen. Breit und herrlich unterhalten, läuft die Kunststraße in gleicher Richtung mit dem Arno an Häusern, Gartenhecken und Weinlauben fort, von immerwährendem Verkehr bedeckt.

Zu beiden Seiten dieser weiten Talebene schwollen bald die blauen Gebirge, wie verdichteter Äther, mit Schnee gesäumt, wie der Kamm der Meereswoge mit Schaum, oder die niedrigen Vorberge, näher herantretend, halten in braunen Tinten und stiller Plastik ihre Linien, Mauern und Bäume gegen den klaren, gleichgültig milden, mit feinstem Pinsel getuschten Himmel. Ach, ich weiß nicht, was schöner ist, diese blauen Lichtmassen eines kaum körperlichen, kaum wirklichen Ferngebirges, denen der bald weiße, bald tausendfarbig angehauchte Schnee auffliegt wie der Abglanz einer anderswo ganz in ihre eigene Lichtidealität sich bergenden Welt, oder dieses italienische Bergbild, wo eine Höhe in Pyramidenform, mit einer Stadt, einem Schloß oder Mauerwerk, von Zypressen begleitet, uns scheinbar seelenlos anschaut, scheinbar durch keine Lebensfarbe anlächelt, und dennoch in stiller Tiefe auf einem unendlichen Inhalt ruhet. An Pinien und Zypressen ist diese ganze Gegend reich, und nebst den Ölbäumen gehören und passen gerade diese Bäume zu der italienischen Landschaft. An manchen Stellen überblickt der Weg, wo er sich dem Rande der Berge nähert, den Arno und die ganze weite von Städten und Klöstern und Schlössern übersäte Talebene bis zum Fuße des jenseitigen Gebirges, und dieser Blick ist dann entzückend. Mein Nachbar im Wagen, ein Italiener, rief: »*Bella, bella!*« ein Dutzend Mal hintereinander. Ach, wie schmeichelte dieser schöne Klang meinem wunden Herzen! Ich hätte ihn dafür küssen mögen.

Ach, Bella, dein Name ist dein Sein, und alles was schön ist im Himmel und auf Erden am Tage und in der Nacht, ich nenne es nach dir, sein Preis kommt von dir.

Was mich drückt, ist, daß ich diese südliche Natur wohl anschauen, aber nicht in Begriffe bringen, nicht formulieren kann. Ich suche vergebens nach einem Gedankenausdruck dafür. Es ist natürlich, daß die nordischen Reisenden die italienische Natur weit, weit unter ihrer Erwartung finden, und wer nach einem ersten Begegnen mit ihr schwärmt und entzuckt ist, tut es aus Scham, Heuchelei oder Selbsttäuschung. Man glaubt in Italien eine romantische Landschaft zu finden, eine deutsche Natur in gesteigerter Schönheit, aber diese ist in Italien nur an wenig Punkten vorhanden, und wo sie es ist, zum Beispiel im Mühlthal in Amalfi oder in manchen Baumpartien des Albanergebirges, da wird sie von vielen Gegenden Deutschlands übertroffen. Italien hat kein romantisches, musikalisches Wehen und Wallen, Grünen, Rieseln und Flüstern, es hat keine hochwipfeligen, säuselnden Bäume, keine frischen

Matten, goldene Auen, hellblinkenden Zinnen und sprudelnden Wasser. Keine Sehnsucht und Schwärmerei, keine Leidenschaft jauchzt, rast oder schluchzt in der italienischen Landschaft. Hier heult kein Sturm, jagen keine Nebel, rasselt kein schauerlicher Herbst, tröpfelt kein Frühlingserwachen. Alles ist dürr, braun, ohne vegetatives Grün. Nikolai hat vollkommen recht, wenn er, im Widerspruch mit seinen törichten oder lügnerischen Vorgängern, Italien diese Naturschönheit abspricht. Aber nachdem er verneinend die alte Zeit geschlossen, ist es nun Zeit, in Italien eine neue, diesem Lande eigentümliche, erst nach und nach für denjenigen, der Biegsamkeit genug hat, in eine fremde Atmosphäre überzugehen, verständliche und faßbare Natur anzuerkennen. Italiens Natur ist plastisch, so sonderbar dies klingen mag. Darum erscheint sie ernst, still, vegetativen Farben, organischen Bewegungslinien abhold. Ihre Bäume sind unbeweglich und gleichen architektonischen Gebilden, die Zypresse dem Obelisk, die Pinie der Kuppel; der Ölbaum ist metallischen Ansehens. Ihre Städte sind wie Kristalle dem Felsen angeschossen, auf dem sie erbaut sind, und mit ihm von gleicher Farbe (dies auszuführen, bleibt späterer Zeit überlassen), keine Singvögel, die Bäume beschnitten.

JOHANNES VON WIDMANN
DIE STADT DER TÜRME

1913

Zu den vielen leckern Dingen, an denen doch so mancher ästhetische Feinschmecker auf seiner Reise nach Rom vorüberschnurrt, gehört auch die Stadt der Türme. Sie liegt freilich nicht dicht an der Eisenbahnlinie; ein feuriges Etruskerrößlein braucht immerhin eine volle Stunde, um von der Bahnstation Poggi-Bonsi (zwischen Florenz und Siena) den Reisenden nach San Gimignano zu bringen. Dies ist nämlich der eigentliche Name der kleinen alten Bergfeste, welcher ihre vielen mittelalterlichen Schutz- und Trutztürme jenen andern Namen eingetragen haben.

Wir brachen früh morgens um fünf Uhr von Florenz auf und fuhren in den herrlichen Maimorgen hinein. Von allen Hügeln und Bergen längs der ganzen Linie grüßen Villen und Burgruinen herab. Die Gegend würde an die Bergstraße mit ihren Schlössern (zwischen Heidelberg und Darmstadt) erinnern, wenn nicht jene Villen in Zypressenhainen ständen und am Horizont der Hügellinien breite, edle Pinien sich mit scharfem Profil von einem indigoblauen Himmel abhüben. Die Vereinigung von Zypressen und Pinien zu kleinen Wäldern ist ganz besonders schön, indem diese Bäume wie holde ungleiche Schwestern sich ergänzen, die Pinie so wölbig die Krone verbreitend, die Zypresse so turmspitz zum Himmel weisend. Von den vielen schönen Schlössern an dieser Linie seien bloß die einander gegenüberliegenden friedlichen Bergfesten Montelupo und Capraja genannt, von den reizenden größeren Ortschaften (Landstädtchen mittelalterlichen Charakters) Castel Fiorentino und Certaldo. In Certaldo besaß Boccaccio ein Haus, den Stammsitz seiner Familie, auf den er sich in den letzten Lebensjahren zurückzog.

Um acht Uhr morgens war Poggi-Bonsi erreicht, und bald hatten wir mit einem trefflichen Rosselenker, der in seinem Wesen etwas von stolz antikem Zuschnitt besaß und dabei doch ein recht höflicher und zuvorkommender Mensch war, einen Vertrag abgeschlossen, wonach uns sein kleiner Gaul mit dem Olivenzweig hinterm Ohr nach dem alten Felsenneste hinaufbringen sollte. Daß wir ein ordentliches Stück der strengeren Steigung zu Fuß gingen, war für Schweizer selbstverständlich.

Wunderbar eigenartig bot sich dieses San Gimignano schon von der Ebene aus dar. Und es verlor nichts von seinen seltsam originellen Reizen durch das Näherkommen. Je mehr wir stiegen, desto öfter mußten wir um der unbeschreiblich großartigen Aussicht willen stillstehen und zurückschauen. Und vollends oben, da lag vor uns ausgebreitet der ganze Garten der Toskana, von jenen fernen, beschneiten nördlichen und westlichen Apenninen herab bis nach Florenz und über uns weg nach Siena und nun weiter südlich gegen die römische Campagna hin, unzählige Hügel und Berge mit schönem horizontalem Rücken, oder Höhenketten in sanften Wellenlinien, hie und da auch ein steilerer Kegel, dazwischen wenige Städte, zahllose malerische Dörfer und Schlösser und Kirchtürme und verfallene Kastelle, so daß selbst der Kutscher, der das alles doch schon oft mochte gesehen haben, überwältigt ausrief: *Tanto mondo! tanto mondo!* (Wieviel Welt! wieviel Welt!) Ja! wieviel Welt! reichte doch diese immense Aussicht westlich über das von Bergen verdeckte Volterra hinaus beinahe bis ans Meer.

Dann kehrte das Auge wieder zum Allernächsten zurück, zu der Stadt der Türme selbst, und neues Staunen erfüllte die Seele. Hier stehen noch elf von den Türmen, deren Gesamtzahl im Mittelalter fünfzig betrug; sie dienten den zu Turmgenossenschaften vereinigten Familien der Stadt, welche diese Türme zu Schutz und Trutz gegen ihre feindlichen nächsten Nachbarn errichteten. »Von ihren Zinnen aus und aus den ganz schmalen spaltenartigen Öffnungen (Schießscharten) bekämpfte sich mit Feuer und Schwert und Steinblöcken die in Parteien zerrissene Bürgerschaft dieser Stadt von wenigen Tausenden von Einwohnern. Da die Menschen fast nichts Tolles treiben, in das sie nicht schließlich Methode zu bringen suchen, so gaben sich diese Turmgenossenschaften Statuten, als wären sie Kommunen in der Kommune, und kodifizierten damit den permanenten Bürgerkrieg. Man begreift es schwer, wie bei einem solchen Zustand innerhalb der kleinen und großen Städte Mittelitaliens diese noch einen so unerhörten Aufschwung haben nehmen können. Es muß eine Naturkraft in diesen Menschen damals gelebt haben und eine Gewalt der Selbstsucht und des Hasses, von der wir uns schwer eine Vorstellung machen können.« Gewissermaßen als Beleg, wie grimmig es damals zugehen mochte, zeigte uns unser Begleiter an einem der ältesten Paläste, den Torri Ardinghelli gegenüber, eiserne Körbe hoch oben an der äußern Mauer, »in denen man gewöhnlich die Köpfe der Hingerichteten zur Schau ausstellte«.

Außer diesen alten Burgen, die jetzt teilweise als Sitz der Bezirksregierung dienen müssen, hat San Gimignano mehrere Kirchen, von denen S. Agostino die sehenswerteste ist, da sie in ihrem gotischen hellen Schiff schöne, zum Teil rührende Gemälde alter toskanischer Meister beherbergt. Im Chor ist das Leben des h. Augustin in Fresken gemalt von Benozzo Gozzoli (1465 vollendet). Auf einem dieser Bilder, welches darstellt, wie Augustinus als Knabe zur Schule gebracht wird, wird einem kleinen Jungen auf denjenigen entblößten Teil, der stets das besondere Ziel pädagogischer Bemühungen war, eine Züchtigung verabreicht, was jedenfalls den heiligen Augustin nicht besonders ermutigen konnte bei seinem ersten Schulgange.

Auch ein kleines Museum mit etruskischen und altrömischen Scherben aller Art besitzt San Gimignano, darin unzweifelhafte Beweise einer einst in der Nähe befindlichen Pfahlbautenansiedlung. Diese letztere Andeutung mache ich, weil mir die schwarzen melancholischen Augen der jungen Wirtin im *Albergo delle due Piazze* gefallen haben. Ich stelle mir nämlich vor, daß das bloße Wort »Pfahlbauten« eine Menge schlummernder Pfahlbauten-Kolumbusse wecken und somit der artigen Wirtin viele Gäste zuführen könnte und hoffentlich bessere, als jene unverschämten englischen Weiber es waren, die in einer Equipage anlangten, während wir im Albergo speisten. Die Unverschämtheit dieser Töchter Albions bestand hauptsächlich darin, daß sie in der Locanda nicht nur ihre aus Siena mitgebrachten Speisevorräte auspackten, sondern sogar Maschinen zum Vorschein brachten, auf denen sie Beefsteaks zu braten, Speck zu rösten, Eier zu sieden und Tee zu kochen sich anschickten. Mit Recht sagte der junge Wirt achselzuckend zu uns: *»Brutta gente, questi Inglesi.«* (Grobes Volk, die

Engländer). Er selbst, der Wirt, war ein feiner Mensch; seine eigene Frau – immer die Marie mit den melancholischen schwarzen Augen – stellte ihm das Zeugnis aus, in seiner Abwesenheit natürlich, er sei der bestunterrichtetste Mann der ganzen Gegend. Das wird wohl auch richtig sein, wenn wir den geistlichen Bibliothekar ausnehmen, den Dekan (*preposto*) der Geistlichkeit dieser Gegend, Abbate Ugo Nomi, Verwalter der Altertümer des Museums und der Schätze der Büchersammlung. Dieser feine, bewegliche, überaus lebhafte Mann, der das reinste Toskanisch spricht, hat wirklich einige ganz artige Merkwürdigkeiten unter Verschluß, z. B. eine Art von altem *orbis pictus*, in den Blätter hineingeheftet sind, auf welchen sich Autographen von Luther, Melanchthon, Zinzendorf und andern befinden. Auch manche Inkunabeln der Sammlung sind nicht ohne Wert. Aber das Wertvollste für die Bibliothek ist der Bibliothekar selbst mit seinem Feuereifer für alles, was zur Ehre San Gimignanos gereichen und der Bibliothek dienen kann. Unser Handbuch (Gsell-Fels, Mittelitalien) verschlang er beinahe mit den Augen. Wir mußten ihm das Wichtigste mitteilen, und er kopierte zuletzt mit größter Genauigkeit den Titel des Buches, das er sich wahrscheinlich wird kommen lassen. Mit welcher fast nervösen Ängstlichkeit der liebenswürdige und gefällige Priester die Ordnung der Bibliothek aufrecht erhält, *das* zu sehen, ist ein ebenso ergötzlicher als über die nächste literarische Zukunft San Gimignanos beruhigender Anblick. Wir schieden mit aufrichtigem Danke aus dem kleinen Raum, in dem ein so aufmerksamer und so lebhafter Geist friedlich waltet.

Da ich oben das Reisehandbuch »Mittelitalien« von Gsell-Fels erwähnte, so sei hier eine Dankesschuld abgetragen durch die Erwähnung der vortrefflichen Dienste, die dieser braune gelehrte Begleiter uns geleistet hat. Wie schön liest sich z. B. die Geschichte der Stadt Florenz bei Gsell-Fels. Diese Darstellung, die so richtig die Hauptmomente ausführlich, die Ne-

bensachen kurz zu geben wußte, ist ein kleines Meisterwerk. Auch bewährt sich das Buch in den Einzelangaben beim Besuche berühmter Monumente fast immer als zuverlässig. Wenn Irrtümer vorkommen, so sind sie meistens von kleinem Belang und überhaupt selten. In praktischer Hinsicht erscheint dagegen die Einrichtung bei Bädeker, der viel weniger Kunstgeschichtliches bietet, doch vorteilhafter, so z. B. auch darin, daß Bädeker bei Besichtigung von Kirchen immer den Wanderer erst links schickt und dann an derselben Wand weiter begleitet im Rundgang durch die ganze Kirche, während Gsell-Fels, was zwar künstlerischer sein mag, aber in der Praxis sich unbequem macht, meistens von der einen nach der andern Seite der Kirche hinüberschlüpft. Damit hat nun Gsell-Fels, was meinen Schwager Ulysses und mich betrifft, einige sakramentale Redensarten auf dem Gewissen, die, obschon in der Kirche ausgesprochen, dennoch nicht eigentlich von den kirchlichen Sakramenten im Ernste handelten.

CURZIO MALAPARTE
IN PRATO ENDET ALLE GESCHICHTE EUROPAS

1957

Der Blick aus meinem Zimmer in der Locanda Caciottis, der »Stella d'Italia« am Domplatz, wird durch das Denkmal für Mazzoni versperrt, der mit Guerrazzi und Montanelli Triumvir der Toskanischen Republik von 1849 war und aus Prato stammte, wie ich selbst. Nur wenige Prateser gibt es wie wir beide.

»Viva Guerrazzi – Mazzoni e Montanelli –
tutti fratelli – dell'Università«,
alles Brüder der Universität.

Mazzoni, wer weiß, warum, wendet mir den Rücken zu; ich muß gestehen, daß ich ihn nie zuvor von hinten gesehen habe, da es das erstemal in meinem Leben ist, daß ich die Nacht in Caciottis Locanda verbringe. Schon als Kind war es immer mein Traum gewesen, wenigstens einmal eine Nacht in der »Stella d'Italia« zu verbringen. Ich trete zum Fenster und sehe vor mir, wenn ich mich etwas zu Seite beuge, die weiß- und grüngestreifte Marmorfront des Doms, die Kanzel Michelozzos und Donatellos, die wie ein Nest an der Ecke der Fassade hängt, und den schönen Glockenturm, der für Giottos Glockenturm in Florenz als Vorbild diente, aber einfacher, schlanker und gerader ist: aus gehauenem Stein, aus gutem glatten Prateser Stein.

Gerade vor mir öffnet sich die Villa Magnolfi, die bei den alten Pratesern immer noch Via Nuova heißt. Hier erstreckten sich einst Gemüsebeete, geschlossene Magnolien- und Lorbeergärten, hier sind wir geboren, Filippino Lippi und ich: im Hintergrund der zackige, jähzornige Spazzavento. Mein Berg, als ich in Coiano, in Santa Lucia Junge war. Dort oben auf dem

Gipfel des Spazzavento möchte ich begraben sein, um dann und wann den Kopf zu erheben und in den kalten Graben des Nordwinds spucken zu können.

Der Rücken Mazzonis behinderte mir den Blick auf einen großen Teil der Piazza, des luftigsten und hellsten Platzes vielleicht der ganzen Toskana, in dessen Mitte der rosarote Fleck der Marmorfontäne mit ihrer schönen Fleischfarbe steht. Es ist Nacht, und die jungen Prateser, auf ihre Räder und Vespas gestützt, lachen, scherzen, unterhalten sich laut. Sie haben keinerlei Lust, schlafen zu gehen. Morgen ist Sonntag. Prato ist eine Arbeiterstadt, und die Festtage sind hier daher freudloser als anderwärts, vielleicht weil sie sehnlicher erwartet werden. Der Sonntag ist in Prato wie eine geschlossene Werkstatt, wie eine stillstehende Maschine.

Ich stütze die Ellbogen aufs Fensterbrett, atme den Wind aus dem Bisenzio-Tal. Welch schöner Mantel, den Mazzoni trägt! Ein schöner marmorner Mantel. Die Polsterung aus Werg und Roßhaar gibt ihm breite, eckige Schultern. Ein schöner Mantel, das kann man nicht anders sagen, mit sämtlichen Knöpfen dazu. Der Bildhauer war gewiß ein großer Schneider. Aus den Taschen lugen die Zeitungen hervor, und wäre es heller, dann könnte ich die Schlagzeilen der jüngsten Ereignisse lesen: die Rede Cavours, die Depeschen aus Paris und London, der Protest des Großherzogs.

Mazzoni hält die eine Hand in der Tasche, die andere ist zu einer beredten Geste ausgestreckt. Wenn es regnet, tröpfelt das Wasser vom gestreckten Zeigefinger herab; steht man in einem bestimmten Abstand seitlich der Statue, so daß man von der Hand lediglich diesen Finger erblickt, so sieht es aus, als gebe Mazzoni ein wenig Wasser von sich. Auch dies ist eine unverkennbare Prateser Art, Geschichte zu machen. Die andere Art besteht darin, Lumpen zu verarbeiten. Denn hier in Prato endet alle Geschichte Italiens und Europas; immer in Prato, in Fetzen.

Als Junge ging ich mit Mersíade Baldis Kindern in die Lumpenmagazine der Sbraci, Campolmi, Cavaciocchi, Calamai, und dort hockten wir zwischen den Lumpensortierern am Boden, und mir machte es viel Spaß, in den Lumpenbergen zu wühlen, wo man die unerwartetsten und wunderbarsten Dinge der Welt entdecken konnte: Muscheln, bunte Glasstücke, Bernsteinecken, kleine Perlen aus den Flüssen Indiens, Steine, die wie Edelsteine aussahen, schön grün oder violett, türkisblau, gelb, und jene indischen Steine, die die Lumpensortierer Mondsteine nannten, sie waren blaß, glatt, durchsichtig, wie kleine Scheiben vom Mond. Oder die roten Steine, von denen die Lumpensortierer behaupteten, man könne ihnen Blut entpressen, und wir Kinder nahmen sie zwischen die Zähne und bissen darauf oder preßten sie mit den Fingern, in der stillen Hoffnung, es möchte Blut herausspritzen. Und manchmal fand man seltsame getrocknete kleine Tiere, manchmal ähnlich wie Seepferdchen, andere wie Mumien von Eidechsen und Mäusen oder wie Fötusse mit zerquetschtem Kopf.

Es war eine Märchenwelt. Ganz Prato war voll von Lumpengebirgen, aber wenige Leute außer den Lumpenarbeitern wagten, diesen geheimnisvollen Kontinent zu erforschen, und zu diesen wenigen gehörten wir Jungen, Faliero, Baldo, ich und die anderen, die in der Nachbarschaft von Mersíade wohnten, in der Via Arcangeli, außerhalb der Porta Santa Trínita, bei den Wassergräben. Sobald wir das Magazin betraten, überfiel uns der Lumpengeruch, ein trockener staubiger Geruch, kräftig und berauschend wie der Dunst gärender Früchte, er stieg uns zu Kopfe und umnebelte uns den Blick. Wenn wir einen Ballen mit dem Messer aufschlitzten, quollen die Lumpen wie gelbes, grünes, rotes, blaues Gedärm aus der Wunde. Man tauchte den Arm in dieses blutfarbene, grasfarbene, himmelsfarbene Fleisch, wühlte in dem prallen Leib, in dem warmen Gedärm des Ballens, und die Augen der Hand

suchten in dieser dunklen Welt nach dem leuchtenden Schatz, nach der Perle, der Muschel, dem Mondschein. Dann stürzten wir uns kopfüber, wie sommers in die dumpfrauschenden Wellen des Bisenzio, in die Berge von Lumpen und versanken langsam in dem weichen, tiefen Geruch von Weihrauch, Moos und Nelken, der der Geruch Indiens, Ceylons, Sumatras, Javas ist, der Geruch Sansibars, der Geruch südlicher Meere.

Einmal fanden wir eine Schlange mit einem großen Drachenmaul, mit grünen und blauen Schuppen, einem dicken Tau aus Seide ähnlich, einmal eine blaue Schildkröte mit goldenen Pfoten, ein andermal eine grüne chinesische Porzellanmaske, und an dem Tag, wo die arme Prilia starb, fanden wir eine Frauenhand mit goldgelb gelackten Nägeln, eine zierliche Frauenhand, sanft und leicht, als wäre sie aus Rosenholz. Das erste, was an einem Toten stirbt, sind die Augen; das letzte die Nägel. Es waren leuchtende, spitze, noch lebendige Nägel.

Mich traf es, diese Hand in die Tasche zu stecken und sie nach Hause zu tragen, wo ich sie unter dem Kopfkissen des großen Bettes versteckte, in dem wir zu fünfen schliefen, Mersíade, meine Amme Eugenia, Faliero, Baldino und ich. In dieser Nacht konnte ich nicht einschlafen, ich bekam das Fieber, von der Hand unter dem Kopfkissen. Ich spürte, wie sie sich bewegte, die Finger krümmte, die Nägel in die Bettücher grub. Faliero und Baldino, die am Fußende schliefen, hatten die Knie bis zum Bauch hochgezogen, aus Angst vor der Hand, die bei ihren Bewegungen die große Matratze aus Maisblättern gräßlich knistern und knacken ließ. Ich weiß nicht, wie ich endlich einschlief; ich träumte, daß die Hand langsam, ganz langsam, unter dem Kopfkissen hervorkroch, mir die Schultern entlangglitt, mir den Hals streichelte. Mit einem Schrei erwachte ich, »Prilia! Prilia!«, saß mit einem Ruck aufrecht, schweißgebadet, und Mersíade, der mir erst eins übergezogen hatte, um mir die Angst zu vertreiben, wurde selbst bleich wie Wachs, als er die Hand sah, die wirklich unter dem Kopfkissen hervorgekommen war. Eugenia aber meinte: »Da schau her, fürchten sich gar vor der Hand eines Toten!«, ergriff die Hand mit den Fingerspitzen und sprang aus dem Bett.

Damals zum erstenmal kam mir der Gedanke, daß die Prateser mehr Angst vor den Händen Lebender haben als vor denen Toter und daß sie den Toten trauen, den Lebenden aber nicht. Zum erstenmal konnte ich feststellen, daß Totsein in Prato keine Unklugheit ist, wie Lebendigsein, sondern eine Vorsicht; daß, während lebendig zu sein, dich Gefahren aller Art aussetzt, dich zwingt, die Augen offen zu halten, du, wenn du tot bist, ruhig die Augen schließen kannst. Eugenia sprang aus dem Bett und lief zum Fenster. Warmer, fetter, süßlicher Tomatengeruch drang in das heiße Zimmer. »Sie wird die Tomaten austrocknen lassen«, sagte Eugenia und warf die Hand in den Garten, wo wir sie am nächsten Morgen, ganz von Ameisen bedeckt, fanden, die sie langsam, langsam durch die Tomatenbüsche zum Schilfrohrzaun hinzogen. Wir ließen sie ziehen, und sie kam auch nicht wieder.

Noch auch kehrte jener kleine, vertrocknete und wie Pergament klingende Greisenschädel wieder, den ein Arbeiter Cavaciocchis unter einem Haufen Lumpen aus Venezuela entdeckte. Er war ohne Zähne und Haare, die Augen waren vertrocknet, ums Kinn wuchs ein dünner grauer Bart. Die Lumpensortierer brachten ihn auf die Piazza San Francesco und begannen mit diesem Schädel Fußball zu spielen, der leicht durch die Luft flog wie der Kopf eines Cherubs auf einem venezianischen Bilde. Doch es war der Kopf eines alten, zahnlosen Cherubins, und die Leute, die sich sofort um die Spieler herum angesammelt hatten, lachten und spornten die Lumpensortierer höhnisch an: »Los, Paciatta, auf, Nardini!«, was die Namen der stärksten Fußballspieler damals in Prato waren. Da kam der weißbärtige Notar Camillo Dami aus seinem Büro, mit seinem Sohn Giovacchino, der zwei Jahre später an der Schwindsucht starb, und seinem Kanzleiangestellten Nello, es kamen der alte Ciro Cavaciocchi und die Mönche von San Francesco und Mattonella, der Konditor, und Brogi, der Barbier, und sie wollten den Lumpensortierern den armen Totenschädel wegnehmen. Das »noë«, nein, der einen und das »sië«, doch, der andern dauerte, bis der Sekretär der Arbeitskammer, Strobino, des Weges kam, der sich den Kopf von den Lumpenmännern geben ließ und ihn vom Ponte del Mercatale in den Bisenzio warf, mit dem Ausspruch, daß die Schädel der reichen Herren in Prato alle ein solches Ende nehmen sollten.

Häufig kamen aus den Lumpenballen Uniformen aller Heere der Welt zum Vorschein, Kleider aller Art: von den roten Fräcken der britischen Soldaten in Indien bis zu den Rothosen französischer Soldaten, von den durchsichtigen Leinenumhängen der Frauen Kalkuttas und Bombays bis zu den Unterhosen, den Hemden, den Fischbeinkorsetts und jeglicher Art sonst an weiblichen Kleidungsstücken aus der Sammlung der Chiffonniers von Paris, mit denen die Lumpensortierer sich zum Spaß anzogen, daß sie aussahen wie Totengräber im Mittelalter. Einmal fand Scaracchia, von San Fabiano, in einem Haufen Lumpen, die aus Sizilien kamen, ein verblichenes und zerfetztes Stück Trikolore: das war die Fahne, die die Italienerinnen aus Valparaiso in Chile an Garibaldi geschickt hatten, dieselbe, die Schiaffino aus Camogli im Gefecht von Calatafimi über sich schwang und damit im Kampfgewühl verschwand. Es war die ruhmreichste italienische Fahne; und daß sie in Prato unter einem Haufen Lumpen endete, mag zwar alle Menschen verwundern, doch die Prateser nicht.

Denn diese wissen, daß in Prato, und ganz in Fetzen, alle Geschichte Italiens endet: Ruhm, Elend, Aufstände, Schlachten, Siege und Niederlagen. Wo sind die Rothemden der Garibaldiner von Mentana geblieben, die Uniformen der Soldaten Pius' IX., der Freiwilligen von Curtatone und Montanara, der Bersaglieri der Porta Pia? Wo die Carbonari, die Giovine Italia, und Novara, Lissa, Custoza, und die Freie Kirche im freien Staat? Wo sind die in jeder Stadt und in jedem Dorf Italiens gesammelten Kleidungsstücke geblieben, um die Überlebenden des Erdbebens von Messina, der Po-Überschwemmung, der Hochwasserkatastrophe von Amalfi und Salerno zu unterstützen? All das endet in Prato: Fahnen jeder Nation, Uniformen von Generalen und Soldaten aller Heere, Priestersoutanen, Monsignorestrümpfe, Kardinalspurpur, Richterroben, Jacken und Blusen von Carabinieri, Polizeischergen, Gefängnisaufsehern, Brautschleier, vergilbte Spitzen, Windeln. Auch der Zivilanzug, den König Umberto in Monza trug, als Gaetano Bresci, der aus Prato stammte, ihn mit der Pistole niederschoß, endete in Prato, in einem Ballen Lumpen. Und man hat nie erfahren, ob er zufällig dorthin gelangte oder ob es ein liebenswürdiger Gedanke der Königin Margherita oder des Königs Vittorio, seines Sohnes, war, den Pratesern den von einem Prateser durchlöcherten Anzug des Königs Umberto als Lumpen zu verkaufen.

Nicht nur die Geschichte Italiens, sondern die Geschichte ganz Europas endet in Prato, seit den ältesten Zeiten, seit die Prateser begannen, aus den Stoffabfällen der ganzen Welt Tuche und Stoffe herzustellen. In Prato endete zwischen einem Berg Lumpen der Glanz Spaniens in Italien, die Größe Karls V. in Europa; und ebenso der Ruhm der Könige von Frankreich, der jakobinische Furor, die Größe Napoleons. Jahrein, jahraus verspannen, verkämmten, verwebten die Prateser die Lumpen und Fetzen von Marengo, von Austerlitz, von Waterloo, die Fahnen der Großen Armee, die Uniformen Murats, die Goldfräcke der Heiligen Allianz. Und wo glaubt ihr, daß die feldgrauen Uniformen unserer am Karst und am Piave gefallenen Soldaten endeten? Die Tuchuniformen der Gefallenen von El Alamain? Oh, habt soviel Mut und sprecht es aus. Wohin kamen sie? Ins Pantheon? Nach Prato kamen sie, zu den Lumpen. Wo endeten die Fahnen und Uniformen des Befreiungskorps? Und die der Republik von Salò? Und die Uniformen und roten Tücher der Partisanen? Und die der gewaltigen englischen und amerikanischen Armeen, die Italien und Europa befreiten? In der Uffizien-Galerie? In Prato endeten sie, verkauft als alte Lumpen. Und die Trauerkleider der Mütter, der Witwen, der Waisen der ganzen Erde? In Prato, unter Bergen staubiger Lumpen. In Prato, wo schließlich alles endet: Ruhm, Ehre, Trauer, Stolz und Hochmut, die Eitelkeit der Welt.

Und da gibt es noch Leute, die sich wundern, daß die Prateser an nichts von alledem glauben, woran die andern glauben? Und die den Pratesern vorwerfen möchten, daß sie mehr an die Lumpen als an Ruhm und Größe glauben? Mehr an die Lumpen als an die schönen Worte, an Freiheit, an Gerechtigkeit und an das dummdreiste Gesicht derer, die befehlen? Da gibt es

noch Leute, die sich wundern, daß die Prateser beim Anblick einer Fahne dir sofort sagen können, aus welchem Stoff sie ist, ob aus Wolle, aus Baumwolle, aus Seide, aus Leinen, und dir den Preis nicht für das sagen können, was sie an Ehre, an Blut, an Opfer wert ist, wohl aber als Lumpen? Was alles nicht ausschließt, daß auch die Prateser gute Italiener sind, sehr gute sogar; nur viel löblichere als die anderen, denn während die anderen glauben, alles sei aus bester Wolle, wissen die Prateser, daß alles aus Lumpen besteht. Und trotzdem stehen sie den anderen nicht nach, wenn sie wirklich sich nicht abseits halten können, ihr eigenes Fell auf den Trödelmarkt zu tragen, mögen sie auch besser als andere wissen, daß auch für ihr Fell sich stets jemand in der Welt findet, damit zu handeln und daran zu verdienen.

O wunderbare Unbekümmertheit der Prateser, die sich über nichts wundern, vergrämen und aufregen und über menschliche Größe und den Stolz und Hochmut der Menschen lachen, da sie wissen, woraus die bestehen! O Schlichtheit der Prateser, die wissen, daß sie aus dem Nichts stammen, aber es nicht machen wie so viele andere, die, auch wenn sie zu Fuß gehen, im Wagen zu fahren scheinen, und wenn sie gehen, lassen sie es in ihren Taschen klingeln, um kundzutun, daß sie anständige Leute sind und daß sie das Geld haben, um ihren Ruf und ihr Ansehen zu bezahlen! O Redlichkeit der Prateser, die sich nicht schämen, daß sie arm geboren sind (die Wahrheit zu sagen, schämen sie sich auch nicht, daß sie reich geworden sind), und sich nicht den Anschein geben, Söhne von Vornehmen und von Priestern zu sein, wie es in manchen Teilen Italiens üblich ist, sondern Leute aus dem Volk bleiben, auch wenn sie im Wagen fahren, was bei ihnen nur eine Art ist, sitzend zu gehen, und die im Essen, im Trinken, in der Kleidung, in der Eheschließung ihrer Herkunft aus dem Volke treu bleiben und die ein wahres Muster an Schlichtheit und Redlichkeit sind in einer Welt, wo alle zu verbergen suchen, was sie sind und was sie waren, und sich den Anschein geben, das Gegenteil von dem zu sein, was sie zu sein scheinen.

Denn unter allen Völkern Italiens – das werde ich sagen, so lange ich lebe – schämen sich nur die Prateser und die Luccheser nicht, die einen den Lumpen, die anderen der Abtrittgrube zu entstammen, was beides wahre Adelstitel in einer Welt wie der unsern sind, in der alles in dieser Grube und zwischen Lumpen sein Ende findet. Ich weiß, mit Lucca ist das eine Sache für sich: die Grube gleicht dem Beruf des Ehrenmanns, der sehr hoch hinaufführen kann, wenn man nur beizeiten abzuspringen versteht. Daß die Luccheser beizeiten abgesprungen sind, wenn es ihnen auch sehr schwerfiel, das beweist die Geschichte Luccas, die überall trieft von Ruhm, ich meine von jener Materie, aus der Ruhm gemacht wird.

Doch was Prato betrifft, so ist die Geschichte der Prateser eine Geschichte der kleinen Leute, ohne Tragödien, ohne Dramen, ohne sangeswürdige Untaten; sie ist die Geschichte eines Volkes, das niemals Adlige an seiner Brust genährt hat und daher niemals den Rücken vor Einheimischen beugen mußte, nicht durch Trompetengeschmetter geweckt wurde, noch zu großen Taten aus den Betten sprang und das nie im Staube hinter eisengepanzerten aufgeputzten Rossen zu Fuß laufen mußte. In Prato waren sogar noch die großen Namen wie die Guazzalotri und die Dagomari Namen, die aus dem Volke kamen.

Jeden Tag ging ich als Junge, wenn ich aus dem Collegio Cicognini, meiner Schule, kam, jenen Dagomari zu grüßen, der in San Francesco begraben liegt: auf dem Boden ausgestreckt, ganz in seine Büßerkutte gehüllt, die Kapuze über die Augen gezogen, um den Pratesern unbemerkt ins Gesicht sehen zu können, die rechte Hand zwischen den Falten seiner

Marmorkutte versteckt. Er war einer aus der Sippschaft jenes Panfollía dei Dagomari, der alle Tollheiten der Prateser in sich hatte und in der Geschichte Italiens der erste war, der die Italiener die Kunst lehrte, hohe Herren zu stäupen. Trotz des großen Namens war auch der in San Francesco begrabene Dagomari ein Prateser aus dem Volke und hatte den Geist des Volkes. Jedesmal kniete ich mich auf den Boden, um vielleicht zu entdecken, was er in der zwischen den Falten der Kutte versteckten Hand hielt: ob ein Messer oder eine Handvoll Kleingeld. Das Messer, um von den toten Pratesern, die höchst ungern bezahlen, die Schulden einzutreiben, die sie als Lebende zu bezahlen vergaßen, und das Kleingeld, um auch in der Hölle Lumpen zu kaufen und zu Ware zu machen.

Dies eben muß man sich immer vor Augen halten, will man die Prateser beurteilen: was in Prato zählt, ist das Volk, nur das Volk, und Prato ist eine Arbeiterstadt, eine reine Arbeiterstadt, die einzige in Italien, die von Kopf bis Fuß Arbeiterstadt ist. Nicht weil es unter den Pratesern keine Bürger gäbe, sondern weil die fetten Bürger, sobald es dunkel wird, nach Florenz fahren, wo sie wohnen, und diejenigen, die nicht anders können, als in Prato zu wohnen, sobald der Laden geschlossen und die Tür mit zwei Sperren verrammelt ist, entweder mit den Hühnern zu Bett gehen oder, falls sie ausgehen, alles tun, um sich den Arbeitern anzugleichen, in der Kleidung, in der Rede, in den Bewegungen. So daß nach sieben Uhr abends Prato zum Besitz des Volkes wird, das sich in seinem Besitz bewegt wie im eigenen Hause, als Besitzer, nicht als Mieter.

Die Cafés, die Trattorien, die Kinos, die Straßenecken, die Loggien am Rathaus bevölkern sich mit Lumpensortierern, mit Webern, Wollkämmern, Mechanikern, Färbern, die sich laut unterhalten, im Tonfall von Bernocchino und Carnaccia, des Pimpero, des Scaracchia. Sogar das Teatro Metastasio – einst der Treffpunkt der Vornehmen und der reichen Bürger, der Mitglieder des Coriofili- und des Misoduli-Clubs, das ist:

der Feinde der Langeweile, während die Arbeiter auf dem Olymp zusammengepfercht waren oder hinter einer Absperrung im Parkett standen wie in den Pariser Theatern zur Zeit Molières –, sogar dies Teatro Metastasio wirkt heute wie ein Treffpunkt der Arbeiter. Lumpensortierer und Weber sitzen im Parkett und in den Logen, mit ihren vom Staub der Lumpen bereiften Hüten, mit Fingern, die noch vom Schmieröl der Webstühle schwarz sind: und die Traviata oder der Trovatore sind wie »gesungene Wahlversammlungen«.

Man denke nicht, daß die Verachtung von Ruhm und Stolz, der gehobenen Nasen, der arroganten Lippen, der hochgezogenen Augenbrauen, der Brokatmäntel und alles dessen, was die Aufgeblasenheit des Menschen ausmacht, in Prato erst von heute sei; es ist etwas sehr Altes. Jedesmal wenn irgendein Papst oder König oder Kaiser zufällig durch Prato zog, standen meine Prateser allesamt dort auf der Piazza del Comune, zwischen dem Bacchino und den Loggien, mit jener spöttischen Miene, die dann die Florentiner von uns Pratesern zu Lehen nahmen, und sie berechneten untereinander mit lauter Stimme den Preis der Stoffe, die das hohe Tier am Leibe trug und die anderen Herren zu Pferde, und die Kurtisanen des Gefolges, die wir in Prato »Frusiane« nennen, und die Pagen, die Knechte, die Kuppler, die Mignons, die Gaukler und Falkner und Hundehalter, und sie besprachen, ob es Wolle oder Damast oder flandrisches Tuch oder Seide aus Lyon oder Sackleinen sei und ob jene, mit einem Wort, als Edelleute oder als Bauern gekleidet gingen. Und es war, als sprächen ihre Augen: »Es wird alles schließlich nach Prato gelangen«, in Prato, meinten sie, erreichen all eure Seide und eure Brokate ihr Ziel.

So wie es geschah, als König Karl VIII. von Frankreich, der mit den Trompeten und den Glocken, durch Prato zog, der durch seinen Zug nach Italien den Italienern Respekt vor denen beibringen wollte, die zu befehlen haben. Meine Prateser begnügten sich nicht damit, den Stoff des königlichen Gewandes zu begutachten, sondern wandten sich mit den Worten »in Prato sollst du enden« alle zugleich gegen die Wand, um ihr Wasser loszuwerden. Worüber der arme Karl VIII., wie ein Chronist sagt, »en fut tout esbahi«, höchst erstaunt war, und damit es nicht aussähe, als hätten die Prateser ihm den Rücken zugekehrt, um ihm mit der Sitzfläche die Reverenz zu erweisen, was die uralte Prateser Art ist, denen, die anzuordnen haben, ihre Achtung zu bezeigen, stieg er selbst vom Pferd und vollzog den gleichen Ritus an der Wand eines Hauses: so als habe er verstanden, daß das Volk dieser Stadt »pissoit par nécessité et non par politique«. Und hier muß ich des alten Liedes gedenken »Carlottavo era stancato – si fermò a pisciare a Prato«, Karl VIII. war müde, er hielt in Prato an, um zu pissen; ein Lied, das ungefähr ebenso alt ist wie das »chi vuol esser lieto sia« Lorenzos, welch letzterem nur eines fehlte, um wirklich »der Prächtige« zu sein: er war nicht aus Prato. Im übrigen war dies das erste und letzte Mal auf dem ganzen Feldzug in Italien, daß der treffliche König sich klug und besonnen verhielt, als er sich stellte, als habe er ganz das Gegenteil von dem verstanden, was die Prateser taten, denen man es verdankt, wenn die Toskana das einzige Land in Italien ist, wo man aus Politik pinkelt und nicht, weil man muß.

Denn es gibt keinen Papst, keinen König und keinen Kaiser, dem es gelänge, die Toskaner zum Urinieren zu bringen, nicht wenn sie kein Bedürfnis dazu verspüren, aber wenn sie keine Lust dazu haben.

D. H. LAWRENCE
ZYPRESSEN

*

Toskanische Zypressen,
Was ist mit euch?

Verborgen wie ein dunkler Gedanke,
Für den die Sprache verloren ist,
Toskanische Zypressen,
Bergt ihr ein tiefes Geheimnis?
Sind unsere Worte bedeutungslos?

Das unüberlieferbare Geheimnis,
Tot mit einem toten Volk und einer toten Sprache, und dennoch
Geheimnisvoll lebendig in euch,
Etruskische Zypressen.

Oh, wie bewundere ich eure Treue,
Geheimnisvolle Zypressen!

Ist es das Geheimnis der langnasigen Etrusker?
Der langnasigen, feinfüßigen, bedeutungsvoll lächelnden
Etrusker,
Die so wenig auffielen außerhalb der Zypressengruften?

Zwischen den geschmeidigen, flammenhohen Zypressen,
Die ihre dunkle Länge umherschwangen,
Etruskisch-düstere, schwankende Männer Alt-Etruriens:
Nackt bis auf unwirklich lange Schuhe
Gingen sie mit hintergründiger, leicht-lächelnder Ruhe
Und etwas von Afrikas unerschütterlicher Gelassenheit
Einer vergessenen Tätigkeit nach.

Welcher Tätigkeit denn?
Ja, die Sprachen sind tot, und die Worte, so hohl wie leere
Samenhülsen,
Die ihren Klang vergaßen und alles Echo verloren,
Etruskische Silben,
Die das Sagen hatten.

Um so mehr sehe ich euch dunkel konzentriert,
Toskanische Zypressen,
Auf einen alten Gedanken:
Auf einen alten, schwachen, unauslöschlichen Gedanken,
Während ihr etruskische Zypressen bleibt;
Dunkler, schwacher Kerngedanke der schlanken, funkelnden
Männer Etruriens,
Die Rom lasterhaft nannte.

Lasterhaft, dunkle Zypressen:
Lasterhaft, ihr geschmeidigen, nachdenklichen, sanft
wogenden Säulen dunkler Flamme.
Denkmal einer toten, toten Rasse,
Verewigt in euch.

Waren sie wirklich lasterhaft, die schlanken, leichtfüßigen,
langnasigen Männer Etruriens?
Oder war ihr Weg nur schwer zu fassen und anders, dunkel wie
Zypressen im Wind?
Sie sind tot, mit all ihren Lastern,
Und alles, was zurückbleibt,
Ist die schattenreiche Monomanie einiger Zypressen
und Gräber.

Das Lächeln, das tiefgründige etruskische Lächeln, das noch
lauert
in den Gräbern,
Etruskische Zypressen.
Wer zuletzt lacht, lacht am besten,
Ja, Leonardo verdarb nur das reine Etruskische Lächeln.

Was würde ich nicht geben,
Um wiederzubringen die seltenen und orchideengleichen,
Sündhaft genannten Etrusker?

Denn für das Böse
Haben wir nur das römische Wort,
Dem ich, römischer Tugend leicht überdrüssig,
Geringe Bedeutung beimesse.

Denn ach, ich weiß, in dem Staub, in dem wir begruben
Die verstreuten Geschlechter und all ihre Abscheulichkeiten,
Begruben wir auch so viel vom zerbrechlichen Zauber des
Lebens.

Dort in den Tiefen,
Wo Weihrauch wallt und Myrrhe rinnt,
Zypresse, schattige,
Solch ein Aroma verloren menschlichen Lebens!

Man sagt, die Starken überleben,
Aber ich beschwöre die Geister der Verlorenen.
Jener, die nicht überlebten, der geheimnisvoll Verlorenen,
Um ins Leben ihre Bedeutung zurückzuholen,
Und unantastbar verhüllten in sanfte Zypressen-Bäume,
Etruskische Zypressen.

Das Böse, was ist das Böse?
Es gibt nur ein Böses, das Leben verleugnen,
Wie Rom Etrurien leugnete
Und das mechanische Amerika Montezuma noch immer.

KEIN ORT ZUM AUSTRAGEN DER SEHNSUCHT

Nachwort

Anders als die Landschaften um Rom und Neapel, zählte die Toskana nie wirklich zu den Pilgerzielen des Südens. Mit ihrem Gebiet, das nicht nur topographisch die Mitte Italiens bildet, verbanden sich nie arkadische Lebensentwürfe – das seit früher Zeit von Menschenhand bearbeitete und genutzte Land wandelte sich nicht zum *locus amoenus*, weder der Literatur noch der bildenden Kunst. Daß die Toskana dennoch und gerade als Kunst- und Kulturlandschaft an prominentester Stelle steht, verdankt sie dem über viele Jahrhunderte unausgesetzt fruchtbaren Zusammenwirken ihrer Natur und des Schaffenswillens ihrer Bewohner. Die merkantile und politische Kultur ihrer Städte ist hierfür ebenso beredtes Zeugnis wie ihre Kunst, deren Entfaltung und Beförderung am Beginn der Neuzeit nur hier sich hat so eindrucksvoll verwirklichen können. Die Toskana als politisches und kulturelles Zentrum bildete und band Kräfte – Raum zum Austragen ferner Sehnsüchte und zum Ausleben weltflüchtender Lebensphantasien schuf sie nicht. Noch die zu voller Blüte gelangte »villeggiatura« verband immer auch wirtschaftliche Ambition mit geistigem Raffinement.

Erst die dramatische Landflucht, zumal nach Ende des zweiten Weltkriegs, hat das Lebensgefühl in dieser Landschaft entscheidend verändert. Dem unkontrollierbaren Wachstum seiner Städte steht die Verödung der Höfe und ländlichen Kommunen gegenüber. Letztere gelangen zunehmend in den Besitz jener «nordici«, die das weiche Hügelland zum bevorzugten Ort des zwangfreien Müßiggangs erkoren haben. Die zu exquisiten Feriendomizilen umgewandelten, für das architektonische Erscheinungsbild dieses Landes so typischen »fattorie« sind nur noch während der wenigen sonnigen Monate bewohnt. Die übrige Zeit des Jahres liegen sie ungenutzt, wie die sie umgebenden Ländereien. Die Toskana, einst Zoll um Zoll bewirtschaftet, gerät zur Ferienkolonie, die Felder verwildern, und das Bild dieser Landschaft wird dadurch im Laufe der Zeit grundlegend verändert. Mit einher geht aber auch ein Wandel der kulturellen Identität dieses Gebietes – der Konflikt mit einer sich der eigenen topographischen Definition beraubt sehenden Bevölkerung zeichnet sich ab.

Das vom Weichzeichner bestimmte Bild der Toskana zu korrigieren, das ist einer der Zwecke dieser Sammlung aus Texten und Bildern. Die zumeist literarischen Texte dokumentieren den vielschichtigen Reichtum dieses Landstrichs und die gelungene Symbiose, die hier Natur und menschliches Ingenium über Jahrhunderte eingingen. Pier Paolo Pasolini schreibt so der Toskana gewissermaßen ein poetisches Patrozinium über die Halbinsel zu; Curzio Malaparte lästert in seinem anekdotischen Panegyrikus über die eigenen Landsleute. In Victor Hehns Landschaftsskizze wird der eigentümliche, erst auf den zweiten Blick sich wirklich offenbarende Reiz dieser grünen Mitte Italiens deutlich; in Ferdinand Gregororvius' Reiseschilderung aus Elba verbindet sich die historische Darstellung mit der Würdigung der Natur (und Bodenschätze) dieser Insel. Aber auch Texte, die scheinbar nur vordergründig von der Toskana handeln, haben hier Aufnahme gefunden. Und dennoch bleibt etwa Heinrich Heines Schilderung einer Prozession in Lucca nicht weniger an diesen Ort gebunden als Rainer Maria Rilkes Meditationen am Ufer des tyrrhenischen Meeres. Bei weitem nicht alle bedeutsamen Stätten und Gebiete der Toskana wurden berücksichtigt. Noch weniger all jene Autoren, die sich hierzu schriftlich geäußert haben. Die Beschränkung auf die herausragenden Zentren und eigentümlichsten Landschaftsgebiete aber mag dennoch stellvertretend für ein Gesamtpanorama stehen, das zu schaffen der aufgerufen ist, der die Toskana, vielleicht mit Hilfe dieses Kompendiums unvoreingenommener für sich erleben will.

Den verklärend-romantisierenden Bildern der Postkarten- und Kalenderindustrie treten die Fotografien Loretto Butis entgegen. Sie begleiten diese Anthologie, ohne sie illustrieren zu wollen. In ihrer Prägnanz und Diskretion schaffen sie ein eigenes, die sehr persönliche Sicht der Texte ergänzendes Toskana-Bild.

Andreas Beyer

QUELLENVERZEICHNIS

Julius Ambrosch
Chiusi – die aus der Oberwelt verschwundene Überwinderin Roms, S. 182. Nach: Alfred Vahlen. Julius Ambrosch' Italienische Reise 1829-33. Verlag Franz Vahlen, Berlin 1935

Ernst Moritz Arndt
Livorno stieg, wie Pisa sank, S. 82
Nach: Italien. Herausgegeben von Walter von Molo. Wegweiser Verlag, Berlin 1921

Rudolf Borchardt
Pisa – Wenn irgendwo so hier läßt sich an einem Namen Geschichte ablesen, S. 52
Aus: Pisa – Ein Versuch. Verlag Kurt Schütte, Frankfurt am Main 1948

Lulliu de Chateauvieux
Die Maremmen – Land der Erinnerungen und Trümmer, S. 210
Aus: Briefe über Italien. Aus dem Französischen von H. Hirzel. Erster Theil. Verlag C. H. Reclam, Leipzig 1821

Charles Dickens
In den Marmorbrücken, S. 76
Aus: Italienische Reise. Aus dem Englischen von Noa Kiepenheuer und Friedrich Minckwitz, mit einem Nachwort von Werner Hermann. Hoffmann und Campe Verlag, o.O./o.J. (©) 1968 Gustav Kiepenheuer Verlag Weimar

Karl Eugen Gass
Pisaner Tagebuch, S. 67
Aus: Pisaner Tagebuch. Aufzeichnungen/Briefe. Aus dem Nachlaß eines Frühvollendeten. Herausgegeben und mit einem Nachwort versehen von Paul Egon Hübinger. Veröffentlichungen der Deutschen Akademie für Sprache und Dichtung Darmstadt. 23. Veröffentlichung. Heidelberg/Darmstadt 1961. Mit freundlicher Genehmigung des Verlages Lambert Schneider, Heidelberg

Théophile Gautier
Fahrt in die Ebene, S. 21
Aus: Œuvres Complètes. Band I: Voyage en Italie. Slatkine Reprints, Genf 1978. Aus dem Französischen von Eva Ludwig

Ferdinand Gregorovius
Elba – ein herrlicher Aufenthalt für entthronte Könige, ihre Memoiren zu schreiben, S. 129.
Aus: Figuren – Geschichte, Leben und Scenerie aus Italien. Brockhaus Verlag, Leipzig 1856.

Victor Hehn
Ach, Bella, dein Name ist dein Sein, S. 230
Aus: Reisebilder aus Italien und Frankreich. Herausgegeben von Theodor Schiemann. Verlag der Cott'schen Buchhandlung (Nachf.), Stuttgart 1894

Heinrich Heine
Die Stadt Lucca, S. 105
Aus: Reisebilder. Mit einem Nachwort von Joseph A. Kruse. Insel Verlag Frankfurt am Main 1980

Eckhard Henscheid
Überdauern in Toskana, S. 170
Aus: Dolce Madonna Bionda. Roman. Copyright (©) 1983 by Haffmans Verlag AG Zürich

Johann Christoph Jagemann
Von dem großherzöglichen Lustschloß Pratolino, S. 123
Aus: Briefe über Italien. Zweyter Band. Verlag Carl Ludolf Hoffmann, Weimar 1780

Harald Keller
Dem Toskaner ist ein natürliches Verhältnis zur Kunst in die Wiege gelegt worden, S. 36
Aus: Die Kunstlandschaften Italiens. Insel Verlag Frankfurt am Main 1983

D. H. Lawrence
Zypressen, S. 254
Aus: The Phoenix Edition of D. H. Lawrence. V. 19-21 The Complete Poems. Heinemann, London 1957. Aus dem Englischen von Sonja Hackel

Mario Luzi
Der Monte Amiata, S. 165
Nach: Italienische Reise. Ein literarischer Führer durch das heutige Italien. Herausgegeben von Alice Vollenweider. Klaus Wagenbach Verlag, Berlin 1985

Curzio Malaparte
Verdammte Toskaner, S. 26; In Prato endet alle Geschichte Europas, S. 239
Aus: Verdammte Toskaner. Aus dem Italienischen von Hellmut Ludwig. Rowohlt Verlag, Reinbek bei Hamburg 1970

Michel de Montaigne
Die Bäder von Lucca, S. 99
Aus: Gesammelte Schriften. Historisch-kritische Ausgabe mit Einleitungen und Anmerkungen unter Zugrundelegung der Übertragung von Johann Joachim Bode herausgegeben von Otto Flake und Wilhelm Weigand. Reisetagebuch. Verlag Georg Müller, München und Berlin 1915

Lady Morgan
Vom ländlichen Leben in der Toskana, S. 114
Aus: Italien. Im Verlag des Landes-Industrie Comptoirs, Weimar 1821

Pier Paolo Pasolini
Der Apennin, S. 11
Aus: Gramsci's Asche. Gedichte. Übersetzungen von Toni und Sabina Kienlechner. R. Piper & Co Verlag München 1980

Rainer Maria Rilke
Nur noch schauen . . ., S. 93
Aus: Tagebücher aus der Frühzeit. Das Florenzer Tagebuch. Insel Verlag Frankfurt am Main 1973

Hippolyte Taine
Dieses so gesunkene Siena ist die erste Lehrerin und Herrin in Dingen der Schönheit gewesen, S. 193
Aus: Reise in Italien. 2. Band. Aus dem Französischen von Ernst Hardt. Eugen Diederichs Verlag, Leipzig 1904

Franz Tumler
Volterra – Worte, Benennung, Schritte; und langsam erinnerte ich mich wie es dort war, S. 145
Aus: Volterra. R. Piper GmbH & Co. KG, München 1991

J. von Widmann
Leicht und sanft gehen den Bewohnern Pistojas die Tage hin, S. 224; Die Stadt der Türme, S. 233
Aus: Jenseits der Alpen. Verlag Huber & Co., Frauenfeld 1913

INHALT

Literatur und Reisen
im insel taschenbuch

Alt-Prager Geschichten. Gesammelt von Peter Demetz. Mit Illustrationen von Hugo Steiner-Prag. it 613

Alt-Wiener Geschichten. Gesammelt von Joseph Peter Strelka. Mit sechs farbigen Abbildungen. it 784

Ernst Batta: Römische Paläste und Villen. Annäherung an eine Stadt. Mit zahlreichen Abbildungen. it 1324

Sigrun Bielfeldt: Moskau. Ein literarischer Führer. Mit zahlreichen Abbildungen. it 1382

Bodensee. Reisebuch. Herausgegeben von Dominik Jost. Mit zahlreichen Abbildungen. it 1490

Bonn. Ein literarisches Stadtporträt. Herausgegeben von Doris Maurer und Arnold E. Maurer. Mit zahlreichen Abbildungen. it 1224

Budapest. Reisebuch. Herausgegeben von Wilhelm Droste, Susanne Scherrer und Kristin Schwamm. Mit zahlreichen Fotografien. it 1801

Friedrich Dieckmann: Dresdner Ansichten. Spaziergänge und Erkundungen. Mit farbigen Fotografien. it 1766

Dresden. Ein literarisches Stadtporträt. Herausgegeben von Katrin Nitzschke. Unter Mitarbeit von Reinhard Eigenwill. Mit zahlreichen Abbildungen. it 1365

Gustav Faber: Reisen durch Deutschland. Mit farbigen Fotografien. it 1195

Flandern. Ein literarisches Landschaftsbild. Herausgegeben von Werner Jost und Joost de Geest. it 1254

Florenz. Ein literarisches Stadtporträt. Herausgegeben von Andreas Beyer. Mit zahlreichen Illustrationen. it 633

Florida. Ein literarisches Landschaftsbild. Herausgegeben von Katharina Frühe und Franz Josef Görtz. Mit zahlreichen Abbildungen. it 1492

Theodor Fontane: Jenseit des Tweed. Bilder und Briefe aus Schottland. Mit zahlreichen Abbildungen und einem Nachwort herausgegeben von Otto Drude. it 1066

– Ein Sommer in London. Mit einem Nachwort von Harald Raykowski. it 1723

Georg Forster: Reise um die Welt. Herausgegeben und mit einem Nachwort von Gerhard Steiner. it 757

Frankfurt. Reisebuch. Herausgegeben von Herbert Heckmann. Mit zahlreichen Abbildungen. it 1438

Johann Wolfgang Goethe: Italienische Reise. Mit vierzig Zeichnungen des Autors. Herausgegeben und mit einem Nachwort versehen von Christoph Michel. it 175

158/1/12.95